Change Your Languages

# 성공하는 직장인의 7가지 언어습관

HOW THE WAY WE CAN CHANGE THE WAY WE WORK;
SEVEN LANGUAGES FOR TRANSFORMATION
by Robert Kegan, Lisa Laskow Lahey

Copyright © 2001 by Robert Kegan, Lisa Laskow Lahey
Korean Translation Copyright © 2007 by Wise Book
All Rights Reserved. Authorized translation from the English language edition published
by Jossey-Bass, Inc. a John Wiley & Sons, Inc. company.

이 책의 한국어판 저작권은 이스턴 인사이트 에이전시를 통한 John Wiley & Sons, Inc.와의
독점 계약으로 와이즈북이 소유합니다. 저작권법에 의하여 한국 내에서 보호를 받는 저작물이므로
무단전재와 무단복제를 금합니다.

# 성공하는 직장인의 7가지 언어습관

로버트 케건 · 리사 라스코우 라헤이 지음

김미화 옮김

WISE BOOK
와이즈북

**성공하는 직장인의 7가지 언어습관**

초판 1쇄 발행 2007년 12월 30일
초판 2쇄 발행 2009년 7월 25일

지은이 로버트 케건 · 리사 라스코우 라헤이
옮긴이 김미화
삽  화 김우선
본문디자인 장연수

펴낸곳 와이즈북
펴낸이 심순영

등록 2003년 11월 7일 (제313-2003-383호)
주소 121-841 서울시 마포구 서 교동 464-4 5층

전화 02) 3143-4834
팩스 02) 3143-4830
이메일 cllio@hanmail.net

ⓒ 와이즈북, 2007
ISBN 978-89-958457-3-8 03320

*책값은 뒤표지에 있습니다.
*잘못 만들어진 책은 바꾸어드립니다.
*이 도서의 국립중앙도서관 출판시도서목록(CIP)은
 e-CIP 홈페이지(http://www.nl.go.kr/ cip.php)에서 이용하실 수 있습니다.
 (CIP 제어번호 : CIP2007003871)

# 우리가 절대
# 변화하지 못하는 이유는
# 언어습관에 있다

우리의 하버드 대학 동료였던 고故 윌리엄 페리 교수는 컨설턴트, 카운슬러, 테라피스트로도 탁월한 능력을 가진 학자였다. 그가 생전에 자주 하던 얘기가 있다.

"누가 나한테 도움을 요청하러 오면 내가 무슨 생각을 하는 줄 아나? '이 친구가 대체 원하는 게 진짜 뭘까? 그걸 막기 위해 자기 스스로 어떤 공작을 펴고 있을까?' 하는 거라네."

우스갯소리 같지만 이는 결코 그냥 넘길 문제가 아니다. "우리는 왜 변화하지 못하는가?"의 문제를 푸는 중요한 열쇠가 이 말 속에 담겨 있기 때문이다. 우리에게 변화가 더딘 이유를 알아내려면 자기 스스로 변화를 막는 강력한 저항심리에 주의하지 않으면 안 된다. 그 누구든 우리 내부에는 마치 세균과 싸우듯 변화를 막아내려는 강력한 면역시스템이 존재한다. 그 비밀을 풀어낼 수만 있다면 우리에게 변화가 왜 이리 힘든지, 어떻게 변화할 수 있는지, 그 근본적인 해결책을 찾을 수 있다.

직장인, CEO, 경영 컨설턴트, 교육가, 행정가, 의사, 테라피스트, 판사 등 다양한 전문가들과의 수많은 워크숍과 대담을 통해 우리는 '갈망하는 것'과 '절대 이룰 수 없는 것' 사이의 좁혀지지 않는 갭을 목격해왔다. 그들 전문가들이 우리에게 요청한 것은 반짝하는 단기 해결책이 아니라 개인과 조직을 혁신적으로 변화시킬 수 있는 보다 근본적인 변화였다.

그토록 변화가 힘든 직장인들의 심리는 왜일까? 그 이유를 단순히 '저항'이나 '두려움' '방어적 태도' 또는 '어두운 성격' 탓으로 보는 것은 잘못이다. 그런 관점은 생산적인 해법을 발견하지 못하게 만든다.

"어떻게 하면 나를 변화시킬 수 있을까?" "변화에 대한 두려움을 어떻게 극복할 수 있을까?" "나의 방어적 태도를 어떻게 없앨까?" 이 책은 이런 문제에 봉착한 우리 내부의 숨겨진 문제들을 언어습관을 통해 파헤쳐, 궁극적으로 나와 조직의 변화를 일으키고자 하는 것이다.

이 책은 변화를 원하는 직장인뿐 아니라 부하직원이나 팀의 변화를 끌어내려는 리더를 위한 책이다. 오늘날과 같이 기업혁신을 요구하는 시대에는 변화를 앞장서서 이끌어야 할 책임이 리더에게 있다. 부하직원의 변화를 이끌어내는 것은 유능한 리더의 필수 덕목이다.

무엇보다 리더는 의미 있는 변화를 이끌어내야 한다. 그러나 리더 스스로 변화해야 한다는 생각 없이 부하직원의 변화를 이끈다는 것은 어려운 일이다. 노력 여하에 따라 변화를 쉽게 이루어낼 수 있을 것 같지만 의미 있는 변화를 일으키기란 정말 힘들다. 왜 그렇게 변화가 힘든지 문제의 본질을 파헤치고, 그를 통해 문제를 해결하고자 하는 것이 이 책의 목적이다.

우리에겐 우리 몸의 면역시스템처럼 어떤 신비한 힘에 이끌려 원상태로 되돌아가려는 강력한 힘, 즉 '동적 평형'dynamic equilibrium, 우리 내부의 자기평형 유지 장치-옮긴이이 존재한다. 환경 변화에 직면해 현 상태를 그대로 유지하려는 이 강력한 힘은 변화하고자 하는 우리에게 수많은 고민 거리를 안겨준다. 많은 리더들은 회사를 한 차원 높은 역량으로 끌어올리기 위해 '네겐트로피'negentropy, negative entropy, 변화에 적응해 질서와 법칙이 유지되는 상태-옮긴이적 노력을 가한다. 조직이 경쟁력을 잃고 쇠퇴하지는 않을까, 자기만족, 매너리즘, 에너지 손실 등 소멸로 가는 엔트로피entropy, 무질서의 정도가 적은 상태에서 큰 상태로 변해가는 현상-옮긴이 과정은 아닐까 노심초사한다. 그러나 사실, 조직의 성장에 가장 큰 장애가 되는 것은 우리 내부에 숨겨져 있다. 그것은 지속적으로 변화에 대한 저항을 일으키며 현상을 유지해가려는 상쇄적 움직임, 즉 우리 내부의 '동적 평형'이다.

리더가 역량을 발휘해 이 동적 평형을 깨고 건강한 변화를 이끌어내는 경우도 종종 있다. 가령 체중을 5킬로그램 뺀다든가 업무 분위기를 확 바꾼다든가. 하지만 얼마 못 가서 다시 예전의 익숙한 상태로 되돌아온다. 빠졌던 살이 다시 찌고 일터는 다시 예전의 분위기로 복귀하는 것이다.

개인이나 조직 변화를 이끌어내기 위한 리더십 관련서는 수없이 많다. 각기 나름의 방식으로 조직의 악화, 쇠퇴, 붕괴로 들어가는 엔트로피 물살에 휩쓸리지 않도록 경고한다. 그러한 엔트로피적 흐름에 대항할 수 있는 네겐트로피적 힘이 우리 안에 있다는 주장을 한 책들도 일견 설득력 있게 보인다. 하지만 과연 그 두 가지 힘만으로 우리 내부에 작동하는 저항의 힘을 제대로 설명해낼 수 있을까?

변화를 거부하는 우리 내부의 면역시스템을 제대로 이해하지 않고 자신이나 타인을 변화시킬 수 있을까? 우리가 '동적 평형'을 제대로 파악하기 어려운 이유는 자신의 면역시스템에 사로잡혀 있기 때문이다. 우리는 그 시스템 안에서 산다. 그 시스템의 지배를 받고 있다. 바로 그렇기 때문에 개인을 위한 새로운 학습이 필요한 것이다. 자기 계발 전문가로서 우리는 지난 20년간 획기적인 연구 결과물인 새로운 언어를 정립하였다.

그 핵심은 '7가지 언어습관'이다. 7가지 새로운 언어습관은 관습화된 우리의 언어 심리와 사회적 관계를 새롭게 변화시키는 일종의 학습 기법이다. 우리가 일하는 직장은 특정한 언어는 장려하고 다른 형태의 언어는 배척하거나 사용하지 못하게 한다. 이를테면, 사적인 자리와 공적인 자리에서 하는 말이 다르고, 회의 같은 집단적 대화와 동료와의 일대일 대화에서 서로 말하는 방식이 확연히 달라진다.

우리 사회가 말의 내용보다 형식을 강조하는 이유는 말의 형식으로 생각과 감정을 통제하고, 세상을 보는 눈과 행동에 제약을 가하기 위해서다. 그러나 여기서 제시하는 7가지 언어습관은 개인 및 사회의 에너지를 끌어올리는 역할을 한다. 이 새로운 언어습관은 자생적으로 생기지 않는다. 변화에 대한 의지와 노력을 필요로 한다.

직장은 '언어공동체'다. 따라서 모든 리더는 언어공동체를 이끈다고 할 수 있다. 주어진 환경에서 이 언어공동체에 영향을 미칠 기회는 누구에게나 주어지지만, 리더들은 직장에서 언어습관을 만들고 바꾸고 승인할 기회와 채널이 훨씬 많이 주어진다. 리더라면 누구나 언어 리더가 된다. 이것은 선택의 여지가 없다. 다만 어떤 유형의 리더가 될 것인가가 문제일 뿐 저절로 따라붙는 역할인 것이다. 하지만 그런 역할을 인식하고 행동하느냐, 사회적으로 관습화된 기존의 방식을 고수하느냐는 선택할 수 있는 문제다. 기회를 살리느냐 그냥 흘려보내느냐, 언어공동체에 미치는 리더의 역할에 대해 책임감을 갖고 행동하느냐 마느냐는 전적으로 우리 자신에게 달려 있다.

1부는 4장으로 나누어져 있다. '나를 변화시키는 4가지 새로운 언어습관'은 관습화된 내면의 언어를 새로운 형태로 바꾸어줄 것이다. 그러나 일단 언어습관을 만들어놓았어도 계속 유지 보수하고 업그레이드하지 않으면 녹슬어 쓸모없게 되는 법. 2부에서는 바로 이러한 문제를 해결해줄 '직장을 변화시키는 3가지 언어습관'을 제시한다. 이는 개인의 성장 발달을 위해서도 필요하지만 조직 내 변화를 극대화하고자 고심하는 리더들에게 중요하다. 2부에서 소개하는 3가지 언어습관은 관습화된 대인관계, 사회, 조직시스템을 새롭게 바꿔주는 길을 제시한다. 조직을 평가하고 바꿀 책임이 있는 리더들은 조직 변화의 기초가 되는 개인의 언어습관에 대해 알아야 하고, 개인들도 변화를 지탱시켜 줄 사회적 관계망이 필요하므로 2부의 내용을 찬찬히 읽을 필요가 있다.

새로운 언어습관을 익히고 유지하려면 새로운 사회적 공간, 즉 일종의 언어공동체가 필요하다. 언어공동체는 두세 사람으로도 가능하며, 새로운 사회적 관계를 형성하는 능력은 리더들에게만 필요한 것이 아니다. 1부가 관습화된 개인의 언어습관을 바꾸는 것이라면, 2부는 관습화된 사회적 언어습관을 바꾸는 것이다. 3부는 7가지 언어를 실제 직장에서 사용하는 방법을 제시한다.

공자 왈 "들어도 잊을 것이요 봐도 기억하지 못하기 쉬우나, 직접 해보면 내 것이 된다"라고 했다. 이 책은 변화를 진정으로 갈망하지만 변화하지 못하는 우리 내부의 딜레마를 극복하는 새로운 언어적 접근을 하고 있다. 지식 습득에 그치지 않고 직접 참여해 내 것을 만듦으로써 진정한 변화를 일궈낼 수 있기를 바란다.

로버트 케건·리사 라스코우 라헤이

혹, 당신은 조직의 변화를 막는
교묘한 훼방꾼은 아닌가?

# 1부 | 나를 변화시키는 언어습관

### 1장 | 언 어 습 관 **1**

## 불평의 말에서 실행의 말로 바꿔라 _25



### 2장 | 언 어 습 관 **2**

## 비난의 말에서 책임의 말로 바꿔라 _47

# 2부 | 직장을 변화시키는 언어습관

# 언어습관이 어떻게
# 직장을 변화시키는가

이 책은 지난 15년간 지속해온 워크숍과 현장 경험의 산물이다. 우리는 직장인, CEO, 경영컨설턴트, 교사, 학장, 테라피스트, 의사, 증권 거래인, 판사 등 다양한 직업에 종사하는 사람들을 지도해왔다.

의료계나 학교에 근무하는 사람들은 기업환경과는 매우 다르지만 정보화시대의 사생아인 리더십에 대한 제한된 생각 때문에 수많은 비슷한 문제에 봉착하고 있다. 보통 이런 업계의 전문직업인들이 '정보'와 '경험' 부족으로 리더십 및 조직관리의 어려움을 겪고 있다는 사실을 일반인들은 잘 모른다. 그러나 이들 업계도 지금 치열한 경쟁 사회의 한복판에서 기업과 유사한 어려움을 겪는다. 왜들 이런 문제에 봉착하는 것일까?

경영컨설턴트나 비즈니스 분석가의 애기를 해보자. 컨설턴트는 기업의 조직구조와 운영상태 등을 평가하고 문제점을 진단한 다음, 그 기업의 야망을 보다 잘 실현시키기 위한 새로운 전략을 제시하고 밑

그림을 그려준다. 컨설팅 회사들은 놀라운 분석력을 발휘해 단시간 내에 기업 조직의 복잡한 그림을 파악해낸다. 컨설턴트들이 기업의 과감한 변화 전략을 내놓으면 고객인 기업은 제시된 방침대로 따르고자 노력한다. 우리들이 들으면 기절할 만한 액수를 컨설팅비로 지불하면서 말이다.

그러나 경영컨설턴트들은 정말 걱정이 많다. 전문지식을 십분 활용해 기업혁신을 위한 제안을 내놓고 중요한 실행계획들을 꼼꼼히 제시해주지만 그것만으로는 부족하다는 것, 그리고 심지어 내놓은 제안 중 상당 부분이 지켜지지 않을 거라는 사실을 마음속 깊이 알기 때문이다. 보통 거액의 컨설팅 비용을 지불한 회사는 조직혁신을 위해 컨설팅 제안을 받아들이고 해야 할 일의 리스트를 실행에 옮겨보지만, 신기하게도 근본적인 변화는 오지 않는다.

자신의 회사가 덩치만 큰 퇴물이 되어버릴 수 있다는 것을 잘 알면서도 실질적인 변화를 일으키지 못하는 CEO들이 많다. 그가 보다 진취적으로 회사를 변화시키고자 하는 의지나 지식이 부족했던 것일까? 학교 교장들도 학생과 교실을 멀리 하는 모순된 행동을 하면서도 교육적 지도자가 되고자 진심으로 갈망하기도 한다. 학생주도 교수법 또는 교사능력 개발에 대한 새로운 연구가 더 많이 이루어진다고 해서 달라질 수 있을까? 모든 지식과 정보를 받아들이는 데 주저하지 않는 조직에서 실질적인 변화를 일으키지 못하는 이유는 무엇일까? 컨설턴트들의 조언대로 과감히 새로운 리더십을 받아들이고 조직개혁 지침을 공유한다면 문제가 해결될까?

하버드 대학의 저명한 동료 교수는 종종 이렇게 말했다. "모든 사람들은 변화를 위해 해야 할 일의 95퍼센트는 이미 알고 있다네. 문제는 그걸 제대로 실행하지 못한다는 거지."

우리는 이미 잘 알고 있다. 하지만 아는 것만으로는 부족하다.

폐암환자는 자신이 스스로를 죽이고 있다는 사실을 잘 알면서도 담배를 끊지 못한다. 의사는 "당신은 곧 죽을 수도 있다"는 치명적인 경고를 한다. 그러면 보통 7명 중 1명은 경각심을 갖고 오래된 흡연 습관을 버린다. 그렇다면 나머지 6명은? 그들이 변하지 않는 이유가 의사의 경고를 귀담아 듣지 않아서일까? 결심을 하지 않아서일까? 아니다. 우리는 리더들에게 단순한 업무 전달자가 아닌 지혜로운 코칭, 직장인 주도의 회사 계획 창안자로 변화할 것을 요구한다. 그러나 많은 리더들은 그러한 변화를 따라가지 못하며, 사람들은 이를 리더가 진정으로 변화를 원치 않기 때문이라고 말한다. 하지만 변화를 일으키고자 진정 마음속 깊이 다짐했는데도 안 되는 이유가 변화의 중요성이나, 각오 부족 때문은 아니다.

회사나 다른 분야에서 발생하는 이러한 아이러니는 더 많은 지식을 창출하는 것이 해결책이 아니라는 사실을 방증한다. 환자를 더 건강하게 만들고, 회사를 더 잘 운영하고, 학교도 더 잘 돌아가게 하는 일, 이는 모두 훌륭한 생각들이다. 그러나 문제는 그런 생각들을 우리가 내적으로 온전히 받아들이지 못한다는 것, 그리고 조직의 비전을 실현할 만한 내적 능력이 우리한테는 턱없이 부족하다는 것이다. 분명히 적은 우리 내부에 있다.

우리는 당면한 문제에 대한 불안 속에서 지금까지 해왔던 것을 더 많이 하는 것으로 불안을 상쇄하려는 경향이 있다. 어쩌면 이렇게 혼자 중얼거릴 수도 있겠다. '정보 고속도로가 아니라 정보 초고속도로를 만들어야 하는데……' 하지만 같은 것을 더 많이, 혹은 더 열심히 한다고 근본적인 변화가 오지는 않는다. 그 이유는 변화에 대한 우리의 생각과 행동이 항상 머물러 있기 때문이다.

우리는 그 모순 고리를 언어습관에서 찾았다. 왜 우리의 희망과 목표 사이에는 그토록 커다란 갭이 존재할까? 조직의 변화는 왜 그토록 수명이 짧은가? 우리는 왜 늘 평소 하던 방식대로 돌아가려고 하는가? 이러한 근본적인 문제를 어떻게 풀어야 하는가? 그 해답은 바로 언어습관이다.

언어는 의사소통을 하는 가장 기본적인 수단이다. 우리가 사용하는 말은 감정과 태도, 그 이상을 나타낸다. 하나의 단어나 표현을 선택하는 그 자체도 그 사람의 행동양식을 말해준다.

예컨대, 관리자인 김 과장은 자신의 부하직원들에게 많은 권한을 이임하고 싶다고 늘 습관처럼 말해왔다. 하지만 그는 부하직원들에게 '반드시 알아야 할 것들'만을 지시하기 일쑤다. 물론 부하직원들이 무엇을 '반드시 알아야만 하는지'도 자신만이 결정한다. 김 과장은 자신의 직장생활, 그리고 부하직원들과의 개인적인 대화에서조차도 이러한 행동심리를 아주 일관되게 보여준다.

김 과장의 언어습관을 깊이 파헤쳐 들어가면 두 가지 상충되는 욕구가 존재한다. 자신을 부하직원들에게 '없어서는 안 될 존재'로 만드는 것과 이를 통해 자신이 회사에서 더 큰 존재가 되겠다는 것, 즉 승진하겠다는 욕구다. 부하직원들이 자신을 의존하게 만들고, 부서에서 오직 자신만이 '큰 그림'을 그릴 수 있는 존재로 만드는 것은 자신이 그 회사에서 더 큰 영향력을 갖고 싶다는 일관된 행동심리의 표현이다.

김 과장은 스스로 자신의 모순행동을 자각할 수 있을까? 이러한 행동을 바꿀 수 있을까? 이 책은 이런 고민을 함께 풀어간다. 명령, 불평불만, 비난, 비판, 갈등, 자기확신의 오류 등 직장생활에서 광범위하게 일어나고 있는 문제들과 연동해 나타나는 언어습관에서 모순행동과 심리를 밝혀내고 그 변화 가능성을 각자 점검함으로써 나와 조직의 근본적인 변화를 모색한다. 종국엔 새로운 언어습관을 구축함으로써 직장에서 막힘없는 대화 채널을 만들어가자는 것이다.

'말'은 나와 조직을 근본적으로 변화시킬 수 있는 도구다. 물론 각자 개인의 깊은 자기성찰과 끊임없는 노력이 전제되어야 한다. 우리는 단지 길을 제시해주는 것이며, 지금까지 직장인 참가자들의 열렬한 호응에 힘입어 매우 성공적인 결과를 이끌어냈다. 우리가 제시하는 이 심각한 문제에 귀 기울이지 않는다면 아마도 우리는 계속 망망대해에서 목적을 잃고 표류하는 신세가 될 것이다.

근본적인 변화를 원한다면 이제 새로운 언어습관과 이를 실행할 새로운 리더십이 필요하다. 단순히 지식만 높이 쌓아가는 것이 아니라 우리가 이미 갖고 있는 지식을 새롭게 재편하는 데 모든 초점을 맞춰야 할지도 모른다. 각자의 마음속에 지상 낙원을 실현시키려는 다짐뿐 아니라 스스로 지옥으로 가는 길을 걷고 있는 우리 내부의 문제도 기꺼이 인정하고 대처하는 법을 배워야 우리가 진짜 얻고자 하는 것을 얻을 수 있다.

이 책을 통해 우리는 광범위하게 쓰이고 있는 잘못된 언어습관을 살펴보고 새로운 언어를 통해 개인과 조직의 변화를 모색해본다. 동료나 상사와의 대화, 집단토론, 회의 등에서 사소하게 던지는 언어습관에 대한 논리적인 분석과 실제 활용할 수 있는 워크시트, 실제 대화문 등을 적절하게 제시하여 개인을 위한 학습과 리더십, 조직 변화에 이르는 새롭고 혁명적인 기술을 배울 수 있다.

이 책에서는 직장인 언어습관의 근원적인 문제를 설명하기 위하여 몇 가지 새로운 용어들을 제시하고 있다. 그것은 테크놀로지, 동적 평형, 면역시스템 같은 용어들이다. '테크놀로지'technology란 나와 조직의 내적인 변화를 이끌어내는, 우리 내부에서 학습되는 '기법'을 의미한다. '동적 평형'dynamic equilibrium이란 우리 몸의 면역시스템처럼 환경변화에 직면했을 때 현 상태를 유지하려는 우리 내부의 강력한 힘, 즉 일종의 자기평형을 유지하려는 힘을 말한다. 이들 용어의 이해와 함께 우리의 언어습관의 근원을 파악해 들어가면 우리는 우리 내부의 뿌리 깊은 문제와 맞닥뜨리게 된다. 이는 우리의 모순된 심리를 해결하고 변화하기 위해 반드시 넘어야 할 산이다.

모든 리더와 관리자, 개개인의 직장 구성원들이 실제로 어떻게 '언어공동체'에 이를 수 있는지, 이를 통해 어떻게 조직이 근본적인 변화에 이를 수 있는지, 이 책은 말하고 있다. 이 책에 제시된 7가지 새로운 언어를 사용함으로써, 어떻게 개인적이고 사회적인 에너지를 직장 내 커뮤니케이션 활성화와 조직혁신을 이루는 데 집중할 수 있는지, 명쾌한 답을 얻을 수 있을 것이다.

자, 이제 여러분의 언어습관을 점검해볼 수 있는 장이 시작된다. 찬찬히 지시대로 따라가면서 나의 변화에 대한 의지가 어디까지 이를 수 있는지, 스스로 파악해보기를 권한다.

# 1부

## 나를 변화시키는
# 언어습관

CHANGE YOUR LANGUAGES

불평불만, 비난, 텅빈 결심, 자기확신의 말 등

잘못된 언어습관을 어떻게 바꿀 수 있을까?

직장에서 언어 리더로 성공하려면 어떤 말을 사용해야 할까?

언어습관에 깃든 나의 모순된 심리를 들여다보고

변화와 발전을 부르는 새로운 언어를 익힌다.

## 1장

언어습관 **1**

# 불평의 말에서
# 실행의 말로 바꿔라

1부에서는 직장인들의 경험을 드러내는 언어습관을 통해 개인의 고유한 심리를 들여다보고, 개인의 변화를 모색하는 4가지 말의 방식을 하나하나 소개하고자 한다. 1부의 목적은 우리 내면에서 생성되는 언어Internal Language를 통해 우리 몸의 면역시스템처럼 환경변화를 거부하는 저항심리를 들여다보고, 극복할 수 있게 해주는 힘을 만들어가도록 돕는 것이다.

1부의 진행 방식은 다음과 같다. 질문이 주어지면 잠시 혼자 생각해보고, 필요한 경우 종이에 적기도 한다. 혼자 해도 괜찮지만 직장 동료와 같이 하면 다른 이의 언어습관을 들여다볼 수 있다는 이점이 있다. 여기서는 몇 가지 조건이 필요하다.

# 대화 파트너를 정하라

직장동료나 친구 한둘과 함께 하면 새로운 말의 기법을 구축하는 데 서로 도움을 주고받을 수 있다. 인원수가 아주 많은 경우에도 가능하다. 지금까지 많게는 8백 명까지 한 번에 진행해봤는데 상당히 만족스러운 결과가 나왔다. 단, 각 조의 인원수가 2~3명이 넘지 않도록 주의할 것. 인원수가 많아지면 늘 뒷전으로 밀리는 사람이 생긴다.

### 말하는 이가 지켜야 할 사항

여기서 제시하는 질문들은 나만의 내밀한 진실을 찾아 점점 더 깊이 파헤쳐 들어가는 내용들이다. 때문에 처음 질문들은 가벼운 마음으로 웃으며 얘기하다가, 점점 입 열기가 싫어질 수도 있다. 그래서 다음과 같은 기본 원칙을 세워놓는 것이다.

파트너에게 얼마만큼 털어놓느냐는

전적으로 자신이 결정할 문제다.

원한다면 처음부터 끝까지 침묵을 고수해도 괜찮으며, 이 또한 하나의 선택으로 존중된다.

### 듣는 이가 지켜야 할 사항

듣는 이가 지켜야 할 사항은 다음과 같다.

파트너의 잘못된 점을 지적해줄 생각 말고

가만히 듣기만 한다.


　상대방의 관점을 바꿔볼 요량으로 유도질문을 하거나, 자신의 경험과 지식을 동원해 가르칠 생각 말고, 그저 조용히 상대방의 말을 들어주기만 하라는 것이다. 사람들 앞에서 머릿속에 떠오르는 대로 말하는 자유를 맘껏 누리며(경험한 바에 의하면, 사람들은 이렇게 솔직하진 않다) 자신에 대해 좀더 많이 발견할 수 있도록 말이다.


### 대화 파트너 선정 시 유의사항

　그러한 자유를 최대한 누리려면 다음 사항을 지키는 것이 좋다


상사-부하직원 등 수직관계에 있는 사람과는

대화 파트너를 하지 않는 것이 바람직하다.


　이 말은 당신 역시 당신의 부하직원에게 적합한 파트너가 아니라는 얘기. 과정을 같이 할 파트너를 찾았다면, 가능하면 1부에서 제시하는 질문과 대답을 한번에 다 끝내도록 한다. 같이 점검하는 시간을 얼마나 오래 갖느냐에 따라 다르겠지만 대략 1~2시간 정도면 충분할 것이다.

생각의 차이는 언어 표현의 차이를 낳는다. 문제를 보는 관점과 삶의 태도는 언어습관으로 드러난다.

각 장마다 나름대로 목적이 있지만 1부의 내용은 개인의 새로운 언어습관을 도출해내기 위한 일련의 과정이기 때문에 그 흐름을 들여다보

면 명확한 파악이 가능해진다. 이건 혼자 하는 사람도 마찬가지다.


## 솔직한 내면의 언어를 끄집어내라


자, 준비 되었으면 아래 질문을 읽고 각자 몇 분간 생각해본다. 그러고 나서 떠오르는 대답을 적어본다.

**"직장에서 어떤 상황이 되면 내가 발전할 수 있을까?"**

여기서 몇 가지 짚고 넘어갈 것이 있다.

1. 위에서 언급한 '발전'이라는 말은 특별한 의미가 있거나 전문용어가 아니다. 각자 생각하기에 자신의 성장 발전에 도움이 된다고 생각하는 것을 자유롭게 적으면 된다.

2. 논리나 가능성을 따져 뜯어고치지 않도록 한다. 절대 일어날 가능성이 없는 일이라 해도 상관없다. 문젯거리를 찾는 게 목적이므로 실현 가능성을 따지지 말고 뭐든 떠오르는 대로 적을 것.

3. "괴롭게 하고 작업 능률을 떨어뜨리고 스트레스를 주는 어떤 상황이 덜 발생한다면 자기 발전에 도움이 되겠는가?"로 질문 내용을 바꿔 생각하는 것이 더 좋다면 그렇게 하라.


혼자 할 경우에는, 잠시 질문에 대해 생각할 시간을 갖고 나서 다음 내용을 읽어 내려가도록 한다. 또 파트너와 같이 할 경우에는, 각자 생각할 시간을 가진 다음, 원하는 범위 내에서 파트너와 자신의 생각을 나눈다. 자, 이제 질문에 대해 생각할 시간을 가져보자.

여러분들 머릿속에 어떤 생각이 떠올랐는지는 알 도리가 없다. 하지만 다양한 직업에 종사하는 수많은 사람들에게 같은 질문을 던져본 결과, 어떤 톤, 어떤 성격의 대화가 오갔을 지 대충 감은 잡을 수 있다. 1부의 내용을 최소한 다른 한 사람과 다시 대화를 하라고 권하는 이유는 바로 이것이다. 다소 놀라운 것은, 우리는 다른 사람과 의견을 나눌 때는 질적으로 다른 언어를 사용한다는 것이다. 그 결과 우리는 4가지 언어 유형을 볼 수 있다.

우리는 상대가 누구냐에 따라 질적으로 다른 언어를 사용한다.

첫 번째 질문에 대한 직장인의 응답 중 대표적인 유형을 들어보겠다.

"우리는 진짜 중요하고 큰 문제에 대해서는 서로 제대로 얘기해본 적이 한 번도 없어요. 그때그때 일처리에 급급해서 큰 그림을 그려보는 일은 엄두도 못 내죠. 필요하다는 건 알지만 생각대로 안 돼요."

"글쎄, 우리 보스가 죽거나 전직을 하거나 다른 부서로 옮겨간다면 모를까, 그럼 나도 무지하게 발전할 수 있을 텐데…… 솔직히 그 아줌 씨가 윗자리에 버티고 있는 한 발전 같은 건 있을 수 없어요. 허구한 날

거짓말만 하고 자기 생각밖에 안 하니 존경하고 싶은 맘도 없고……
직장에서 크려면 믿을 수 있는 상사가 있어야 하고, 같이 일하고 싶은
팀이나 파트너가 있어야 하는데, 나한텐 그런 게 없어요."

"사실 나한테 필요한 건 내가 우리 보스를 위해 일하듯 나를 도와줄
사람이에요. 그런 동료 한두 사람만 곁에 있으면 난 정말 발전할 수 있
을 텐데…… 맡고 싶은 일이 있어도 엄두가 안 나요. 내 짐을 덜어줄
동료가 한둘만이라도 있었으면 정말 좋겠다고요."

"우리 사무실에는 제대로 된 대화라는 게 존재하지 않아요. 날마다
하는 얘기라곤 남 흉보기뿐이죠. 등 뒤에서 남의 뒷말이나 하고 서로
헐뜯고 깎아내리고…… 각자 모두의 문제인 거 같은데, 갈등을 풀기는
커녕 당사자 아닌 다른 사람과 미주알고주알 떠들 뿐이죠. 문제 당사자
와는 해결하려는 노력을 안 해요."

"아랫사람들 뒤치다꺼리만 좀 덜 했어도 난 많이 발전했을 겁니다.
부하직원들이 온갖 자잘한 문제까지 가져오거든요. 부하직원들이 각자
자기 영역에서 맡은 일만 잘 해준다면 나도 홀가분하게 내 일에만 전념
할 수 있을 겁니다."

"나는 상사한테 속마음을 절대 말하지 못해요. 그게 내 발전을 가로
막는 장벽인 게 분명해요. 우리 보스는 언제나 빈틈없는 사람이라 남들
도 그래야 한다고 생각하죠."

"우리는 만날 똑같은 문제를 갖고 실랑이질하면서 정작 문제는 해결하지 못해요. 같은 문제를 보고 또 보고, 계획은 거창하게 세워보지만, 현실은 늘 변한 게 아무것도 없죠. 이런 분위기에서 변화를 바란다는 건 어불성설이에요."

"관리구조, 권력문제, 의사결정 방식 모두 엉망진창이에요. 그 자리에 있지 말아야 할 인간들이 있어서 그래요. 전략적으로도 당사자들을 결정 과정에 참여시키지 않고 지들 멋대로 결정하고 나서 그 결정의 진의를 알아주길 기대하는 것은 정말 코미디죠. 만날 애 취급 받는 기분이 드는 곳에서 어떻게 발전을 하냐구!"

## 우리는 왜 불평의 언어를 쓰는가?

첫 번째 질문에 대한 답은, 내용은 달라도 방식은 거의 비슷하다. 우리에게 아주 익숙한 방식들인데, 어쩌면 그렇게 술술, 오래도록, 정력적으로 불평불만을 해댈 수 있는지 신기할 정도다. 그들의 말 저변에 흐르는 주제는 불평, 실망, 비판이다(꼬투리잡기, 트집잡기, 투덜대기, 불평하기, 푸념하기, 징징거리기, 궁시렁대기, 비난하기, 빈정대기).

영화 〈천 명의 어릿광대 A thousand clowns〉를 보면 주인공이 이런 말을 한다. 일터에서나 길거리에서 아무한테나 가서 "미안합니다"라고 말하면 열이면 열 하나같이 넙죽 사과를 받는다고. 마치 가슴에 상처들이 많아 누군가 사과해주기만을 무의식적으로 기다리고 있었다는 듯 말이다. 직장에서 어떻게 하면 자기 발전이 좀더 잘될 것 같으냐는 질문을 던지는 순간 "~만 됐더라면" "이번 한 번만이라도……" "~만 되면 좋겠는데" "도대체 ~는 왜……" 등의 탄식 같은 바람과 비난이 쏟아져 나오는 것을 보면 그 말이 맞는 듯하다.



직장인들의 답변 중에는 배꼽 잡게 재미있는 답도 있었고, 때로는 분노와 싫증과 권태가 담긴 경우도 있었다. 그들 중에는 자기 직업을 좋아하는 사람도 있고, 자기 일이 싫은 사람도 있고, 애증이 교차하는 사람도 있었다. 자기 일에 아주 유능한 사람도 있었고, 그다지 유능하지 못한 사람도 있었고, 이제 막 회사에 들어간 신참도 있었고, 퇴직이 가까운 왕고참도 있었다. 비난의 화살은 상사, 부하, 동료, 결국 우리 모두에게 겨눠졌으며 때로 자기 자신을 향한 경우도 있었다.

지금 이 책을 읽는 당신의 생각은 앞에 열거된 예와 비슷할 수도 있고 전혀 다를 수도 있다. 하지만 결국 지독하게 비생산적인 해결방식인 '불평하기'라는 점에서는 크게 다르지 않을 것이다.

불평불만은 어느 직장에서나 흔히 볼 수 있는 것으로 너무 흔해 당연시될 정도다. 얼마 전 어느 회사에서 중간급 관리자들을 대상으로 워크숍을 하던 중이었다. 휴식시간에 한 사람이 다가오더니 재미난 얘기를 해준다며 이런 얘기를 했다. "개와 보고하는 직원, 이렇게 둘 사이에 어떤 차이가 있는지 알아?" "글쎄." 주변에 있던 그의 동료들이 무슨 얘기인지 궁금해하며 하나 둘 모였다. "어떤 차이가 있냐면……

개는 사무실에 데려다놓으면 우는 소리를 그친다는 거야." 그와 동료들이 킬킬거리는 모습을 보자 우리는 좀 씁쓸했다. 표면상으로는 징징거리는 부하직원을 비꼰 것이지만 그 역시 징징거리는 상사에 지나지 않았기 때문이다. 이렇듯 남을 비난하기는 쉽지만 자신을 돌아보기란 쉽지 않다.

불평불만의 언어습관이 자신을 지배할 경우 답답하고 우울해질 수 있다. 한 직장인의 얘기다.

"우리 사무실에는 아주 능력 있고 머리 좋고 재치만점인 사람들 그룹이 하나 있어요. 회사에 근무한 지도 오래됐는데, 그 사람들 불평 수준은 거의 예술이죠. 뭐든 기막히게 약점을 잡아내서 빈정거리는데, 당해낼 수가 없어요. 그런데 그게 전염성이 강해서 결국에는 우리 모두 합세하게 되는 거예요. 솔직히 말해 재미는 있죠('레터맨 쇼' 보는 거랑 약간 비슷함). 그런데 가끔씩 스트레스 해소책으로 하는 게 아니라 그런 대화가 습관이 되다 보니 결국 무력감이 들어요. 결국 그런 얘기들 저변에는 제대로 돼가는 건 하나도 없고 앞으로 나아질 가능성도 없다는, 아주 냉소적이고 맥 빠지게 만드는 메시지만 들어 있으니까요."

직장에서 불평, 바람, 희망사항을 담은 말은 매우 빈번하게 사용된다. 가만 두면 어디서든 잘 자라는 잡초와 같다.

불평불만이 섞인 말의 가장 큰 문제점은 아무것도 바꾸지 못한다는 것이다. 불평불만으로는 아무것도 이룰 수 없다. 그저 불평불만으로 끝날 뿐이다. 가장 큰 장점이 있다면 잠시나마 쌓인 스트레스를 풀 수 있게 해준다는 것. 자기 말에 동조해주는 사람을 만나 실망, 불행, 분노를 느끼는 것이 혼자만이 아니라는 것을 알게 되면 위안이 된다.

"그 여자 정말 맹꽁이 같애. 안 그렇게 생각하냐? 그렇지, 네가 보기에도 그렇지! 글쎄 그렇다니까." 하지만 그뿐이다.


## 불평에 잠재된 심리


불평불만이 이렇듯 쓸모없고 비생산적인 것이라면 길게 얘기할 필요가 있을까? 얘기할 필요는 충분히 있다. 우리는 불평불만의 소리에 주의를 기울일 필요가 있다. 그 이유는 그것이 너무나 만연되어 있기 때문이며, 또한 그 속에 열정이 담겨 있기 때문이다. 열정이 있는 곳에는 변화의 가능성 또한 존재한다. 얼핏 비생산적이고 변화와는 무관해 보이는 불평의 언어에는 변화의 요소, 문제의 씨앗이 숨어 있다. 직장일에 관심이 없다면 불평 같은 것도 하지 않는다. 우리가 늘 하는 불평의 밑바닥을 들여다보면 우리가 가장 소중하고 중요하게 생각하는 메시지가 담겨 있다. 때문에 좀 이상하게 들릴지 모르지만, 우리가 리더들에게 꼭 하고 싶은 말은, 불평에 등 돌리지 말고(사람들이 그렇게 많은 에너지를 쏟는 것에 외면하는 것은 바람직하지 않다), 불평과 실망의 언어를 존중하고, 그 안에서 변화를 위한 실마리를 찾아내라는 것이다.

> 불평에는 열정이 담겨 있다. 리더는 불평에 등 돌리지 말고 숨어 있는 문제의 씨앗을 찾아 변화의 실마리로 삼아야 한다.

# 불평의 말에서 **실행의 말**로 바꿔라

불평의 말에서 실행의 말로? 어떻게? 자, 첫 번째 질문에서 들었던 생각을 머릿속에 떠올리면서(또는 적어둔 것을 보면서) 다음 질문을 생각해보자.

### 첫 번째 질문의 답 속에 의지나 신념 같은 것이 내포되어 있다면 어떤 것일까?

시간이 충분히 주어진다면 여러 개 찾아낼 수 있겠지만, 지금은 가장 절실한 것 하나만 끄집어내면 된다. 두 번째 질문의 답을 가장 빨리 찾는 방법은 다음 문장을 완성하는 것이다.

### 내가 중요하게 생각하고 꼭 해야겠다고 다짐하는 것은?

1장부터 4장까지는 새로운 언어습관을 익히는 한편, 내적 변화를 일으키는 심리 장치를 만들어가도록 안내한다. 4가지 언어습관을 통해 완성되는 이 심리 장치는 현상을 유지하려는 우리 내부의 동적 평형dynamic equilibrium, 우리 내부의 '자기평형' 유지 장치, 환경변화에 직면했을 때 현 상태를 유지하려는 우리 내부의 강력한 힘-옮긴이을 똑똑히 보게 해주고 극복하도록 도와줄 학습 기법이다. 과정을 더 체계적으로 볼 수 있도록 다음에 도표를 만들어보았다.

첫째칸 제목을 "실행의 말"이라고 적은 다음, 밑에 글을 써본다. 파트너와 함께 할 경우에는 시간을 내서 서로 이야기를 나눠보자.

## 나의 언어 심리 메커니즘, 도표로 들여다보기

1부는 우리의 언어습관에서 실행의 말 → 책임의 말 → 다짐의 말 → 가정의 말을 끌어내는 과정으로 진행된다. 각각의 말은 새로운 언어습관을 익히기 위해 밟아야 하는 과정들이며, 여기서 내적 언어, 즉 언어습관의 밑바닥에 깔린 나의 심리를 들여다볼 수 있다.

실질적으로 참여하고 새로운 언어습관을 내면화하기 위해 각자 4칸 도표를 채우는 것으로 진행된다. 잘못된 언어습관의 밑바닥에 깔린 나의 모순된 심리와 문제행동을 명확하게 보여주기 위해 아래와 같은 도표(개념도)가 제시된다. 이 도표는 우리 내부의 모순(언어습관)을 들여다보기 위해 의도적으로 고안된 것이다. 우리는 이 워크시트를 통해 모순을 극복하고 올바른 언어습관에 이를 수 있다.

우리 각자가 채워야 할 이 4칸은 각각, 실행의 말 → 책임의 말 → 다짐의 말 → 가정의 말 등 4가지 언어를 구축하는 기초자료이다. 4칸의 각각 내용들은 우리 내면의 얽히고설킨 심리 흐름을 보여준다. 이를 통해 각자 내면의 진실을 눈으로 직접 확인하며 문제를 느끼고 해결함으로써 '나를 변화시키는 4가지 언어습관'에 이르게 된다. 4칸의 내용을 죽 따라가다 보면 서로 모순될지언정 또, 서로 긴밀하게 연관되고 연동하는 우리의 심리를 아주 일목요연하게 볼 수 있다.

첫째칸 '실행의 말'에는 이상적인 직장생활을 영위하기 위해 내게 정말 필요하다고 생각되는 실행의지를 적는 난이다.

그렇지만 그것을 방해하는 것이 바로 둘째칸. 둘째칸은 직장생활에서 나의 모순된 행동을 끄집어내고 나의 책임을 들여다보는 단계이다. 여기서 '책임의 말'을 끌어낸다.

셋째칸은 둘째칸 행동(책임의 말) 이면에 숨겨진 또 다른 모순심리를 들여다보는 단계이다. 셋째칸은 첫째칸과 서로 대립한다. 첫째칸의 멋진 이상을 실현시키지 못하게 막는 나의 숨겨진 심리와 대면하게 되는 것이다. 이것이 '다짐의 말'이다.

넷째칸은 셋째칸(다짐의 말)에서 우려했던 상황이 눈앞의 현실로 닥쳤을 경우, 내가 확신하는 사실이다. 이것으로부터 직장생활에서 벌어지는 '자기확신'의 오류를 들여다보게 된다.

직장생활 중 겪는 복잡한 심리와 연동하여 나타나는 언어습관을 4칸 도표에 솔직히 풀어냈을 경우, 나의 문제는 선명하게 보이고, 나를 변화시키는 새로운 언어습관을 익힐 수 있다.

아래의 도표 내용을 잘 파악하면 앞으로의 과정을 쉽게 이해할 수 있다.

### ✜ 언어 심리 메커니즘 들여다보기(예시)

**개념도**conceptual map

| 첫째칸 | 둘째칸 | 셋째칸 | 넷째칸 |
|---|---|---|---|
| 실행의 말<br>(실행의지) | 책임의 말<br>(나의 문제행동들) | 다짐의 말<br>(첫째칸 실행의지와 상충하는 숨은 의지) | 자기확신의 말 |
| **내가 중요하게 생각하고 꼭 해야겠다고 다짐하는 것은?** | **실행의지가 실현되지 못하게끔 내가 잘못하고 있는 것은?** | **나도 모르게 내가 마음속으로 다짐하고 있는 것은?** | **내가 생각하는 절대적인 사실(내 삶을 지배하는 자기확신)** |
| 직장에서 겨우겨우 버티는 것이 아니라 성장 발전하기 위한 충분한 자원과 인력 확보하기 | 나라는 인간은 어떻게 된 게 "No"라고 말할 줄을 모른다. | 어떻게 해서든지 사람들과 부딪치는 것 피하기 | 만일 내가 사람들과 부딪치는 것을 피하지 않는다면 걷잡을 수 없이 분노를 폭발하게 될 것이다. |

✽ 나의 언어 심리 메커니즘 들여다보기

| 첫째칸 | 둘째칸 | 셋째칸 | 넷째칸 |
| --- | --- | --- | --- |
| 내가 중요하게 생각하고 꼭 해야겠다고 다짐하는 것은? | 실행의지가 실현되지 못하게끔 내가 잘못하고 있는 것은? | 나도 모르게 내가 마음속으로 다짐하고 있는 것은? | 내가 생각하는 절대적인 사실(내 삶을 지배하는 자기확신) |

✽ 나의 '실행의 말'

| 첫째칸 | 둘째칸 | 셋째칸 | 넷째칸 |
| --- | --- | --- | --- |
| 내가 중요하게 생각하고 꼭 해야겠다고 다짐하는 것은? | | | |

앞에 열거했던 세 사람의 예를 골라 도표를 채워보았다.

## 직장인 A

"우리 사무실에는 제대로 된 대화라는 게 존재하지 않아요. 날마다 하는 얘기라곤 남 흉보기뿐이죠. 등 뒤에서 남의 뒷말이나 하고 서로 헐뜯고 깎아내리고…… 각자 모두의 문제인 거 같은데, 갈등을 풀기는커녕 당사자 아닌 다른 사람과 미주알고주알 떠들 뿐이죠. 문제 당사자와는 해결하려는 노력을 안 해요."

## 직장인 B

"아랫사람들 뒤치다꺼리만 좀 덜 했어도 난 많이 발전했을 겁니다. 부하직원들이 온갖 자잘한 문제까지 가져오거든요. 부하직원들이 각자 자기 영역에서 맡은 일만 잘 해준다면 나도 홀가분하게 내 일에만 전념할 수 있을 겁니다."

## 직장인 C

"사실 나한테 필요한 건 내가 우리 보스를 위해 일하듯 나를 도와줄 사람이에요. 그런 동료 한두 사람만 곁에 있으면 난 정말 발전할 수 있을 텐데…… 맡고 싶은 일이 있어도 엄두가 안 나요. 내 짐을 덜어줄 동료가 한둘만이라도 있었으면 정말 좋겠다고요."

### ✤ 직장인 A의 '실행의 말'

| 첫째칸 | 둘째칸 | 셋째칸 | 넷째칸 |
|---|---|---|---|
| **내가 중요하게 생각하고 꼭 해야겠다고 다짐하는 것은?** | | | |
| 갈등 시 문제 당사자와의 마음을 연 솔직한 대화 | | | |

### ✤ 직장인 B의 '실행의 말'

| 첫째칸 | 둘째칸 | 셋째칸 | 넷째칸 |
|---|---|---|---|
| **내가 중요하게 생각하고 꼭 해야겠다고 다짐하는 것은?** | | | |
| 부하직원들이 좀더 자발적으로 알아서 움직이도록 분위기 조성하기 | | | |

### ✤ 직장인 C의 '실행의 말'

| 첫째칸 | 둘째칸 | 셋째칸 | 넷째칸 |
|---|---|---|---|
| **내가 중요하게 생각하고 꼭 해야겠다고 다짐하는 것은?** | | | |
| 직장에서 겨우겨우 버티는 것이 아니라 성장 발전하기 위한 충분한 자원과 인력 확보하기 | | | |

첫째칸 내용은 다음 두 가지를 충족시켜야 한다.

1. 그것은, 당신이 정말 중요하게 생각하는 것이다(중요하다고 생각하려고 한다거나 중요하게 생각해야 한다고 느끼는 것이 아니라, 현재 중요하다고 느끼는 것).
2. 지금 당장엔 완전히, 만족스럽게 실현되지 않은 것(불평불만에서 비롯된 것이므로 그럴 수밖에……).



## '실행의 말'은 무엇인가?

첫째칸에 여러분이 써넣은 말은 '실행의지'를 표현한 것이다. 불평의 말에서 실행의 말로 질적으로 전환하여 마음속 실행의지를 끌어낸 것인데, 이는 배타적 자세에서 현실참여적 자세로 바뀌었음을 보여준다. 불평에 등 돌리는 대신, 불평을 쏟아내는 자신의 내면세계를 읽고 반대편 실행의 세계에 발을 디딘 것이다. 불평을 말하는 사람은 많지만 비생산적이다. 반면 실행의지를 말하는 사람은 적지만 생산적이다. 하지만 불평에는 실행의지를 끌어내는 메시지가 들어 있다. 따라서 리더들은 불평불만을 걸림돌이나 바이러스로 보지 말고, 그 에너지를 긍정적으로 활용해야 한다. 실행의 말을 이끌어내기 위해서는 회사 분위기를 열린 분위기로 만들어야 한다.

보통 직장 내에서 이러저러한 일로 부하직원이 불만사항이나 불평거리를 가지고 찾아왔을 때 리더들은 다음과 같이 세 가지 반응을 보일 것이다.

1. 동정을 표하고, 마음속으로 공감해주고, 상대가 처한 어려움을 십분 이해하고 있음을 보여준다.
2. 리더는 좀더 많은 정보력이 있고 전체 상황을 파악할 수 있는 위치이므로 부하직원의 시야를 넓혀주거나 생각지 못한 요소들을 고려할 수 있도록 조언해준다.
3. 아픈 사람은 치료해주고, 고장 난 건 고쳐주고, 나쁜 건 없애주는 만능해결사 리더가 되고자 하는 욕심에(뜻은 갸륵하지만 자기만의 착각일 경우가 많음) 불평불만의 원인을 없애고 회사를 바꿔보고자 노력한다.

이런 대응방식에 문제가 있다는 얘기는 아니다. 상황에 따라 적절한 방식일 수도 있다. 하지만 좀더 생산적인 '실행의 말'을 이끌어내려면 질적으로 다른 대응을 해야 한다.

## 리더는 불평을 어떻게 바라봐야 할까?

문제는 불평의 장단점을 판정하는 게 능사가 아니라는 것이다. 불평하는데 옆에서 조용히 맞장구만 해주는 것도 바람직한 방법은 아니다. 당사자의 마음을 바꾸려 하거나 불평의 원인을 없애준다고 해서 불평이 영영 사라지는 것도 아니다. 또 불평하는 것을 달가워하지 않거나 불쾌해하거나 창피스러운 행동이라고 넌지시 암시하는 것도 좋지 않다. 리더가 취해야 할 가장 좋은 태도는 불평을 존중하며 불평 속에 내재되어 있는 발전적 메시지를 읽어내는 것이다.

갈등 상황에서 불평하는 사람이 가장 중요하게 생각하는 것이 무엇인지 찾아내고, 그와 관련된 가장 중요한 문제나 원칙이 무엇인지 생각해본 다음, 불평한 사람의 마음속에 숨겨져 있는 실행의지를 찾아내게 하는 것이다. 하지만 불평한 사람의 분노나 낭패감이 클 경우 맞장구쳐줄 것까지는 없더라도, 우선 무엇 때문에 힘들어하는지 이해해주는 배려가 필요할 때도 있다. 그런 경우 그 필요가 충족된 뒤에야 다음 단계로 나아갈 수 있다. 이런 식으로 대응하면 불평한 사람도 자신이 그냥 불평꾼이 아니라 뭔가 확실한 원칙과 주장을 가진 사람이라는 느낌을 갖게 된다.

> 리더는 부서 안에서 불평의 심각도가 어느 정도인지 아는 것을 꺼린다. 그러나 불평에 귀를 닫는 태도로는 절대로 문제를 풀지 못한다.

이러한 불평불만에 관한 발상의 전환에서 가장 큰 수혜자는 리더 자신이다. 대부분 리더는 부서 안에서 불평의 말들이 얼마나 많은지, 그 심각도가 어느 정도인지 알게 되는 것을 꺼린다. 작정해서 알아냈든 우연히 알았든, 현실을 알게 되면 불평의 말을 없애버려야 할 종양처럼 생각하는 경향이 있다. 하지만 부하직원들은 자신이 소중하게 생각하거나 중요하다고 느끼는 경우에만 불평불만을 한다. 그러므로 불평의 힘을 무시하거나 불평을 없애야 할 대상으로만 본다면,

✱ 불평의 말 vs 실행의 말

| 불평의 말 | 실행의 말 |
| --- | --- |
| 쉽게 반사적으로 생산되고, 어디서나 찾아볼 수 있다. | 의도되지 않는 한 찾아보기 힘듦. |
| 참을 수 없는 것, 불만사항을 숨김 없이 표현한다. | 우리가 중요하게 생각하는 것을 명확하게 표현한다. |
| 말해놓고 나면 왠지 불평쟁이, 푸념쟁이, 냉소꾼이 된 기분이 든다. | 말하는 사람으로 하여금 신념과 희망에 찬 사람이라는 기분이 들게 한다. |
| 낭패감과 무력감이 들게 한다. | 활력이 생겨난다. |
| 불평을 뭔가 잘못되었다는 신호로 본다. | 불평을 누군가, 무언가에 대한 관심의 표현으로 본다. |
| 잠시 스트레스를 풀고 사람들의 동조를 얻어 마음의 위로를 얻어내는 것 외에 아무것도 바꾸지 못하는 비생산적인 상황을 만든다. | 원칙과 목적, 방향을 확실하게 잡아주는 변화적 언어이다. |

'실행의 말'이 가져다주는 놀라운 변화를 경험할 수 없게 된다.

불평의 결과로 이루어지는 일은 없다. 그래서 불평이 비효율적이라는 것이다. 하지만 불평의 원인을 아는 것은 중요하다. 불평을 갖게 된 원인이었던 것을 중요한 가치나 원칙이 담긴 실행의 말로 바꾼다면 변화를 위한 노력으로 전환시킬 수 있다.

리더가 부하직원들의 불평불만을 새로운 관점으로 보는 것 못지않게, 우리 자신이 해대는 불평불만의 말을 어떻게 바라봐야 하는지 또한 중요하다. 우리 마음은 계속해서 채널을 바꿔대는 라디오와 같다. 대개는 의식하지 못한 채 채널 서핑을 한다. 우리는 선택된 채널에서 나오는 것을 '우리가 하는 생각'이라 믿는다. 하지만 우리는 채널 선택에 특별히 주의를 기울이지 않기 때문에 실은, 스스로 생각을 한다기보다는 '주어지는 대로 생각하게 되는' 쪽에 더 가깝다. 우리는 생각의 '주체'가 아니라 생각의 '지배'를 받는 것이다. 우리 머릿속 라디오에는 스포츠 전문 채널도 있고, 뉴스 전문 채널도 있고, 불평 전문 채널도 있으며, 불평 전문 채널에서는 온종일 불평만 방송한다.

불평의 말에는 남한테 하는 말도 있지만 혼잣말도 있다. 마음속의 불만, 실망, 짜증을 알리는 채널에 대한 우리의 평소 태도는 어떤가? 첫 번째 태도는, 대개 채널을 고정시켜 놓고 듣다가(그 세계에 푹 빠져 발단, 손실, 결과를 따지다, 잘해보려 하는데 괴롭힘만 당하는 드라마 속 주인공이 되어 한 편의 드라마를 쓴다) 두 번째는, '아니지' 하고 무시하려 애쓰며(비생산적인 부정주의에 빠지지 말고 긍정적으로 생각하자고 스스로에게 주문을 건다), 둘 사이를 왔다 갔다 할 것이다. 여기서 흥미로운 사실은 얼핏 현명해 보이는 두 번째 대응방식이 첫 번째보다 위험하다는 점이다. 우리 자신의 소리에 귀를 닫는 것은 절대로 문제를 풀지 못한다.

말은 예기치 않게 불쑥 튀어나와 스스로를 함정에 빠뜨리기도 한다. 그것은 우리가 습관의 '주체'라기보다는 습관의 '지배'를 받기 때문이다. 언어습관을 변화시키는 학습 기법이 필요한 이유는 여기에 있다.

실행의 말은 '불평 속에 빠지기'와 '무시하기' 사이를 왔다 갔다 하는 것이 아닌, 제3의 대안을 제시한다. 또, 불평을 창피스럽거나 달갑지 않거나 나쁜 것으로 생각지 않고, 우리 자신의 불평을 존중하고 소중히 하도록 한다. 그런 연습을 통해 불평의 언어를 적극 활용하면 우리 마음속 깊이 숨겨진 실행의 언어를 찾아냄으로써 더 넓은 가능성을 향해 나아갈 수 있다.

실행의 말은 나를 변화시키는 첫 번째 언어다. 이 언어는 실망 잘하고 불평 많고 요구사항 많고 비판적인 인간에서, 자신이 소중하고 가치 있다고 생각하는 것에 확신을 가지고 지키고자 하는 현실참여적 인간으로 바뀌는 경험을 할 수 있게 해준다.

## 2장

언어습관 *2*

# 비난의 말에서
# 책임의 말로 바꿔라

앞에서 도표 첫째칸에 쓴 '실행의 말'들을 다시 한 번 들여다보자. 사실 그 속의 실행의지는 아직 완전하게, 또는 만족스럽게 해결되지 않은 것들이다.


## 비난의 말 "누구 탓이야!"

우리가 사는 세상은 복잡다단해서 늘 여러 가지 복잡한 사정으로 얽혀 있다. 따라서 일을 그르친 책임을 다른 사람과 환경 탓으로 돌리기 쉽다.

여기서 한 가지 물어보자. 원하던 바가 만족스럽게 이루어지지 않은 것이 모두 다른 사람 때문인가?

다음은 앞의 질문과 연관되는 질문이다. 잘 생각해보고 둘째칸(49쪽 도표)을 채워보자.

### 당신의 실행의지가 만족스럽게 실현되지 못하게끔 현재 당신이 잘못하고 있는 것은?

질문에 답하기 전에 이번에도 역시 몇 가지 짚고 넘어가자.

첫째, 이 질문은 실행의지가 족히 실현되지 않은 가장 큰 책임이 당신한테 있다고 책망하는 게 절대 아니다. "다 당신 잘못이야!"라고 얘기하는 것이 아니다. 다만, 우리 주변에서 일어난 일에 본인이 전혀 관련되지 않은 경우는 드물다는 소리다. 크든 작든, 자신의 역할, 자기책임을 먼저 생각해봐야 한다.

둘째, 노력을 하느냐 안 하느냐를 묻는 것이 아니다. 의도하지 않았는데도 자신의 실행의지를 방해하는 어떤 행동을 스스로 하고 있지는 않은지, 그것이 무엇인지, 혹 당신은 해야 할 행동을 하지 않음으로써 그 의지를 실행하지 못하는 게 아닌지, 그렇다면 그것이 뭔지를 묻고 있는 것이다.

> 책임의 언어를 쓰는 사람은 동료·부하직원들과 보다 생산적인 대화를 나눌 수 있으며, 직장을 보다 합리적으로 이끌어간다.

이 질문에 다음과 같은 답변이 나올 수 있겠다. "너무 많은 일을 떠맡다보니 정작 내가 중요하게 생각하는 일에 할애할 시간이 없어요." "나는 내가 뭘 원하는지 남들한테 말하지 않아요." "나는 내가 믿는 바를 강력하게 주장하지 못해요." 등등.

　　자신의 경우를 생각해본 다음, 1장에서 시작한 도표의 둘째칸에 적어 넣는다. 둘째칸 제목은 "실행의지가 실현되지 못하게끔 내가 잘못하고 있는 것은?"이라고 적어 넣는다. 파트너와 같이 한다면 잠시 시간을 내어 서로 이야기를 나눠본다.

**✻ 나의 '책임의 말'**

| 첫째칸 | 둘째칸 | 셋째칸 | 넷째칸 |
|---|---|---|---|
| 실행의 말<br>(실행의지) | 책임의 말<br>(나의 문제행동들) | | |
| 내가 중요하게 생각하고 꼭 해야겠다고 다짐하는 것은? | 실행의지가 실현되지 못하게끔 내가 잘못하고 있는 것은? | | |

## 나를 변화시키는 언어습관 2
## 비난의 말에서 **책임의 말**로 바꿔라

　　"당신의 실행의지가 만족스럽게 실현되지 못하게끔 현재 당신이 잘못하고 있는 것은?" 이 질문이 암시하는 것은 무엇일까? 이 문제

를 논의하는 워크숍 장면이다. 40쌍의 직장인들이 둘째칸에 써넣을
내용을 가지고 열심히 대화를 나누고 있다.


리사　　자, 시간을 더 주지 않으면 큰일난다는 분 안 계시죠?(웃음) 금방
　　　　다시 파트너하고 얘기할 시간을 드릴 거거든요. 네, 좋아요, 좋습
　　　　니다. 몇 분 더 드리지요. 그럼 좀더 시간을 가진 다음 얘기하도록
　　　　하겠습니다.

　　　　자, 여기 도표를 한번 보세요. 여기 첫째칸에 적힌 내용은 팻이 얘
　　　　기해준 거예요. 물론, 이렇게 많은 사람들 앞에서 공개하게 될 줄
　　　　은 몰랐겠죠?(웃음) 만일 본인이 원하지 않는다면 '통과'라고 말하
　　　　시면 돼요.(웃음) 지금도 그렇고 앞으로도 그렇고 '통과' 하시면 다
　　　　음 분으로 넘어갈게요. 자, 팻한테 물어보죠. 통과할까요, 계속할
　　　　까요?

팻　　　까짓거, 그냥 하죠 뭐!(웃음, 박수)

리사　　좋습니다. 그럼 계속 진행하겠습니다. 팻이 첫째칸에 적은 것은 "사
　　　　원들을 소중히 하는 것의 중요성에 대한 내용! 사원은 비용절감의
　　　　대상이 아니라 보호하고 투자해야 할 소중한 자산이다"라고 되어
　　　　있네요. 둘째칸에는 뭐라고 적었을까요? 직접 말씀해주실래요?

팻　　　우선, 첫째칸 내용에 대해 좀더 생각해봤는데요, 윗분들 특히 사장
　　　　님께서 직원들을 그런 식으로 생각해주셨으면 좋겠다는 생각이 들
　　　　었어요. 제가 보기에 우리 사장님은 열린 마음을 갖고 계시지 못한
　　　　것 같거든요. 제가 이런 식으로 얘기하는 것도 아마 받아들이지 못
　　　　하실 거예요. 그렇게 생각하니까 이런 얘기를 꺼내지도 못하게 되는

거구요. 솔직히 한 번도 제 생각을 터놓고 얘기해본 적이 없어요.

**리사**  여러분 잘 들으셨어요? 제가 한번 정리해볼까요. 우선 자신의 바람이 무엇인지 좀더 명확하게 밝혔구요, 그런 다음 직원들을 소중히 해야 할 책임이 큰 사람은 사장님이라고 지적했어요. 틀린 말은 아니지요? 그리고 시작은 약간 불평 같았지만,(웃음) 다행히 거기서 멈추지 않았습니다. 질문 의도는 자신이 바라는 방향으로 만족스럽게 실현되지 못한 데 대해 자신의 책임이 무엇일까 생각해보자는 것이었는데, 팻은 질문 의도에 맞게 답을 해주었습니다. 시도해보지도 않고 '우리 사장님은 내 말을 들어주지 않을 거야'라고 단정 짓고 있었다고 했죠? 그러니까 사장님한테 한 번도 자기 의견을 얘기해본 적이 없었다는 겁니다. 우리가 바라는 방향으로 상황을 바꾸는 데 결정적 역할을 할 사람을 설득할 생각은 않고, 조개처럼 입 꾹 닫고 있는 건 아마 팻뿐일 거예요, 그죠?(웃음) 그래요, 여기 모인 여러분들의 생각이 다 같지는 않기 때문에 모두 공감할 수는 없을 거예요. 하지만 여러분들이 팻의 얘기에 공감했던 것처럼 마음속으로라도 '옳소' 하는 분들이 계실 거라고 믿습니다. 팻에게 다시 한 번 감사드리고요. 이제 다음 분으로 넘어가볼까요? 다음은 마이클 차례죠? 마이클, 통과하실래요, 그냥 하실래요?


이 워크숍은 '책임의 말'을 직접 경험하도록 자연스럽게 이끌어주었다. 강요하지 않고 화기애애한 분위기 속에서 자기책임을 인정하고 비생산적이었던 직장인들의 행동을 짚어내도록 했다. 사람들에게 자기 얘기를 직접 하게 하는 것은 창피를 주거나 주눅 들게 하려는

의도가 아니라 자신을 제대로 보고 거기서 배울거리를 찾게 하기 위함이다. 이야기 속에 갇히지 않고 스스로 이야기의 주체가 되게 하기 위함이며, 보다 책임감 있는 말을 할 수 있길 바라기 때문이다.

왜 자꾸 책임감 타령이냐고? 화난 사람과 대면할 때, 상대방이 나의 잘못이나 실수를 조목조목 갖다대며 따지면 아마 속으로 이렇게 생각할 것이다. '그래, 내가 다 잘했다는 건 아냐. 그래, 당신 말이 맞다고 해줄 수도 있지. 근데 이건 좀 너무하잖아. 내 잘못의 10분의 1만이라도 네 잘못을 생각한다면 그렇게는 못 나올걸!' 맞다. 자기책임을 인정하는 것부터 시작해야 한다. 책임을 전가하라는 것이 아니라 서로 자기책임을 인정하고 같이 문제를 해결하자는 것이다.

종종 남의 잘못을 지적하면서도 자기책임도 인정하는 매너맨도 만나봤을 것이다. 상대가 자기 잘못을 깨끗이 인정하고 나오면 어떤가? 내 마음이 어떻게 달라지는가? 자기책임의 말을 쓰는 리더는 직원들과 보다 생산적인 대화를 나누기 쉬우며, 직장을 생산적인 대화 분위기로 조성할 가능성이 높다. 그리고 자기책임의 말을 자꾸 실천에 옮기다 보면 자기 자신과도 더욱 생산적인 대화를 나눌 수 있게 된다.

이 책의 지시대로 따라오고 있다면, 둘째칸에 당신만의 이야기를 적어 넣었을 줄로 믿는다. 앞 장에서 본 직장인 A, B, C는 둘째칸에 뭐라고 적어 넣었을까? 같이 확인해보자. 기억을 되살리기 위해 발단이 되었던 불평의 말을 옮겨본다.

### 직장인 A

"우리 사무실에는 제대로 된 대화라는 게 존재하지 않아요. 날마다 하는 얘기라곤 남 흉보기뿐이죠. 등 뒤에서 남의 뒷말이나 하고 서로 헐뜯고 깎아내리고…… 각자 모두의 문제인 거 같은데, 갈등을 풀기는커녕 당사자 아닌 다른 사람과 미주알고주알 떠들 뿐이죠. 문제 당사자와는 해결하려는 노력을 안 해요."

### 직장인 B

"아랫사람들 뒤치다꺼리만 좀 덜 했어도 난 많이 발전했을 겁니다. 부하직원들이 온갖 자잘한 문제까지 가져오거든요. 부하직원들이 각자 자기 영역에서 맡은 일만 잘 해준다면 나도 홀가분하게 내 일에만 전념할 수 있을 겁니다.”

## 직장인 C

“사실 나한테 필요한 건 내가 우리 보스를 위해 일하듯 나를 도와줄 사람이에요. 그런 동료 한두 사람만 곁에 있으면 난 정말 발전할 수 있을 텐데…… 맡고 싶은 일이 있어도 엄두가 안 나요. 내 짐을 덜어줄 동료가 한둘만이라도 있었으면 정말 좋겠다고요.”

직장인 A, B, C의 도표에는 다음과 같은 내용이 들어갈 수 있겠다.

�֍ 직장인 A

| 첫째칸 | 둘째칸 | 셋째칸 | 넷째칸 |
| --- | --- | --- | --- |
| 실행의 말<br>(실행의지) | 책임의 말<br>(나의 문제행동들) | | |
| 내가 중요하게 생각하고 꼭 해야겠다고 다짐하는 것은? | 실행의지가 실현되지 못하게끔 내가 잘못하고 있는 것은? | | |
| 갈등 시 문제 당사자와의 마음을 연 솔직한 대화 | 사람들이 내가 중요하게 생각하는 규범을 어길 때 아무 말도 하지 않는다. 잠자코 있음으로써 뒷말을 해도 괜찮다고 묵인하고 공범자가 된다. | | |

✱ 직장인 B

| 첫째칸 | 둘째칸 | 셋째칸 | 넷째칸 |
| --- | --- | --- | --- |
| 실행의 말<br>(실행의지) | 책임의 말<br>(나의 문제행동들) | | |
| 내가 중요하게 생각하고 꼭 해야겠다고 다짐하는 것은? | 실행의지가 실현되지 못하게끔 내가 잘못하고 있는 것은? | | |
| 부하직원들이 좀더 자발적으로 알아서 움직이도록 분위기 조성하기 | 1. 부하직원들이 도와달라거나 대신 떠맡아달라고 부탁해 올 때 거절하지 않는다.<br>2. 부하직원들에게 권한 이임을 잘 안 해준다.<br>3. 담당 부하직원에게 맡겨야 될 일인데도 자진해서 참견할 때가 많다. | | |

✱ 직장인 C

| 첫째칸 | 둘째칸 | 셋째칸 | 넷째칸 |
| --- | --- | --- | --- |
| 실행의 말<br>(실행의지) | 책임의 말<br>(나의 문제행동들) | | |
| 내가 중요하게 생각하고 꼭 해야겠다고 다짐하는 것은? | 실행의지가 실현되지 못하게끔 내가 잘못하고 있는 것은? | | |
| 직장에서 겨우겨우 버티는 것이 아니라 성장 발전하기 위한 충분한 자원과 인력 확보하기 | 나라는 인간은 어떻게 된 게 'No'라고 말할 줄을 모른다. | | |

둘째칸에 적힌 내용들은 우리가 우리 자신을 말하는 것이다. 이 이야기들은 책임을 인정하는 말들이다. 우리 자신이 중요하게 생각하는 가치와 우리가 바라고 생각하는 일을 하지 못하는 것에 대한 책임을 인정하는 것이다. 보통 어떤 경우에 이런 이야기를 하며, 이런 경우 우리가 흔히 하는 행동은 뭘까?

## 자기책임을 인정하기 힘든 이유

'책임의 말'은 직장에서 보기 힘든 언어 유형이다. 한 해가 저물 무렵엔 그간의 성과와 부족했던 점을 평가하는 시간을 갖는다. 보스랑 마주 앉아 과거의 성과를 살펴본 다음, 실패와 한계만 간단히 인정하고 수리수리 넘어가기 일쑤다. 그리고 극도로 위축된 책임의 언어를 구사한다. 왜 그럴까?

> 직장에서 하는 한마디 한마디가 전체 조직의 시스템을 흔들 수도 있다. 잘못된 언어습관의 해악은 나와 조직의 변화를 막을 수도 있다는 것이다.

대개 그러한 평가 이후엔 신년결심 비슷한 것을 하고, 그리고 그 결심은 우리 모두 알다시피 3월쯤엔 작심 2개월로 사라지고, 5월쯤엔 무슨 결심을 했는지도 가물가물하다.

신년결심식 태도는 둘째칸에 적힌 내용들을 부적절한 행동 또는 비효율적 행동으로 치부해버린다. 그럼으로써 죄악시하는 것이다. 여기서 말하는 책임 인정하기는 비난만 감수하는 걸 말하지는 않는다. 의도는 훌륭하지만 상황 바로잡기나 잘못된 과거 청산하기도 아니다. 사실, 잘해보려고 결심하는 데 연말 결산회의나 보스의 존재가 필요한 것은 아니다. 자신의 행동 또는 무행동이 자신의 실행의지를 방해하고 있음을 발견했을 때 성실한 직장인의 첫 번째 반응은 뭘까? 아마도 그 즉시 자신의 행동을 고치기 위해 해야 할 일의 목록을 적는 것일 게다.

사람들한테 둘째칸을 채워 넣으라고 하면 "이제부터 'No'라고 말하기 시작해야겠다." "좀더 자주, 좀더 일관되게 아랫사람들한테 권한을 위임해주어야겠다" 등 새로운 실행의 말을 쏟아내는 이들이 많다. 실행의지를 자신이 어떻게 훼방 놓고 있다는 이야기를 끝내자마자 그 즉시 자신의 잘못을 바로잡고 문제해결을 위한 작업모드로 곧장 돌입하는 것이다. 그게 뭐가 잘못이냐고? 물론 사장들은 시스템 결함을 찾아 고치듯 그렇게 하기를 바랄 것이다.



그런데 이상하게 들리겠지만, 그런 식으로 문제를 해결할 경우 얻는 것도 있지만 잃는 것도 많다. 우선, 문제의 핵심을 잃어버린다. "그게 목적이잖아!" 성실한 직장인은 이렇게 말할 것이다. "문제가 없어진 게 왜 문제가 된다는 거야?" 이렇게 말하는 사람도 있을 것이다. 물론 대부분의 문제들은 풀기만 하면 그것으로 끝일 수 있다. 하지만 만일 시스템 오류를 없애는 데만 급급해한다면 애초에 문제를 발생시킨 시스템은 그대로 남게 된다. 마찬가지로 문제만 서둘러서 해결하려 들면, 문제 해결 전이나 후나 우리 자신은 하나도 변하지 않은 상태로 남는 것이다. 그러면 문제의 근원은 해결되지 않는다.

## 나의 문제행동에서 해법을 찾아라

여기서 말하는 책임 인정하기가 어떤 의미인지 확실히 알려면 앞으로 한두 장은 더 읽어봐야 되겠지만, 정말로 책임을 인정하는 행동은 비난을 감수하거나 시스템 오류를 해결하는 선을 넘어서 우리가 문제가 된다고 본 행동에서 뭔가 배우고, 우리가 우리 자신에 대해 이야기한 것에서도 뭔가 깨우치는 것을 말한다. 우리가 가진 문제 중 실제로 교훈이 될 수 있고 우리 이야기에서 뭔가 가르침을 얻을 수도 있는데, 그런 문제들을 급하게 해결해버리면 우리는 소중한 교훈과 배울 점을 놓치게 될 수도 있다. 따라서 어떤 문제들은 해결하지 않는 편이 더 유익할 수도 있다. 그럴 땐 그 문제 자체가 '우리 자신을 해결해주기'를 바라면서 끼고 앉아 있으라는 것이다. "도대체 무슨 얘기를 하는 거야?" 누군가는 이런 짜증스러운 반응도 보일 것이다. 머리만 더 복잡해졌나?

우리 자신을 해결해주는 문제들이란 우리가 진정으로 깨달음을 얻게 되는 문제들을 말한다. 그런 문제들은 우리의 사고방식을 뿌리부터 변화시킨다. 그런 문제를 우리는 '좋은 문제'라 한다. 선생님이 학생들에게 수학문제를 풀어오라고 과제를 내주면서 무슨 생각을 하셨

### ✳ 비난의 말 vs 책임의 말

| 비난의 말 | 책임의 말 |
| --- | --- |
| 반사적으로 튀어나옴. 말하기 수월하다. | 특별히 요구될 때가 아니면 지속적으로 하기 어려움. 말하기가 부담스럽다. |
| 일이 실행되지 않은 책임을 다른 사람에게 전가한다. | 일이 실행되지 않은 책임 소재를 구체적으로 표현한다. |
| 말하는 이로 하여금 종종 좌절감, 낭패감, 소외감, 무력감이 들게 한다. | 의지를 실현시키기 위한 힘을 끌어낸다. |
| 상대방을 자기방어적으로 나오게 만든다. | 종종 서로의 책임에 대해 생산적인 대화를 이끌어낸다. |
| 변화를 이끌어내지 못함. 얻는 건 아무것도 없고 별로 중요치 않은 문제로 관심을 돌리게 만든다. | 변화를 이끌어내는 힘. 우리가 최대의 영향력을 발휘할 수 있는 곳으로 우리 주의를 돌린다. |
| 다른 사람에 대해서만 문제를 제기한다. | 우리 스스로의 문제를 제기한다. |

을까? 어떻게든 답만 적어오길 바랐을까? 그건 아닐 것이다.

좋은 과제를 내준 목적은 문제의 답만을 얻기 위함이 아니다. 사실, 너무 쉽게 풀리는 문제는 좋은 문제가 아니다. 문제를 푼다는 그 자체보다는 문제를 통해 뭔가 배우기를 바라는 것이다. 수학적 이해를 깊게 해주고 잘못된 점을 고치게 해주는 문제가 좋은 문제다. 좋은 선생님은 당장은 좀 괴롭더라도 궁극엔 학생들에게 도움이 되는 유익한 방법을 찾도록 유도한다. 그래서 학생들을 위해 문제의식을 깨닫게 하는 좋은 문제를 출제하는 것이다. 이와 같이 학습을 위한 좋은 문제들을 모아놓은 것이 바로 커리큘럼이다.

성인이 되어서도 배울 게 많으므로 우리 역시 좋은 문제가 풍부한 커리큘럼이 필요하다. 하지만 우리는 누구한테 만들어달라고 할 필요가 없다. 얽히고설킨 우리네 직장생활이 좋은 커리큘럼이다. 우리 직장생활에 숨겨져 있는 것, 우리가 문제행동이라고 찾아낸 것들, 실행의지의 실현을 방해하는 모순된 행동이 바로 훌륭한 커리큘럼이 될 수 있다.

1장에서는 불평, 실망, 비판을 무시하지 말고 존중하며, 좀더 깊이 파고 들어가 실행의 말로 바꾸라고 했었다. 이번에도 그와 비슷하다.

밑바닥까지 들어가 근본적인 변화(단순한 교정이 아닌)를 이끌어내기 위해 소위 문제행동들을 잠시 가만히 놔두라는 것이다(서둘러서 고치려는 결심 같은 거 하지 말고). 직장생활에서 신년결심식 접근방식이 흔히 실패하는 이유는 문제행동을 무시하거나 죄악시함으로써 우리 내부의 복잡한 심리를 외면하기 때문이다. 우리는 우리 내부에 도사리고 있는 문제행동들의 근원의 힘을 무시하고 있다. 그 근원을 찾아 해결하지 않는다면 잘못된 언어습관을 바꿀 수 없다.

그러한 복잡한 심리를 존중하고 좀더 책임감을 갖는 데 도움이 되는 말의 방식은 어떤 것일까? 같은 문제를 배움을 얻을 수 있는 좋은 문제로 만드는 데 도움이 되는 언어는? 이 해답은 다음 장에서 알아보도록 한다.

## 3장

언어습관 **3**

# 텅빈 결심의 말에서
# 다짐의 말로 바꿔라

도표의 둘째칸 행동을 고치기로 마음먹는 것만으로 왜 안 되는 것일까? 바람직하지 못한 행동을 고치기로 굳게 마음먹고 결심까지 했는데 효력이 오래가지 못하는 이유는? 그것은 둘째칸에 적힌 행동들 이면에 더 큰 모순이 도사리고 있기 때문이다. 그 모순된 심리를 제대로 파헤치지 못한다면 우리는 계속 휘둘리며 살게 될 것이다.

## 내 문제행동의 근원 찾기

둘째칸에 적은 내용을 자세히 살펴보자. 달리 행동하려고 생각할 때 조금이라도 두려움이나 불안감이 느껴지는가?
둘째칸에 아래와 같이 적었다고 하자.

일을 만족스럽게 끝내려면 시간이 더 필요하지만 상사에게는 그런 말을 정말 못 한다. 현실적으로 시간을 안배하면 훨씬 좋은 결과를 낼 수 있다는 얘기 같은 건 입도 뻥긋 못 한다. 늘 정해준 시간에 맞추느라 부랴부랴 해서 넘겨주고 말 뿐이다.

다르게 행동하고 싶지만 선뜻 두렵거나 걱정되는 것이 있느냐고 질문하면 직장인들은 "나한테 이 일이 벅차다고 상사가 간주해버릴까봐"라고 말하기도 하고, "상사가 엉터리 같은 결과물에도 전혀 문제제기를 안 하고, 그냥 적당히 하면 된다는 소리를 듣게 될까봐" 걱정된다고 말하기도 한다.



이쯤 되면, 둘째칸 행동 이면에 더 큰 힘이라는 게 바로 '두려움'이었구나 하고 생각할지 모르지만 그건 아니다. 사실 우리의 행동 이면에 두려움이 모습을 감추고 있는 경우가 종종 있기는 하지만, 우리가 주목하는 '더 큰 힘'은 두려움만이 아니다. 두려움은 그 큰 힘을 찾아내는 관문일 뿐이다.

우리는 흔히 괴로움을 주는 화근덩어리를 "자기 통제력을 잃는 것" "남들이 나를 좋게 생각하지 않는 것" 또는 "다른 사람들이 업무의 질에 대해 나처럼 높은 기준을 갖고 있지 않다는 사실"이 두렵다고 말한다. 이는 '감기증세'나 '요통'이 있다고 말하는 거나 마찬가지다. 그런 것들이 괴롭기는 하지만, 그럼에도 최선을 다해 일을 수행해나가겠다고 하는 것은 소극적이며 피상적인 태도다.

우리가 그 두려움에 대해 좀더 적극적으로, 그러니까 두려워하는 상황이 벌어지지 않도록 능동적으로 행동한다면, 얘기는 달라진다. 그러니까 "요구했다가 거절당할까봐 두렵다" "상사의 기준이 너무 낮은 것을 알게 될까봐 걱정된다"고 말하는 대신 "실망하게 될 상황을 안 만들려고 필사적으로 노력 중이다" "상사가 어떤 수준이든 상관없이 나는 내 일을 위해 힘을 쏟고 있다"는 식의 태도가 필요하다. 이러한 생산적인 말의 방식은 두려움이라는 관문을 지나 더 큰 힘이 작용하는 다른 세계로 한걸음 더 전진할 수 있게 해준다.

여기서 말하는 요지는 둘째칸의 행동 이면에 또 다른 다짐이 존재한다는 것이다. 그러한 다짐을 발견하게 되면 우리의 변화의지는 더 강력해진다. 이것이 바로 셋째칸에 들어갈 내용이다. 일단 그 다짐을 인식하고 나면, 자신의 모순행동을 파악하게 될 것이다.

이 과정은 자기성찰을 고차원적으로 하게 되는 단계이므로 아마도 조금은 힘든 과정이 될 것이다. 결과가 어찌 되었든 일단 부딪쳐보자는 용기가 필요하다. 하지만 일단 해내면, 현상을 유지하고자 하는 우리 내부의 힘, 동적 평형에 대해 전적으로 새로운 시각을 갖게 될 것이다.



## 텅빈 결심의 말에서 **다짐의 말**로 바꿔라

둘째칸 행동을 고치려는 행동을 할 때 드는 두려움을 찾아낸 다음,

거기서 '내가 두려워하는 상황이 벌어지지 않도록 막으려는 능동적인 의지, 또 하나의 숨겨진 의지'를 파악해보라. 표 셋째칸에 '다짐의 말'이라는 제목을 적고 내용을 써넣는다.

이를테면, 업무의 질을 높이려면 시간이 더 필요하다는 건의를 했다가 일을 감당 못 하는 사람으로 비칠까봐 겁난다면 "상사한테 내가 일에 부적합한 사람으로 보이지 않으려고 굳게 다짐했다"라고 적을 수도 있다. 우리가 평소 잘 인식하지는 못해도 확실히 나름대로 일리 있는 다짐이다. 만일 내가, 상사가 작업의 질적 수준에 별로 신경 쓰지 않는 걸 두려워하는 사람이라면 "나는 우리 보스가 업무 처리 수준이 낮아도 만족할 수 있는 사람이란 사실을 개의치 않으려고 한다"라고 적을 수도 있겠다.

※ 나의 '다짐의 말'

| 첫째칸 | 둘째칸 | 셋째칸 | 넷째칸 |
|---|---|---|---|
| 실행의 말<br>(실행의지) | 책임의 말<br>(나의 문제행동들) | 다짐의 말<br>(첫째칸 실행의지와<br>상충하는 숨은 의지) | |
| 내가 중요하게 생각하고 꼭 해야겠다고 다짐하는 것은? | 실행의지가 실현되지 못하게끔 내가 잘못하고 있는 것은? | | |
| 내가 원하는 수준의 업무 결과물 만들어내기 | 만족스러운 수준으로 일을 끝내려면 시간이 더 필요한데, 그 말을 보스에게 못한다. | | |

이런 생각을 가져본 적이 없다면 억지로 써넣을 필요는 없지만, 자기한테 도움이 될 거라는 생각으로 한번 시도해보는 것이 좋다. 셋째 칸 다짐은 우리를 고질적으로 괴롭히고 에너지를 소모시키는 일이다. 이는 더 나아가 변화를 가로막고 현상을 유지하려는 동적 평형, 이를 테면 면역시스템을 지속시키는 생각이다.

"난 좀더 열린 대화가 중요하다고 생각하며 그렇게 하려고 다짐한다" "보다 포괄적이고 협력적인 스타일의 리더가 되어야겠다고 다짐한다" 등의 첫째칸 실행의지는 직장동료나 상사 앞에서 떳떳하게 얘기할 수 있는 것들이다(물론 가식이 아닌 평소 마음속에 품고 있던 진심이기에). 반면 "나는 뭐든 내 방식대로 하려고 한다"든가 "실망스럽거나 낙담할 일은 알지 않으려고 작정했다" "사랑받고 칭찬받으려고 작정하고 노력한다"는 식의 다짐은 별로 남들 앞에서 얘기하고 싶지 않을 것이다. 하지만 이 또한 틀림없는 우리의 진심이다. 마침내 아름답지 못한 진실에 도달했다거나, 첫째칸 말은 겉만 번지르르한 가짜고, 셋째칸 말이야말로 꾸미지 않은 진실이라고 말하는 것은 아니다. 우리의 첫째칸 말이 진실이듯, 여러분도 그러리라 믿어 의심치 않는다. 다만 사람의 마음이란 굉장히 복잡한 것이 되어놔서 여러 가지 다른, 심지어 서로 모순되거나 대립되는 다짐도 품을 수 있다. 깊이 숨겨져 있는 그와 같은 다짐을 수면 위로 끌어올리지 않고서는 우리 삶의 방식을 바꿀 만한 무언가를 창출해낼 수 없다. 그럴 경우 우리의 자아성찰은 단면만 건드리다 마는 선에서 그쳐, 곧 다시 원상태로 돌아가게 되는 것이다.

언제부턴가 우리는 우리 자신의 나쁜 이미지는 쏙 뺀 이상적인 관

넘만을 키워왔다. 너무나 인간적인 셋째칸 다짐으로 빚어지는 혼란
은 입구에서 봉쇄해버리고, 첫째칸 실행의지의 눈부시게 흰 망토를
입고 등장하는 장면만 상상한다. 하지만 누구라도 셋째칸 내적 다짐
을 떼어놓고 자신을 말할 수는 없다. "어딜 가든 자신에게서 도망칠
수 없다"는 명언처럼 첫째칸 실행의 말도, 셋째칸 다짐도 우리 자신
이다. 이 책에서는 사람들을 유능한 사람과 덜 유능한 사람으로 구분
하지 않는다. 다만 자신의 셋째칸 내적 다짐을 인정하고 인식하는 사
람과 그렇지 못한 사람으로 구분할 뿐이다.

자, 그러면 이쯤해서 잠시 멈추고 나의 셋째칸 다짐은 뭘까 생각해
보자. 기억이 희미해진 분들을 위해 다시 한 번 방법을 소개하겠다.

1. 둘째칸에 적은 내용(내 실행의지가 실현되지 못하게끔 내가 잘못
   하고 있는 것)을 다시 한 번 본다.
2. 둘째칸 행동을 극복하려고 할 때 희미하게라도 두려움이나 불
   안 같은 것이 느껴지는지 생각해본다.
3. 두려운 상황이 벌어지는 것을 막기 위해 마음속으로 굳게 다짐
   한 일이나 특별히 애쓰는 점이 있다면 셋째칸에 적어 넣는다.

앞에서처럼, 파트너와 같이 할 경우에는 다 적은 다음 파트너와 서
로의 생각을 나누어본다.

# 나의 두려움과 정면으로 대면하라

과연 내가 제대로 하고 있는 걸까? 의구심이 든다면 혼자서 체크해볼 수도 있다. 만일 당신이 셋째칸에 적은 내용을 보고 몸서리가 쳐진다든가 어딘가 마음이 편치 않거나 "젠장, 10년 전에 상담치료 받았었는데 또 나왔네!" 혹은 "몇 년 전에도 이런 생각을 했었어. 그때 다시는 이런 생각 하지 않기로 작정했었는데……"라는 혼잣말이 자기도 모르게 나왔다면, 됐다! 잘하고 있다는 증거다.

그런데 만일 반대로 뭔가 고상하고 그럴듯한 느낌이 든다면("어떻게 해서든지 우리 부서가 능력을 최대한 발휘하도록 할 것이다" "아이들하고 더 많은 시간을 보내야겠다고 굳게 다짐하노라" 등등), 살짝 엇나가고 있다는 증거다. 그런 듣기 좋은 얘기들이 다 거짓부렁이라는 것은 절대 아니다. 다만 변화에 대한 저항



심리를 극복하게 해주는 강력한 정신적 장치를 스스로 만들어내지 못하는 것이 안타까울 뿐이다. 셋째칸에 써넣은 내용에서 너무 고상한 품새가 풍긴다면 좀더 내면을 깊이 들여다보면서 마음속에서 일어날 수 있는 두려움, 불안, 걱정, 근심을 정면으로 대면해보라. 이를테면 "우리 부서가 능력을 최대한 발휘하지 못할 때 내 안에는 어떤 두려움이 있나?" 곰곰이 생각해보는 것이다. 그 두려움이 현실로 되는 것을 막기 위해 어떤 다짐과 내적 노력을 하고 있는지 찾아내는 것은 혼란스럽긴 하지만 생산적인 혼란이 될 수 있다.

셋째칸에 구체적으로 어떤 내용이 들어가든 그것은 본질적으로 우

리가 중요하게 생각하고 이루고자 하는 것에 대한 자기방어적인 반응일 것이다. 그리고 첫째칸 실행의지와 서로 대립될 것이다.

자, 셋째칸 채워넣기를 다 마쳤으면 1장에서 언급된 세 사람의 경우를 다시 살펴보자.

1장에서 직장인 A는 이런 불평을 했었다.

"우리 사무실에는 제대로 된 대화라는 게 존재하지 않아요. 날마다 하는 얘기라곤 남 흉보기뿐이죠. 등 뒤에서 남의 뒷말이나 하고 서로 헐뜯고 깎아내리고…… 각자 모두의 문제인 거 같은데, 갈등을 풀기는커녕 당사자 아닌 다른 사람과 미주알고주알 떠들 뿐이죠. 문제 당사자와는 해결하려는 노력을 안 해요."

다음은 직장인 A가 셋째칸을 채워넣고 파트너에게 얘기한 내용이다.

"사람들한테 뒷말이나 험담하지 말자고 하면 나를 껄끄러운 여자로 볼까봐 그게 제일 겁나요. 무슨 운동가나 개혁가처럼요. 사실 어쩌면 그게 진짜 내 모습인지도 몰라요. 하지만 그런 딱지가 붙으면 어떤 일이 일어나는지 봤거든요. 여자일 경우에는 더 안 좋죠. 나는 사람들이 나를 편안하게 대하고 자기들 무리의 일원으로 봐줬으면 좋겠어요. 혼자 외톨이로 따돌림 받는 거 정말 싫어!"

| 첫째칸 | 둘째칸 | 셋째칸 | 넷째칸 |
| --- | --- | --- | --- |
| 실행의 말<br>(실행의지) | 책임의 말<br>(나의 문제행동들) | 다짐의 말<br>(첫째칸 실행의지와<br>상충하는 숨은 의지) | |
| 내가 중요하게 생각하고 꼭 해야겠다고 다짐하는 것은? | 실행의지가 실현되지 못하게끔 내가 잘 못하고 있는 것은? | 나도 모르게 내가 마음속으로 다짐하고 있는 것은? | |
| 갈등 시 문제 당사자와의 마음을 연 솔직한 대화 | 사람들이 내가 중요하게 생각하는 규범을 어길 때 아무 말도 하지 않음으로써 뒷말을 해도 괜찮다고 묵인하고 공범자가 된다. | 용감한 개혁가나 드센 여자나 혼자 고상 떠는 여자로 비치지 않고, 같이 어울리기 편안한 사람 되기 | |

직장인 B는 이렇게 불평했었다.

"회사에서 아랫사람들 뒤치다꺼리만 좀 덜 했어도 난 많이 발전했을 겁니다. 부하직원들이 자잘한 문제까지 가져오거든요. 부하직원들이 각자 자기 영역에서 맡은 일만 잘 해준다면 나도 홀가분하게 내 일에만 전념할 수 있을 겁니다."

2장 55쪽을 보면 직장인 B가 둘째칸에 써넣은 내용을 확인할 수 있을 것이다. 둘째칸에 써넣은 자기 태도를 고치려 할 때 그는 다음과 같은 두려움을 느낀다고 했다.

"부하직원들이 도움을 청할 때 가서 봐주지 않으면 무심한 리더라고 생각하며 불만을 품을까봐 신경 쓰여요. 아랫사람들한테 알아서 하라고 맡겨두면 솔직히 결과물도 불만족스럽게 나올 거고 일도 제대로 돌아가지 않을 것만 같아요."

### ✽ 직장인 B의 '다짐의 말'

| 첫째칸 | 둘째칸 | 셋째칸 | 넷째칸 |
|---|---|---|---|
| 실행의 말<br>(실행의지) | 책임의 말<br>(나의 문제행동들) | 다짐의 말<br>(첫째칸 실행의지와<br>상충하는 숨은 의지) | |
| 내가 중요하게 생각하고 꼭 해야겠다고 다짐하는 것은? | 실행의지가 실현되지 못하게끔 내가 잘 못하고 있는 것은? | 나도 모르게 내가 마음속으로 다짐하고 있는 것은? | |
| 직원들이 좀더 자발적으로 알아서 움직이도록 분위기 조성하기 | 1. 부하직원들이 도와 달라거나 대신 떠맡아 달라고 부탁해올 때 거절하지 않는다.<br>2. 부하직원들에게 권한 이임을 잘 안 해준다.<br>3. 담당 부하직원에게 맡겨야 할 일인데도 자진해서 참견할 때가 많다. | 부하직원들에게 무심한 리더로 보이지 않게 하기. 나한테 불만을 품지 않게 하기. 부하직원들한테 권한이임을 잘 안 해주고, 참견하는 것이 될지라도 내가 했을 때의 기대수준보다 낮은 수준의 결과물이 나오지 않도록 처리하기 | |

다음은 직장인 C의 불평이다(2장 54쪽 도표 참조).

"사실 나한테 필요한 건 내가 우리 보스를 위해 일하듯 나를 도와줄 사람이에요. 그런 동료 한둘만 곁에 있어도 난 정말 발전할 수 있을 텐데…… 맡고 싶은 일이 있어도 엄두가 안 나요. 내 짐을 덜어줄 동료가 한둘만이라도 있었으면 정말 좋겠다고요."

직장인 C에게 두려운 점이 있는지 생각해보라고 하자, 다음과 같은 독백의 말이 금방 나왔다.

"나는 어떤 형태든 사람들하고 부딪치는 게 정말이지 죽기보다 싫어요. 누구랑 맞서거나 싸우느니 차라리 내가 일을 더 하는 게 나아요."

### ✚ 직장인 C의 '다짐의 말'

| 첫째칸 | 둘째칸 | 셋째칸 | 넷째칸 |
| --- | --- | --- | --- |
| 실행의 말<br>(실행의지) | 책임의 말<br>(나의 문제행동들) | 다짐의 말<br>(첫째칸 실행의지와 상충하는 숨은 의지) | |
| 내가 중요하게 생각하고 꼭 해야겠다고 다짐하는 것은? | 실행의지가 실현되지 못하게끔 내가 잘 못하고 있는 것은? | 나도 모르게 내가 마음속으로 다짐하고 있는 것은? | |
| 직장에서 겨우겨우 버티는 것이 아니라 성장 발전하기 위한 충분한 자원과 인력 확보하기 | 나라는 인간은 어떻게 된 게 'No' 라고 말할 줄을 모른다. | 어떻게 해서든지 사람들과 부딪치는 것 피하기 | |

아마 이제는 다들 위의 셋째칸에 뭔가 써넣었을 것이다. 내용은 각기 다르겠지만 한 가지 변하지 않는 사실이 있다. 그것은 당신이 의식하든 못하든 꼭 피하고 싶어 하는 불행한 사태에 대한 자기방어적 태도라는 것이다. 첫째칸 실행의지가 지상에서 이루고 싶은 낙원을

말한다면, 셋째칸은 제발 벌어지지 말았으면 하는 지옥을 보여준다고 할 수 있다. 조지 오웰의 소설 《1984》에서 사람에게는 각자 자기만의 지옥이 있다고 한 것처럼, 각자가 생각하는 지옥 같은 세계가 있는 것이다.

## 자기방어적 언어습관에 잠재된 심리

셋째칸 내적 다짐은 단순한 기질, 특성, 태도("난 남들한테 위협감 느끼게 하기 싫어.") 때문이라기보다는 우리가 직장에서 좀더 영향력을 확보하기 위하여 우리가 능동적으로 에너지를 사용하는 방식("나는 남들이 위협감을 느끼지 않도록 노력한다.")이다. 이것은 조직에서 우리가 하고자 하는 중요한 것이 뭔지를 말해주며, 사람들의 가장 강력하고 지극히 정상적인 행동인 '자기방어'임을 보여준다. 자기방어적 태도에 대해 부끄럽게 생각할 이유는 전혀 없다. 사실 개념적으로 볼 때, 자기방어는 분명 자기존중 행위의 하나다.

문제는 우리의 자기방어적 태도가 아니라, 우리 자신이 그 사실을 잘 인식하지 못한다는 점이다. 자기방어적 태도에서 비롯된 행동에 대해 책임을 인정하지 않으면 자신의 행동을 나약함의 증거라고만 보고 그와 같은 행동을 청산하고 앞으로는 더 잘해야겠다는 식의 텅 빈 결심만 하게 된다. 아니면 기대하는 결과가 나오지 않은 것에 대해 자신이 아닌 다른 데에서 핑계거리를 찾게 되기 쉽다.

## 변화를 막는 심리

지금까지 지나온 과정을 거꾸로 거슬러 올라가보면 일관된 심리적 흐름이 보인다. 직장인 C의 고민을 예로 들어보자. 셋째칸의 고충("어떻게 해서든지 사람들과 부딪치는 것을 피하고 싶어.")이 특정 행동("나라는 인간은 어떻게 된 게 'No'라고 말할 줄을 모른다.")을 이끌어냈고, 첫째칸 실행의지("직장에서 겨우겨우 버티는 것이 아니라 성장 발전하기 위한 충분한 자원과 인력 확보하기.")가 실현되는 것을 가로막는다.

이와 같이 셋째칸의 관점에 따라 둘째칸의 행동에 대한 해석이 전적으로 달라진다. 셋째칸의 근거를 찾아가다 보면 그것은 비효율적이거나 부적절한 행동이 아니라 일관되고 효율적이며 둘째칸은 셋째칸을 충실히 수행한 행동이 되는 것이다. 만일 내가 혼자 잘난 체하는 여자로 보이는 게 정말 싫다면, 내가 중요하게 여기는 규범을 남들이 어긴다고 해도 절대 나서지 말아야 한다. 어쩌면 지금보다 더 삼가야 할 것이다. 이는 나약함이나 적당함의 증거가 아니라 나의 실행의지의 놀랍도록 분명한 표현이다. 그녀는 반드시 그렇게 행동해야만 했다! 만일 부하직원들한테 무심한 리더로 보이지 않는 것이 나의 실행의지라면, 아랫사람한테 맡길 수 있는 일이라도 거절하지 말고 내가 해야 한다. 오히려 지금보다 더 사사건건 참견하고 간섭해야 할지도 모른다. 만일 부딪치는 것을 피하는 것이 내 의지라면 'No'라고 말하지 않는 것이 최선의 방법이며, 거절하는 횟수를 지금보다 더 줄여야 할 것이다.

둘째칸의 행동이 자신의 목적을 달성하기 위한, 얼마나 효율적이고 일관된 행동인지를 깨닫지 못한다면, 둘째칸의 문제행동을 극복할 수 있는 진정한 변화를 기대하기 힘들다.

다만, 문제는 그렇게 일관되고 효율적이며 충실한 행동들이 첫째 칸 실행의지를 훼방 놓는다는 것이다. 첫째칸의 실행의지와 둘째칸의 행동은 불가피하게 상호 모순되는 갈등관계에 있을 수밖에 없으나, 둘 다 우리의 진심이며 동시에 작동한다. 어떻게 이런 일이 있을 수 있을까?

이상하게 들리겠지만, 이와 같은 모순은 성장 발전을 위해 꼭 넘어야 할 관문이다. 만일 이런 요소가 어딘가 불완전하고 한정되거나 왜곡된 면이 있다면(사람들은 정말 다 그렇다.), 그와 같은 모순이 존재하는 것은 이상한 일이 아니다. 완벽한 자기평형 능력을 갖고 있지 않은 우리의 심리구조는(사람이 완벽한 평형능력을 갖춘 경우는 존재하지 않는다고 봐도 무방하다.) 서로 반대방향으로 뒤집고자 하는 대립하는 힘을 통해 평형을 유지하는 것이다.

그와 같은 모순, 상충하는 힘을 통해 소위 자연계의 세 번째 힘인 동적 평형을 유지하는 것이다. 놀라운 힘을 발휘해 현상을 유지하는 동적 평형 과정은 변화를 막는 우리의 면역시스템의 예이다. 지금까지 직장인 A, B, C가 만들어낸 것은 바로 각자 자신만의 동적 평형 과정을 명확하게 보여주는 예다(76쪽 도표 참조).

직장인 C처럼 충분한 자원과 인력을 확보하고자 하는 실행의지를 갖고 있는데도 갈등 상황을 피하려는 심리 때문에 실행의지대로 되지 않는다. 셋째칸의 고민이 존재하는 한, 둘째칸의 행동을 바꿔보려고 노력한들 효과는 없다.

> 직장에서 자기방어적인 언어습관이 만연하는 이유는 사람들이 자기 위치에서 좀더 영향력을 확보하려는 심리 때문이다.

|  | 첫째칸 | 둘째칸 | 셋째칸 |
|---|---|---|---|
|  | 실행의 말<br>(실행의지) | 책임의 말<br>(나의 문제행동들) | 다짐의 말<br>(첫째칸 실행의지와 상충하는 숨은 의지) |
|  | 내가 중요하게 생각하고 꼭 해야겠다고 다짐하는 것은? | 실행의지가 실현되지 못하게끔 내가 잘못하고 있는 것은? | 나도 모르게 내가 마음속으로 다짐하고 있는 것은? |
| 직장인 A | 갈등 시 문제 당사자와의 마음을 연 솔직한 대화 | 사람들이 내가 중요하게 생각하는 규범을 어길 때 아무 말도 하지 않음으로써 뒷말을 해도 괜찮다고 묵인하고 공범자가 된다. | 용감한 개혁가나 드센 여자나 혼자 고상 떠는 여자로 비치지 않고 같이 어울리기 편한 사람 되기 |
| 직장인 B | 직원들이 좀더 자발적으로 알아서 움직이도록 분위기 조성하기 | 1. 부하직원들이 도와달라거나 대신 떠맡아 달라고 부탁해올 때 거절하지 않는다.<br>2. 부하직원들에게 권한이임을 잘 안 해준다.<br>3. 담당 부하직원에게 맡겨야 할 일인데도 자진해서 참견할 때가 많다. | 부하직원들에게 무심한 리더로 보이지 않게 하기. 나한테 불만을 품지 않게 하기. 부하직원들한테 권한이임 잘 안 해주고, 참견하는 것이 될지라도 내가 했을 때의 기대수준보다 낮은 수준의 결과물이 나오지 않도록 처리하기 |
| 직장인 C | 직장에서 겨우겨우 버티는 것이 아니라 성장 발전하기 위한 충분한 자원과 인력 확보하기 | 나라는 인간은 어떻게 된 게 'No'라고 말할 줄을 모른다. | 어떻게 해서든지 사람들과 부딪치는 것 피하기 |

# 기업비전의 실현 가능성이 낮은 이유

이 문제는 좀더 큰 그림으로 보아야 한다. 최근 들어 기업들은 리엔지니어링이나 총체적인 조직 변화를 위해 정말 과감한 변신을 꾀

하고 있다. 보다 수평적이고 효율적인 직장 분위기를 만들기 위해 다양한 혁신과제를 내세우며 애쓰고 있다. '변화' 'Innovation'이라는 말을 줄기차게 입에 달고 사는 걸 보면 기업, 교육, 의료, 법조계 모두 살아남기 위해 처절한 노력을 하고 있는 듯하다. 특히 기업들은 요즘 급속히 사라져가는 기회를 창출하기 위해, 또는 기업 내부의 문제해결을 위해 조직개편을 단행하는, 엄청난 스트레스를 겪고 있다.

기업이 변화를 위한 공동목표를 세웠을 때 첫째칸의 실행의지를 공유하게 된다. 조직이 공유하는 첫째칸의 실행의지를 우리는 보통 '비전' 또는 '사명'이라고 말한다. 유능한 리더는 조직 구성원의 동의를 얻어 공동목표를 위한 실행의지를 이끌어내고 실천 가능한 계획들을 세운다. 하지만 이는 성공을 위해 필요한 여러 해법 중 한 가지에만 치중하는 꼴이다. 이와 같이 첫째칸 실행의지에만 집중하고 숨겨진 셋째칸 다짐의 말을 도외시한다면 어떤 일이 벌어질까?

교육계의 예를 보자. 교과과정 입안자와 학교 개혁가들은 교육개혁을 위한 구상을 하고, 각 학교도 아이들 교육에 중요한 변화를 몰고 올 실행의 말을 슬로건으로 내건다. 하지만 대부분 의도는 훌륭하지만 실제 의도했던 바를 거두지 못하는 경우가 비일비재하다.

기업에서도 마찬가지다. 비전은 열심히 멋들어지게 세워놓지만 그걸 이루기란 솔직히 하늘의 별따기다. 세부계획을 수립하고 책자까지 만들어 돌리지만 결국 책장 한구석에 처박히기 일쑤다. 기업들은 비전 실행을 위해 전사적인 노력을 촉구하고, 글로벌 기업들은 전략기획을 수립하기 위해 컨설팅 회사에 몇십억 원씩 지불하기도 한다. "정말 기막힌 전략기획서군." "이 계획대로만 실천하면 성공할 수 있어"라고 단꿈을 꾸지만 그 실현가능성은 정말 낮다. 계획은 거창하지만 따라주지 않는 것이다.

계획은 그럴듯한데 왜 성과를 내지 못하는 걸까? 왜 진정한 변화는 이렇듯 힘든 것일까? 기업 혁신가들은 왜 그렇듯 이미 해봤던, 거의 판박이 같은 계획들만 자꾸 쏟아내는 것일까?



누구나 이런 의문엔 술술 막힘없이 답을 한다. 하지만 가만 들여다보면 대체로 남을 탓하거나 예상치 못했던 장벽을 탓하는 경우가 많다.

"경쟁사에서 몰래 음해공작을 폈다고!"

"부하직원들의 저항 때문이었어."

"기대치가 높았어. 단시간에 너무 많은 것을 기대했다구."

"우리 소비자들은 공략하기가 너무 까다로워."

"이거 원, 회사의 자원이 충분치 못해서……."

"제대로 개혁이 이루어지려면 보통 10년 걸리는데, 담당자가 평균 5년도 못 채우고 그만두니 뭐가 되겠어!"

"임원진들이 좀더 대담한 계획을 추진했어야 됐어……."

위의 얘기들이 다 맞을 수도 있다. 하지만 실제로는 "적을 만났는데 그게 바로 우리였어!"라고 말한 포고 Pogo, 미국의 만화가 월트 켈리가 그린 주인공-옮긴이의 말이 맞을지도 모른다. 그럴듯한 전략을 세운 기업가들 스스로에게 더 큰 문제가 있었을지도 모른다. 첫째칸의 실행의지를 위해 열심히 성실하게 노력했다 할지라도 상반되는 셋째칸을 수행하는 쪽(내가 생각하는 지옥 같은 상황이 벌어지지 않도록 하는 다짐)으로도 열심히 노력했다면 결과는 다를 것이다. 그리고 후자 쪽에 집중하는 것이 더 성공적인 결과를 가져왔을 것이다.

기업이 변화를 위한 혁신과정에서 아주 중요한 문제들을 방치하는 경우는 너무도 많다. 우리 스스로가 변하지 않고서는 조직이나 시스템에 의미 있는 변화를 가져오기란 거의 불가능하다. 조직의 중대한 변화를 일으키려면 변화를 막는 장애물을 해결해야겠지만 문제는, 우리가 진심으로 원하는 실행의지 이면에 또 다른 모순된 다짐이 존재해 그 변화를 가로막는다는 것이다. 기업이 야심차게 만들어내는 혁신과 변화의 구상이 반쪽짜리 진실이라면? 그렇다면 결코 성공할 수 없을 것이다.



"따지는 건 미루고 우선 행동으로 밀어붙이자. 문제에 부닥치면 그때 가서 방법을 찾으면 돼"라고 말한다면 나중에 가서 쓰디쓴 결과를 맛보게 될 것이다. "지옥길도 선의로 포장되어 있다The road to hell is paved with good intentions"는 속담을 들어봤을 것이다. 하지만 선의로 시작한 길이 어디서 어떻게 틀어져서 지옥으로 가는 길이 돼버렸는지, 그 중간 과정을 알기란 매우 힘들다. 과정에서 튀어나올 문제는 제쳐두고 무조건 개혁 드라이브에만 집중할 경우 이런 일은 흔히 벌어진다.

# 나의 모순을 해결하는 다짐의 언어

지금까지 소개한 3가지 말의 방식을 통해 우리가 얻은 소득은 뭘까? 그건 바로 잃어버린 고리, 잃어버린 지도를 찾은 것이다. 다시 말해, 우리 자신 또는 조직 변화를 위해 필요한 실행의지를 실현시키지 못하도록 반대방향으로 작동하는 우리의 심리시스템, 즉 우리 내부의 면역시스템을 들여다볼 수 있게 된 것이다. 예를 들어 리더 스스로가 공동작업을 강조하는 보다 협력적인 리더십을 기르겠다고 습관적으로 말하면서도, 다른 한편으론 뭐든 내 방식대로 하고, 내 기준에 맞추고, 사사건건 통제하려 드는 경우가 많다. 이렇듯 모순된 태도는 조직혁신의 걸림돌로, 합리적인 조직시스템 구축에 방해가 된다.

이 같은 자기모순적 상황을 어떻게 바라봐야 할까? 아마 대개는 껄끄럽고 창피한 문제이지 변화를 위해 필요한 터닝 포인트라고 생각지는 않을 것이다. 신입사원을 뽑는 면접관이 우리가 왜 당신을 뽑아야 하는지 설명해보라고 요구할 때, "저는 누구보다 이 일에 적임자이며 귀사의 기업목표에 십분 공감하고…… 그리고 모순 덩어리이기 때문입니다"라고 자백하지는 않는다. 우리는 스스로 자기모순을 문제로 보는 경향이 있다. 대부분 사람들이 문제점을 발견한 후의 반응은 되도록 빨리 해결해버리기 위해 곧바로 문제해결에 착수하는 것이다. 하지만 "내가 모순되느냐? 그래도 좋다. 나는 모순된다! 나는 광대하다! 나는 모두를 포용한다!"는 미국의 시인 월트 휘트먼의 시구처럼, 자기모순에 대해 전혀 다른 입장도 가능하다. 휘트먼의 말

| 텅빈 결심의 말 | 다짐의 말 |
| --- | --- |
| 거짓 없이 진실된 의지 표현 | 상충되는 숨은 의지를 표현 |
| 미래에 대한 희망과 바람을 끌어낸다. | 심리적 모순을 야기하고 면역시스템의 전체 그림을 보여준다. |
| 하지만 힘은 별로 없다. | 변화를 향한 숨겨진 거대한 힘을 지니고 있다. |
| 걸림돌이 되는 문제행동을 제거 또는 줄이는 것이 목적 | 문제행동의 근원을 찾는 것이 목적 |
| 문제행동은 종종 유약함 또는 창피스러운 비효율성의 증거로 간주됨. | 문제행동을 효율적이며 일관되고 목적에 충실한 훌륭한 행동으로 봄. |
| 문제행동만 제거하면 첫째칸 실행의지 또는 목표를 성취하게 될 것이라 생각 | 문제행동을 바꾸려는 시도만으로는 목적을 이룰 수 없다는 것을 인식 |
| 변화가 잘 되지 않는 것을 남의 탓이나 예기치 않은 장애 또는 부족한 자제력 탓이라고 생각하는 경우가 많음. | 자기 심리의 복잡성, 모순성을 인정한다. |
| 비변화적 : 확고한 의지가 있음에도 불구하고 의미 있는 변화를 일으키기 힘들다. | 변화적 : 변화를 어렵게 만드는 면역시스템을 명확하게 인식함으로써 역설적으로 의미 있는 변화를 이끌어낸다. |

처럼 우리는 광대하다. 우리 안에는 여러 인격이 존재한다.

모순을 환영하는 태도가 과연 가능할까? 심리학자들은 개인이 성장하는 데 필요한 조건은 "의욕과 격려"라고 답한다. 따라서 우리는 5장에서 조직에서의 '격려'의 의미를 집중적으로 다룰 것이다. 우리 내부의 모순은, 그것이 모순으로 보일 때는 도전할 의욕이 솟게 하는 중요한 동인이 된다. 따라서 자기모순은 우리 삶의 중요한 원천이 될 수 있다.

우리가 정말 풀어야 할 조직혁신의 문제들은 우리가 쉽게 풀 수도,

쉽게 풀어서도 안 되는 문제들로 이루어져 있다. 우리가 뭔가 배우게 되는 문제는 우리 자신을 해결해주는 문제이다. 우리는 문제를 통해 뭔가를 배우고 우리의 모순을 해결할 수 있다. 그런 문제들은 우리의 생각과 태도를 바꾸어놓는다. 그것이 바로 우리 모두가 필요로 하는 '좋은 문제'다. 앞에서 "우리 자신의 문제행동을 해결해주는 것은 과연 무엇일까?"라는 질문을 던졌다. 그것이 바로 지금까지 제시한 '3가지 언어습관'이다.

셋째칸 질문에 대한 답변을 신중하게 내놓았다면 내 안에서 작동하는, 변화에 저항하는 면역시스템을 볼 수 있었을 것이다. 지금까지의 과정을 통해 우리는 우물 안 개구리처럼 완전히 그 속에 빠져 있는 우리를 보고 우리의 숨겨진 심리를 조금이나마 파악할 수 있었다. 역설적이지만 면역시스템을 보면 우선 진정한 변화가 일어나지 못하는 이유(조직이 현상 유지에 그치는 이유)를 더 잘 이해할 수 있으며, 진정한 변화를 향한 첫걸음을 내딛게 된다(모든 것이 더 이상 전과 같지는 않을 것이다). 면역시스템의 존재를 볼 수 있다는 사실 하나만으로 전보다 자유로워진다. 물론 진정한 변화를 이끌어내려면 끊임없이 현상을 유지하려는 동적 평형을 깨뜨려야 한다. 그 평형을 깨기 위해서는 현상 유지의 기반을 흔들어놓을 수 있는 언어습관이 필요하다. 다음에 소개할 네 번째 언어가 바로 그것이다.

## 4장

언어습관 4

# 자기확신의 말에서
# 가정의 말로 바꿔라

이제 개인의 변화를 모색하는 4칸 도표가 어느 정도 모습을 갖추기 시작했다. 덕분에 우리 내부의 심리적 모순도 발견하고, 현상을 유지하려는 동적 평형도 파악하고, 변화를 가로막는 우리 내부의 면역시스템도 들여다볼 수 있었다. 이는 우리 내부의 '정신적 장치'가 작동함으로써 가능했는데, 아직까지는 우리 내부에서 만들어지느라 바빠 그것이 어떻게 작동되는지는 파악하지 못했다. 그것이 작동되면 과연 어떤 일이 벌어질까? 아마도 '자기확신'이 만들어지는 것이 그 다음 순서일 것이다. '자기확신'에 대해 좀더 상세하게 알아보자.

# 우리는 '자기만의 확신'으로 세상을 본다

'자기확신'이란 것이 대체 뭘까? 한마디로 말하면, 절대적 사실로 믿는 가정 같은 것이다. '가정'假定이란 '사실이 아니거나 분명치 않은 것을 사실인 것처럼 인정하는 것'이다. 즉, 사실일 수도 있지만 아닐 수도 있다는 얘기다. 자기확신은 우리가 절대적으로 사실이라고 믿는 어떤 것을 말한다. 물에 젖으면 축축하고 책상을 만지면 딱딱한 것처럼, 너무나 당연하다고 믿는 사실 말이다. 예를 들어 만일 누구한테 맞서면 상대방이 무진장 열받거나 언짢아할 것이고 그러면 끝장이라고 믿는 사람이 있다고 하자. 이는 의견충돌에 대한 개인적인 생각이나 단순한 가정이라기보다 그 사람에게 있어 그것은 절대적인 사실이다. 이와 같이 절대 사실로 믿는 가정이 '자기확신'이다. 자기확신에 대해서는 우리 스스로가 통제한다기보다 '지배를 받고 있다'고 보는 것이 맞다.

자기확신은 말로 표현할 수 없고 파악하기도 힘든 것을 끄집어낸다. 우리가 살고 있는 세계를 만든 일종의 의미규정인 것이다. 여러 사람을 만나 같이 작업해본 결과 우리가 도달한 결론은, 대부분의 사람들이 그러한 자기확신으로 만들어진 세계 속에서 최선을 다해 잘 해보려고 애쓰고 있다는 것이다. 직장이나 일상생활에서 해를 끼치는 행동을 하거나 자기 파괴적 행동을 하는 사람들을 보면 이상할 것이다. 하지만 그 사람의 행동을 지배하는 자기확신을 파악하게 되면 덜 해롭게 느껴지거나 최소한 행동 배경은 이해할 수 있다. 또한 "만일 내가 그 사람과 같은 자기확신을 갖는다면 나도 그와 똑같이 행동

할지도 모르겠다"고 말할 수도 있는 것이다.

### '자기확신'이 작동하는 예 : 아이들

보통 아이들은 자신이 만들어놓은 현실 속에서 사고하며 살아간다.

두 아이가 학교를 마치고 집에 가는 중이다. 오늘 학교에서 힌두 문화에 대해 배웠는데 그때 본 그림이 자꾸 머릿속을 맴돌았다. 지구 가 코끼리 등에 얹혀 있고 코끼리는 거북이 등에 올라타 있는 상징적인 그림이었다. 한 아이가 물었다. "지구가 코끼리 등 위에 있 고 코끼리가 거북이 등 위에 있는 건 알겠 어. 근데 거북이는 도대체 어디 서 있는 거



지?" 그러자 다른 아이가 당연하다는 듯 이렇게 대답했다. "그것도 몰라? 당연히 거북이 등이지. 거북이 밑에 거북이들이 쭉 받치고 있 는 거잖아."

이제 곧 여섯 살이 되는 여자아이한테 부모가 생일선물로 뭘 갖고 싶으냐고 물었다. 아이는 놀랍게도 생리대 템포를 사달라고 했다. 충 격적인 대답이었으나, 대화를 중시하는 신세대 부모답게 우선 아이 와 대화를 나눠보기로 했다. "그래? 왜 템포를 갖고 싶은 건데?" 부 모가 물었다. "템포만 있으면, 말도 타러 갈 수 있고, 수상스키도 타 러 가고, 뭐든 다 할 수 있잖아. 사줘!"

이런 이야기를 듣고 박장대소하는 이유는 아이들을 은근히 무시하 는 전제가 깔려 있기 때문이다. 아이들은 세상이 어떻게 돌아가는지 잘 모르기 때문에 그렇게 천진난만하고 재미난 생각을 할 수 있다는

게 어른들 생각이다. 아이들과 우리 어른의 가장 큰 차이점은 아이들은 아직 세상을 잘 모르고 어른들은 안다고 생각하는 것이다. 다 자란 어른들은 현명하고 분별력 있다는 사고방식이다. 다 자랐으니까. 세상에는 아직 자라는 중이고 발육 중인 사람들(우리의 따뜻한 지도 편달이 필요한 사람들)과 다 자란 사람들 두 종류가 있다고 보는 것이다. 하지만 다 자랐다는 것, 성장이 끝났다는 것은 죽었다는 말이나 마찬가지다. 물론 아무도 우리한테 그렇게 말하지는 않는다. 우리는 여전히 매일 아침 일어나 옷 갈아입고 열심히 일하러 나가니까.

### '자기확신'이 작동하는 예 : 어른들

성인들은 다 자랐으니 분별력이 있다고들 말한다. 하지만 여기에 동의할 수 없다. 제멋대로 형성된 세계관을 지닌 쪽은 아이들만이 아니다. 1750년대에 영국에서 달력개혁법이 통과되면서 그해 9월 1일이 9월 12일로 바뀐 적이 있었다. 그러자 수천 명의 영국 국민이 거리로 몰려나와 도둑맞은 12일을 돌려달라며 격렬하게 항의시위를 했다. 얼마 전 한 친구한테 이 얘기를 해줬더니, 그 친구는 키득거리고 웃더니 목소리를 낮춰 이렇게 말하는 것이었다. "근데 솔직히 나도 싫어. 뉴잉글랜드의 9월은 1년 중 내가 제일 좋아하는 시기거든. 낙엽도 멋있구. 그런 멋진 계절이 단축된다면 나라도 싫을 거야."

좀더 최근의 일이다. 영국에서 옛 페니(1/240파운드)를 새 페니(1/100파운드)로 바꾸는 화폐개혁법이 통과되었다. 노인들이 변화에 어떻게 적응하는지 알아보기 위해 연구조사가 행해졌는데 응답자 중 한 할아버지 답변이 참 재미나다. "우리 같은 노인들한텐 너무 어렵고 복잡해. 이런 건 노인네들 다 세상 뜨고 난 다음에 하면 안 되냐?"

미국에서 안식년을 지내는 중인 한 호주 여성이 친구한테 하소연을 했다. 미국 도로통행법은 적응하기가 너무 힘들다는 것이었다. "차량 통행 방향만 다른 게 아니라 운전석 위치까지 달라서 얼마나 헷갈리는지. 오른쪽 문 열고 들어가 앉았다가 아니지, 하고 나와서 왼쪽으로 돌아간 게 몇 번인지 몰라. 한번은 이러저런 일로 머리가 엄청 복잡했던 날이었어. 오른쪽 좌석에 앉아 키를 꺼낸 뒤 앞을 보고는, '세상에, 이 나라 사람들 정말 살기 어려운 모양이네. 어떻게 핸들까지 훔쳐가냐!' 했다니까."

물론 살짝 옆좌석만 봤더라면 착각임을 알 수 있었을 것이다. 하지만 본인이 잘 알고 있다고 확신하는데 뭐 하러 돌아보겠는가. 이것이 바로 자기확신이 작동하는 방식이다. 확신이 강해서 다른 현실에 주의를 돌릴 생각조차 안 드는 것이다.

자기 관점에 갇혀서 현실을 바라보는 것은 비단 아이들만이 아니다. 자신의 관점을 벗어나 좀더 폭넓게 사고하는 것은 누구한테나 어려운 일이지만, 어른들의 경우는 더 어려울 수 있다.

한 엄마가 학교 갈 아들을 위해 아침상을 차리고 있었다. 그런데 아들 방에서 기척이 없었다. 뭐 하고 있나 보러 갔더니 방문이 잠겨 있다.

"애, 너 어디 아프냐?" 엄마가 물었다.

"안 아퍼." 아들이 대답했다. 그러고는 매우 반항적인 목소리로 "나 오늘 학교 안 가" 하는 것이다.

"그래? 그럼, 학교 가기 싫은 이유 세 가지만 말해봐." 엄마가 냉정하게 말했다.

"학교가 싫어. 선생들도 날 싫어하구. 애들도 무서워. 세 가지 됐지?" 아들의 의기양양한 목소리가 들려왔다.

"그래, 세 가지 맞구나." 엄마는 일단 인정해주고 말을 이어갔다. "그럼 지금부터 학교에 왜 꼭 가야 하는지 세 가지 이유를 말해주마. 첫째, 난 네 엄마야. 엄마가 학교는 빠지면 안 된다고 하면 가야 되는 거야. 둘째, 넌 53살이나 된 어른이고, 셋째, 넌 그 학교 교장이니까!"

나이가 많든 적든 '집 떠나기'는 고역인가 보다. 여기서 말하는 '집'이란 우리 마음에 꼭 맞게 꾸며 편안하고 익숙해 잠시도 떠나기 싫은 곳, 익숙한 습관과도 같은 사고방식을 말한다.


## 우리는 본질보다 현상을 보고 판단한다

다음은 자신의 관점을 벗어나기가 얼마나 힘든지 보여주는 간단한 실험이다. 볼펜(또는 손가락)을 천장을 향해 든 다음 천장에다 시계방향으로 원을 그린다. 계속 시계방향으로 원을 그리면서 팔을 천천히 내린다. 이때 볼펜(손가락)은 계속 천장을 향하게 한다. 원을 그리는 볼펜(손가락)이 가슴 높이에 올 때까지 내린 다음, 계속 원을 그리며 위에서 내려다본다. 볼펜(손가락)이 지금 어느 방향으로 움직이나?

시계 반대방향으로 도나? 자, 그럼 다시 한 번 실험을 해보자. 이번에는 팔을 내리면서 천장으로 향했던 볼펜의 방향을 턱을 지나면서 아래로 향하게 한다. 하지만 원을 그리는 방향은 바뀌지 않는다. 계속 시계방향으로 원을 그리면서 내려다본다. 이번에도 시계 반대 방향으로 돌아가나? 내 팔은 정녕 시계방향으로 움직이지만, 눈으로 보면 시계 반대 방향으로 돌고 있을 것이다.



이처럼 자신의 관점에서 벗어나기는 정말 힘들다. 설사 관점이 바뀐다고 해도 사람들은 세상을 보는 눈이 바뀌었다기보다는 세상이 바뀐 것이라고 생각하려 들 것이다. "어라, 이게 시계 반대 방향으로 도네!" 하고 말이다.

기업의 연수 프로그램은 대개 상황 대처능력이나 업무능력을 향상시키기 위해 개설된다. 하지만 사원 각자의 '자기확신'의 문제는 그대로 두고 그 안에서 대처하고 극복하도록 돕는 것이지, 사원 각자의 '자기확신'의 문제를 절대 문제 삼는 법이 없다. 심지어 기업들은 그것들을 파악조차 못하고 있다. 이 책에서 제시하는 변화를 위한 접근방식은 우리의 관점을 가두는 틀에서 벗어나 그 틀이 만들어진 원리와 사고방식을 파악하여 스스로 문제를 풀 수 있도록 돕는다.

물론 쉬운 일은 아니다. 우리의 경험을 지배하는 자기확신의 정체를 볼 수 있도록 정신적 힘을 키우는 방법에 대해서는 잠시 후에 다루겠다.

그런데 이 일이 왜 그리 어려울까? 그것은 자기확신을 들여다보는 것이 '내가 생각하는 현실'에서 '진짜 현실'을 분리해내는 것이기 때문이다. 게다가 나의 '관점'이 종종 틀렸다는 사실을 솔직하게 인정하는 것은 매우 힘든 일이기 때문이다.

　이는 현상phenomena, 대상에 대한 우리의 경험-옮긴이과 본질noumena, 대상의 본질-옮긴이을 구분하는 철학적 구분법이다. 이것은 구성주의 철학의 관점인데, 인간은 사건의 본질을 보기보다는 능동적으로 의미를 창조하고 현실을 만들어내며 각자의 인식체계로 경험을 구성한다고 보는 것이다. 심리학자 윌리엄 페리는 "유기적 조직체는 유기적 형태를 만들어내는데, 이러한 인간이 만들어내는 것은 바로 '의미'이다"라고 말했다. 《멋진 신세계Brave new world》를 쓴 영국의 소설가 올더스 헉슬리도 "우리의 경험은 우리에게 실제 일어난 일이 아니라 우리에게 일어난 일로부터 우리가 만들어낸 것"이라고 말한 것처럼, 우리가 본 것, 경험한 것은 사실에서 멀리 비켜 간 것일 수도 있다.



## 자기확신의 말에서 **가정의 말**로 바꿔라

　협소한 관점에 사로잡히지 않고 객관적이 되기 위한 첫 번째 단계는 우리의 생각을 지배하는 자기확신을 밖으로 드러내는 것이다. 지금까지 각자 만들어본 표가 도움이 될 것이다. 도표에서 제시한 셋째 칸 내용들을 다시 들여다보자. 셋째칸의 내용들로 가정문을 만들 수 있을 것이다. 셋째칸의 내용에 부정어가 들어간다면, 부정어를 없애고 가정문을 만들어보자.

예) 혼자 고상 떠는 여자로 보이고 싶지 않다.

→ 만일 내가 혼자 고상 떠는 여자로 보인다면……

반대로 셋째칸의 내용에 부정어가 없을 경우에는 부정어를 넣어 가정문을 만든다.

예) 어떻게 해서든지 동료들과 부딪치는 것은 피하고 싶다.

→ 만일 내가 사람들과 부딪치는 것을 피하지 않는다면……

그 다음 할 일은 이 가정문에 대한 정직한 답변을 내놓는 것이다. 과연 어떤 답이 나올까?

셋째칸 문장을 가정문으로 만들어보았는데, 그것을 넷째칸에 완성시켜보자. 이것이 바로 '자기확신'의 말이다. 단, 오래 생각지 말고 떠오르는 대로 문장을 써넣어야 한다.

> 우리의 경험은 우리에게 실제 일어난 일이 아니라 우리에게 일어난 일로부터 우리가 만들어낸 것이다.
>
> –올더스 헉슬리

넷째칸은 우리 자신이 만들어내는 자기확신의 언어들이다. 남들이 어떻게 문장을 마무리했는지를 보라. 그러면 자기확신의 언어가 우리를 어디로 데려가는지 대충 감을 잡을 수 있다. 남의 문제가 아마도 더 선명하게 보일 것이다.

우선 우리가 지금까지 추적해온 세 사람이 셋째칸 문장에서 어떤 가정문을 이끌어냈는지 살펴보자.

직장인 A는 "용감한 개혁가나 드센 여자, 혼자 고상 떠는 여자로 비치지 않기"라는 부정문에서 "사람들이 나를 용감한 개혁가로 본다면……"이라는 가정문을 이끌어냈다.

직장인 B의 경우 "내가 했을 때의 기대수준보다 낮은 수준의 결과물이 나오지 않도록 하기"에서 "부하직원들한테 업무를 맡길 경우 업무의 질이 내가 하는 수준보다 떨어진다면……"이라는 가정문을 만들었다.

직장인 C는 "어떻게 해서든지 사람들과 부딪치는 것 피하기"였으므로 뒤집어서 "만일 내가 사람들과 부딪치는 것을 피하지 않는다면……"이라는 가정문을 이끌어냈다.

다음은 이 세 사람이 넷째칸에 적은 내용들이다.

## 직장인 A

사람들이 나를 용감한 개혁가나 드센 여자나 혼자 고상 떠는 여자로 보게 된다면, 나는 사람들한테 왕따 당하게 될 것이고, 사무실 사람들과도 진정한 관계가 아닌, 필요에 의한 지극히 형식적인 관계로 남게 될 것이며, 직장생활은 악몽이 될 것이다.

## 직장인 B

부하직원한테 맡겨서 업무의 질이 내가 관여할 때보다 떨어진다면, 다 내 잘못으로 간주될 것이다.

### 직장인 C

만일 내가 다른 사람들과 부딪치는 것을 피하지 않는다면 걷잡을 수 없이 분노를 폭발하게 될 것이다.


물론 위 내용들은 직장인 A, B, C의 자기확신일뿐이다. 당신의 넷째 칸 자기확신은 당신만의 독특한 내용을 담고 있을 것이다. 흥미로운 것은, 가정문의 주절이 비슷한 경우라도 다음에 이어지는 종속절 내용은 사람마다 상당한 차이가 있다는 사실이다. 예를 들어 직장인 C가 만든 주절이라고 해도 다음의 종속절은 다음과 같이 달라질 수 있다.


### 직장인 C

**내가 만일 사람들과 부딪치는 것을 피하지 않는다면……**


1. 만날 경쟁에 뒤져 무력감만 느끼게 될 것이다.

2. 늘 불안하고 일에도 집중하지 못할 것이다.

3. 다른 이들도 참지 않고 갈등을 드러내 직장 분위기가 살벌해질 것이다.

4. 참담하고 황폐한 기분을 경험하게 될 것이고, 시간이 흘러도 절대 회복 되지 못할 것이다.

5. 눈물 마를 새가 없을걸…….

## '자기확신'의 언어는 직장생활에 어떤 영향을 미칠까?

위에서 예로 든 5가지의 자기확신은 각기 다르면서도 공통점이 있다. 앞에서 본 세 사람과 당신의 자기확신도 공통분모가 있을 가능성이 높다. 그 공통점이 뭔가 하면, 결말이 대체로 상당히 비참하고 불행하다는 것이다. 자기확신의 말은 대개 다음과 같은 식이다.

그런 사태가 발생하지 않도록 그렇게 오랫동안 애써왔는데, 만일 그런 사태가 발생한다면, 그러면…… 정말이지 죽고 싶을 거야!

"그런 일이 실제로 일어나진 않을 거야"라고 말하지만 우리는 이상하게도 '그런 일이 일어날 것처럼' 행동한다.

이들 자기확신의 말은 극히 필연적이고도 절대 사소하지 않은 영역으로 우리를 몰고 간다. 불행한 결과가 일어날 것 같은 예감으로 불안에 떨다가 얼른 생각을 바꿔버리는 것이다. '그런 일이 실제로 일어나지는 않을 거야'라고 말이다. 그럼에도 불구하고 우리는 이상하게도 마치 '그런 일이 일어날 것처럼' 행동한다. 우리는 이 사실을 반드시 명심할 필요가 있다. 자신의 자기확신에 어떤 이성적 잣대를 들이대도 괜찮지만, 강력한 힘을 지닌 지옥의 세계에서는 자기확신이 우리를 지배한다는 사실 또한 인정해야 한다.

자기확신의 실체를 확인하고 "그렇다면 이건 가정이 아니라 사실이네!"라고 할 수도 있다. 그 말이 맞을 수도 있고 아닐 수도 있다.

다만 한 가지 확실한 것은 깊이 숨어 있는 내면의 진실을 끌어올려 그 실체를 확인하고 변화를 위해 모색하지 않는 한, 자기확신이 사실인지 아닌지 알아볼 기회는 절대 가질 수 없다는 것이다.

자기확신은 인디애나 존스처럼 우리를 우리 자신의 '최후의 성전'으로 이끈다. 어찌어찌 하면 세상이 뒤집어질 수 있으니 조심하라고 경고해주는 것처럼 말이다.

우리가 솔직하게 드러낸 자기확신의 말은 쉽게 들어보지 못한 것이어서 낯설지만 또한 즉각 공감대를 끌어내기도 한다. 워크숍에서 넷째칸 내용을 공개하는 시간을 가지면, 여기저기서 웃음이 터져 나오기도 하고, 날카로운 지적과 용기, 너무나 공감되는 얘기에 저절로 감탄사가 흘러나오고 고개가 끄덕여진다. 그동안 자기확신의 말이 각자 삶에 미친 영향을 생각하며 조용히 침묵에 잠기기도 한다. 이를테면 이런 내용들이다.

"부하직원들이 실제로 어떤 일을 하는지 더 많이 알게 되면, 오만 가지 잡일에 다 신경 써야 할 것이고, 나는 그 중압감에 숨도 못 쉬게 될 겁니다."

"다른 직원들과 내가 완전히 친해져서 같은 일원이 되면, 나는 내가 싫어하는 그들 중 한 사람이 되어 기존의 내 그룹들과 단절되고 내 정체성도 잃어버리게 될 것 같아요."

"내 생각을 솔직하게 말하면, 회사에서 잘려 다른 데 취직도 못 하고, 곧 파산해서 온 가족이 길거리에 나앉게 될 겁니다."

"정말 시간이 나서 내가 목표한 대로 할 수 있는 환경이 만들어지면 내게 그만한 능력이 없다는 사실만 확인하게 될 거 같아요."

"생각하기도 싫은 나의 부정적인 면들을 보게 된다면 난 자신이 너무 혐오스러워져서 더 이상 잘 살아갈 수 없을 겁니다."

"그 문제를 제대로 해결하려면 사표 쓸 각오(또는 결혼생활을 쫑낼 각오)를 해야 할 거예요."

"남의 말 하는 데 끼고 싶지 않다고 말하면 사람들이 더는 나를 찾지 않을 것이고, 이제까지의 막역하고 소중한 친구 같은 기분은 느끼지 못하게 될 거예요."

## 언어습관에서 나의 심리 메커니즘 들여다보기

이제 여러분은 개인의 변화를 모색하기 위한 4칸 도표를 완성했다. 하지만 이제부터 시작이다. 지금까지 우리가 해온 것을 어떻게 이해해야 할까?

이 도표는 우리의 첫째칸 실행의지가 왜 실현되지 못하는가에 대한 해답을 주진 않았다. 도표와 여기서 제시한 4가지 언어는 개인의 문제를 충분히 고민하고 앞으로 나아갈 방향을 보여준다. 어떤 면에서 보면 문제가 해결되기는커녕 도리어 커졌다! 우리는 문제를 들춰내 그 뿌리를 살펴보고, 문제해결에 초점을 맞추는 대신 우리 내부의 문제를 모두 파헤쳐놓았다. 그렇게 한 데에는 실용적, 교육적, 심리학적 이유와 리더십 차원의 이유가 있다.

우선 여기서 제시한 해법은 실용적 측면에서 경제적이다. 작은 부분에 집중한 해결책은 당장엔 비용이 적게 드는 것 같지만 본질적인 문제가 해결되지 않기 때문에 장기적으로는 비효율적이고 비경제적이다.

교육적 측면에서도, 어떤 문제를 답만 빨리 내려 하지 않고 지속적으로 문제와 관계를 유지하면서 이해하고자 애쓴다면 상당히 많은 것을 배울 수 있다. 문제를 이용해 우리 자신을 해결할 수도 있는 것이다.

심리학적 관점에서도, 지금까지 우리가 이룬 질적 변화는 문제를 보는 시각을 종속적 위치에서 객관적 위치로 이동하게 해주었다. 즉 우리가 끊임없이 해대는 의미생산에 사로잡힌 상태에서 벗어나 그 진정한 실체를 보고 재검토할 수 있게 한 것이다.

리더십 차원에서도, 계속해서 현상유지를 이루려는 동적 평형이나 면역시스템을 인식하지 못하는 한 조직에서 의미 있는 변화를 이끌어낼 수 없기 때문에 심층적으로 문제를 제기하는 것이다.

도표를 넷째칸부터 거꾸로 거슬러 올라가보라. 정말 놀라운 발견

| 첫째칸 | 둘째칸 | 셋째칸 | 넷째칸 |
| --- | --- | --- | --- |
| 실행의 말<br>(실행의지) | 책임의 말<br>(나의 문제행동들) | 다짐의 말<br>(첫째칸 실행의지와<br>상충하는 숨은 의지) | 자기확신의 말 |
| 내가 중요하게 생각하고 꼭 해야겠다고 다짐하는 것은? | 실행의지가 실현되지 못하게끔 내가 잘못하고 있는 것은? | 나도 모르게 마음속으로 다짐하고 있는 것은? | 내가 생각하는 절대적인 사실(내 삶을 지배하는 자기확신) |
| 갈등 시 문제 당사자와의 마음을 연 솔직한 대화 | 사람들이 내가 중요하게 생각하는 규범을 어길 때 아무 말도 하지 않는다. 잠자코 있음으로써 뒷말을 해도 괜찮다고 묵인하고 공범자가 된다. | 용감한 개혁가나 드센 여자나 혼자 고상 떠는 여자로 비치지 않고 같이 어울리기 편안한 사람 되기 | 사람들이 나를 용감한 개혁가나 드센 여자나 혼자 고상 떠는 여자로 보게 된다면, 나는 사람들한테 왕따 당하게 될 것이고, 사무실 사람들과도 진정한 관계가 아닌 지극히 형식적인 관계가 될 것이며, 직장생활은 악몽이 될 것이다. |
| 직원들이 좀더 자발적으로 알아서 움직이도록 분위기 조성하기 | 1. 부하직원들이 도와 달라거나 대신 떠맡아 달라고 부탁해올 때 거절하지 않는다.<br>2. 부하직원들에게 권한 이임을 잘 안 해준다.<br>3. 담당 부하직원에게 맡겨야 될 일인데도 자진해서 참견할 할 때가 많다. | 부하직원들에게 무심한 리더로 보이지 않게 하기. 나한테 불만을 품지 않게 하기. 부하직원들한테 권한이임을 잘 안 해주고, 참견하는 것이 될지라도 내가 했을 때의 기대수준보다 낮은 수준의 결과물이 나오지 않도록 처리하기 | 아랫사람한테 일을 맡겨서 작업의 질이 내가 관여할 때보다 떨어진다면, 다 내 잘못으로 간주될 것이다. |
| 직장에서 겨우겨우 버티는 것이 아니라 성장 발전하기 위한 충분한 자원과 인력 확보하기 | 나라는 인간은 어떻게 된 게 'No'라고 말할 줄을 모른다. | 어떻게 해서든지 사람들과 부딪치는 것 피하기 | 만일 내가 사람들과 부딪치는 것을 피하지 않는다면 걷잡을 수 없이 분노를 폭발하게 될 것 같다. |

을 할 수 있을 것이다(98쪽 도표 참조). 사람들이 넷째칸의 자기확신을 철석같이 믿는다면 셋째칸 내용처럼 스스로를 보호하고자 하는 것은 너무도 당연하다. 우리는 또 셋째칸 다짐을 충실하게, 효과적으로, 훌륭하게 이행하기 위해 둘째칸 행동을 하게 되어 있다. 그런데 그 둘째칸 행동은 불행하게도 우리가 진심으로 중요하게 생각하는 첫째칸 실행의 말을 실현하고자 하는 의지를 지속적으로 방해한다. 얼핏 이런 행로는 낭떠러지로 향하는 듯 보이지만 들어가는 길을 잘 파악하면 빠져나오는 길도 찾을 수 있다.

우리가 일상적으로 하는 자기반성은 둘째칸 이상을 넘어서지 못한다. 그래서 늘 잘못된 언어습관과 문제행동이 따라다니는 것이다. 예를 들면 목표, 비전, 실행의지를 말하고, 자기 스스로가 어떤 방식으로 그 목표, 비전, 실행의지가 실현되지 못하게 막고 있는지(둘째칸) 발견한다. 그런 다음은? 단순하게 둘째칸의 문제행동을 제거하기만 하면 될 거라고 생각한다. 마치 암종을 도려내듯.

## 리더를 위한 교훈 : '눈 가리고 아웅' 식 혁신

기업이나 조직의 문제도 개인이 겪는 문제와 비슷하다. 요즘 기업이나 단체는 다양성이나 단결을 강조한다. 이러 실행의지를 놓고 한 번 생각해보자. 일단 사람들 간에 공감대가 형성되면, 조직은 첫째칸 실행의 말을 내건다. "성별, 능력, 신체조건에 관계없이 모두 조직의 일원으로 존중받아야 한다" 또는 "어떤 소집단도 무시당하거나 배제당해서는 안 된다" 등. 훌륭한 리더는 직원들에게 자아성찰을 독려하기도 한다. 그리고 회사에서 관습적·정책적으로 또는 각 개인이 고의든 아니든 공동체의 일원을 무시하거나 배제한 일이 있는지 구체적인 사례를 찾아본다. 위반 사례는 도표의 둘째칸에 들어갈 것이다. 그 다음엔?



보통 다음 일은 아마도 수치스러운 위반 사항을 단순히 없애는 작업에 착수할 것이다. 실행의지를 위반하는 행위를 하나하나씩 제거해나간다. 성실한 리더는 조직 내에 존재하는 암종을 진단하고 화학요법 같은 방법을 총동원해 최대한 암종을 제거한다. 이런 방식은 충분히 이해할 수 있는 용감한 행동이다. 하지만 한 가지 치명적인 단점이 있다. 그것은 '효과'가 없다는 것이다! 그것은 몇 달 못가 까맣게 잊어버리는 작심삼일식 결심과 다르지 않다.

우리가 원하는 바는 반드시 세 번째 언어를 끄집어내라는 것이다. 다시 말해 세 번째 언어를 사용하라는 것이다. 그것은 옆길로 새는 것 같고 반직관적이긴 하지만 효과가 크다. 만일 리더들이 어렵게 찾아낸 둘째칸 위반내용을 곧바로 처리하지 않고 세번째 언어를 도출해내기 위해 잠시 지켜본다면 어떻게 될까? 조직이나 구성원들이 갖고 있는 첫째칸 실행의지와 셋째칸 다짐, 그리고 우리를 지배하고 있는 자기확신의 오류를 밝혀내는 데 주력한다면? 이런 노력을 하지 않는다면 조직 혁신은 '눈 가리고 아웅' 하는 식의 부분적인 잡초 제거일 뿐이다. 겉으로 보이는 문제만 일시적으로 제거할 경우 오히려 변화에 대한 저항력 강한 변종 잡초만 키우게 되는 것이다.

물론 조직 내부의 모순을 드러나게 하는 언어습관을 끄집어내는 일은 아무나 할 수 있는 일이 아니다. 각 개인이 자기모순과 자기확신의 오류를 찾아내려는 노력 없이는, 회사 차원의 모순과 자기확신 문제는 해결되지 않는다. 하지만 지옥으로 가는 길을 제대로 그려내야 거기서 벗어나는 길도 찾을 수 있는 법이다.


## 나의 '자기확신'은 과연 옳은가?


여기까지 오면서 우리는 내적 모순과 자기확신의 문제를 들여다볼 수 있었다. 그것이 미래의 행동에 어떤 변화를 가져오느냐고 묻는다면, 애석하지만 아무 변화도 가져오지 못한다고 답할 수밖에 없다. 변화를 위해 풀어야 할 문제점들을 파악하고도 어떤 행동도 취하지 않는다면 말이다.

노력도 하지 않으면서 "흐음, 상당히 자극적이고 흥미로운 관점이야. 좀더 생각해볼 필요가 있을 것 같아. 에이, 내일 생각하지 뭐"라고 말하기는 쉽다. 《바람과 함께 사라지다》의 스칼렛 오하라처럼 말이다. 성 아우구스티누스도 이런 기도를 했다고 한다. "순결을 주소서. 절제를 주소서. 그러나 지금은 마옵소서."

이처럼 선뜻 행동에 옮기기란 쉽지 않다. 왜냐하면 삶의 방식을 바꿔야 하기 때문이다. 지속적인 노력을 하지 않으면 이 책을 통해 찾은 문제점들은 금세 망각된다. 바람과 함께 사라져버리는 것이다. 새로운 방법을 통해 가까스로 자신의 정체를 발견하고 객관적으로 볼 수 있는 방법을 찾았건만 점점 망각한다면 예전처럼 습관의 포로가 되어 그 렌즈를 통해 세상을 보게 된다.

그렇다면 지속적인 발전을 위해 가장 필요한 것은 뭘까? 그건 바로 잊지 않도록 도와줄 동료들이다. 익숙해진 습관적 사고방식에서 벗어나도록 자극을 주는, 즉 썩 달갑지 않은 자극을 계속 줌으로써 관계를 유지하도록 도와줄 사람들 말이다. 따라서 그룹을 지어 워크숍을 계속 시도해볼 것을 권한다. 언어습관을 들여다볼 수 있는 개념도를 만들고 몇 주 있다 모이면 자기모순이 뭐였는지도 기억 못 하는 경우도 많기 때문이다.

왜 그럴까? 바쁘거나 기억할 새가 없어서였을까? 그렇지 않다. 그것은 심리학에서 말하는 '억압' 스스로를 보호하려는 인간의 방어기제. 고통스러운 생각에서 자신을 보호하기 위해 기억을 막는 현상-옮긴이이 작동하고 있기 때문이다. 억압은 나름대로 합리적인 이유에서 비롯되는 의도적 망각이다. 기억하면 스스로 괴롭기 때문이다. 여기에서 '잊고 싶은 괴로운 일'이란 '편하고 익숙한 사고방식을 버려야 한다는 것'이다. 만화 〈캘빈과 홉스〉가 보여주듯.

우리에게는 같이 대화를 나눌 상대, 즉 내 얘기를 들어주고 내 얘기도 해줄 동료가 필요하다. 망각되는 것을 막고 기억을 끈끈하게 이어주는 언어습관을 지속적으로 연습할 수 있는 새로운 '언어 커뮤니티'가 필요하다. 상대는 많지 않아도 된다. 둘만 되어도 OK다!

언어 커뮤니티에선 어떤 활동이 가능할까? 언어 커뮤니티의 실제 활동과 새로운 언어를 활용하는 방법, 그리고 그 효과는 8장에서 자

Calvin and Hobbes © Bill Watterson. Universal Press Syndicates 소유.

세히 다루고 있다. 우선은 자기모순과 자기확신을 발견한 다음 어떻게 해야 되는지 간단히 이해하고 넘어가는 것이 좋을 듯싶다. 의도는 좋았으나 지옥으로 가는 길에서 벗어나, 궁극적으로 바람직한 목표에 이르게 된다는 것이 무슨 뜻인지 이해할 수 있게 될 것이다. 자기확신의 눈으로 보지 않고 자기확신을 올바로 보기 위해서는 다음에 제시하는 4단계 노력을 거쳐야 한다.

### 1단계 │ '자기확신'을 유심히 관찰하라

4칸 도표를 모두 써넣고 자기모순과 자기확신에 대해 서로 이야기하기 시작했다면, 우선 첫 번째 과제는 수행한 것이다. 이때 주의해야 할 점은 다음 모임 때까지(1주 후, 2주 후, 또는 한 달 후) 기존의 사고나 행동을 바꾸려는 어떤 노력도 하지 말라는 것이다. 그 기간 동안에는 자기확신을 유심히 관찰만 하면 된다. 특히 절대적 사실로 믿는 자기확신 때문에 어떤 일이 일어나는지 세심하게 관찰하고 기록해둔다. 그리고 언어 커뮤니티에서 동료들과 함께 각자 관찰한 바를 얘기해본다.

좀체 드러낼 기회가 없었던 우리 자신의 내면을 들여다보는 격의 없고 솔직한 대화의 장이 될 것이다.

언어 커뮤니티에서 중요하게 다뤄야 할 과제는 혼자 절대적 사실로 믿는 태도가 우리 삶과 직장생활에 어떤 영향을 끼치는가 하는 것이다. 자기확신은 예기치 못한 곳에서도 위력을 발휘한다. 자기확신이 우리 삶과 직장생활에 엄청난 영향력을 행사한다는 사실은 직장인들에게 강한 탐구욕을 불러일으킬 것이다. 호기심은 학습 엔진을 돌리는 더없이 훌륭한 연료다.

### 2단계 | '자기확신'을 의심하라

다음 단계에 들어갈 준비가 되었다면, 이제까지와는 좀 다른 과제가 기다리고 있다. 1단계와 마찬가지로, 다음 모임 때까지 생각이나 행동을 변화시키려는 어떤 노력도 하지 말되, 이번에는 각자 자기확신을 의심케 한 사건이 있었는지 잘 관찰하도록 한다. 자기확신은 '보편적 일반화'일부 사례를 가지고 나머지 전체를 미루어 짐작하는 추론방법. 이를테면 "소·돼지는 죽는다. 따라서 닭·토끼 등 다른 가축도 죽는다."-옮긴이와 비슷하기 때문에 반증의 예가 하나라도 있을 경우 자기확신의 믿음이 깨진다.

현실에서는 가능하지 않지만 우리 내면에 존재하는 심리적 실재psychological reality, 현실에선 가능하지 않은 것을 심리적으로는 사실이라고 믿는 것-옮긴이 속에서 우리는 자기확신에 반하는 예들과 수없이 부딪친다. 하지만 이를 보존하고 지속시킬 언어 공간 없이는 자기확신의 오류에 어떤 브레이크도 걸 수 없다. 왜 그럴까? 인간은 복잡 미묘한 존재이기 때문이다. 우리는 우리의 소중한 확신을 의심하는 반갑지 않은 증거를 철저하게 무시하는 경향이 있다.

> 언어습관은 개인의 행동과 신념, 가치를 담는 그릇이고, 그 그릇들이 모여 조직변화를 촉진하는 언어공동체를 이룬다.

자기확신은 애지중지하는 가설과 같다. 일부 과학자들은 가설에 들어맞지 않는 데이터를 발견하면 "음, 데이터가 정말 형편없군!" 하며 그 데이터를 쓰레기통에 처 넣어버린다. 그럼으로써 소중한 가설을 지켜내는 것이다. 하지만 우리는 절대 믿음을 깨는 반증의 예를 모아야 한다. 또 그것을 더 면밀히 검토하고 고민하여 자기확신에 쉽사리 휘둘리지 않는 객관적 관점을 얻도록 노력해야 한다.

### 3단계 | '자기확신'은 어떻게 형성되었나?

3단계 과제는 자기확신의 '역사'를 생각해보는 것이다. '이것이 언제 생겨났지?' '이것이 나와 은밀한 동거를 한 지 얼마나 되었지?' '어디서 발단이 된 거야?' '자기확신의 근거는?' '그 근거가 정말 옳은가?'

3단계에 대해 이야기를 나누다 보면 대개 한참 세월을 거슬러 올라가야 한다. 자기확신은 지금의 직장에 들어가기 훨씬 전, 대개 어른이 되기 전에 형성되었을 가능성이 크다. 어린 시절 힘없고 미숙했을 때, 주로 나의 가족들에 의해 나의 생각이 규정되면서 형성된 것이다.

대화를 나누다 보면 자기확신 자체에 대해 불만을 가지기보다는 자기확신의 기반이 된 근거를 불만족스럽게 생각하는 경우가 많다. 자기확신이 전에는 맞았을 수 있지만 그 가정의 기초가 된 근거가 이제 더는 적절치 않다는 사실을 인식하게 되는 것이다. 지금은 어릴 때보다 힘도 꽤 세졌고, 예전처럼 부모와 가정환경에 구속받지 않기 때문이다. 자기확신을 여전히 놓지 않는다 할지라도 이제는 현재의 나와 지금의 현실에 적합한 새로운 근거가 필요하다.

### 4단계 | '자기확신'을 스스로 실험하라

4단계 과제는 각자 자기확신을 알아보기 위해 작은 실험을 시도해보는 것이다. 자기확신을 깨는 행동을 할 경우, 과연 어떤 일이 벌어지는지 보기 위해 평소의 행동을 바꿔본다. 자기확신을 절대적으로 믿는다면 절대 하지 않을 행동을 시험 삼아 한번 해보는 것이다. 개별적으로 그리고 집단 내에서, 자기확신을 점검하며 새로운 사실을 얻을 수 있다.

여기서 가장 중요한 점은 안전이다. 실험을 했을 때 과연 어떤 일이 벌어질지, 자기확신이 사실로 입증될 경우 그 대가가 너무 큰 것은 아닌지, 언어 커뮤니티에서 여럿이 머리를 맞대고 논의해보라. 실험으로 인해 조직의 안녕이나 우리 자신의 존속이 위태로워지는 일이 있어서는 안 될 테니까.

그래서 처음부터 '작은 실험'이라고 한 것이다. 보통은 아주 작은 변화부터 시작해 결과를 살펴본다. 이때 신뢰할 만한 동료로부터 피드백을 받는 것도 괜찮다. 예를 들어 직원회의에서 지금까지 안 하던 행동을 해보고 동료에게 사람들 반응이 어땠느냐고 물어본다.

이 작은 실험이란, 단단한 땅에 중심을 잡고 서서 나의 자기확신에 의해 창조된 세상 너머로 살짝 발을 옮겨보는 것이다. 과연 정말 아무것도 없는 공터인지, 아니면 콜럼버스처럼 신세계를 발견한 것인지 말이다. 일단 언어 커뮤니티에서 검토와 수정을 거쳤다면 실험을 시작해도 좋다. 그리고 다음 모임에서 실험결과를 놓고 그 결과가 갖는 의미를 함께 이야기해본다. 처음엔 소소한 작은 것들로 시작해 점점 큰 실험으로 갈 수도 있다. 자기확신을 벗어난 세계가 허공이 아니라 단단한 땅이라는 사실을 확인하면 우리는 신세계로 나아갈 수 있다. 그렇게 한 걸음 한 걸음 조금씩 움직여 고질적으로 굳어버린 사고의 틀에서 벗어나는 것이다.

✽ **자기확신의 말 vs 가정의 말**

| 자기확신의 말 | 가정의 말 |
| --- | --- |
| 본인의 의지에 상관없이 자동적으로 나옴(우리의 생각을 지배한다는 의미). | 애써 노력해야 만들 수 있다. 우리 자신과 대상 사이에 객관적 거리를 둠(대상을 객관적으로 대함). |
| 절대적 사실로 군림한다. | 불확실한 사실임을 인정 |
| 내가 보는 관점이 곧 사실이라는 오류를 초래한다. | 자기확신을 의심하고 탐구하고 검증해 수정할 기회를 만들어준다. |
| 변화에 대한 면역시스템을 만들어낸다. | 변화를 거부하는 우리의 면역시스템을 흔들어놓는다. |
| 감당할 수 없을 정도의 큰 사건이나 불행한 상황이 예고된다(각자의 '최후의 성전'). | 재난적 결과 역시 검증 대상으로 봄. |
| 비변화적 : 지금까지 내가 만들어온 세계를 그대로 유지한다. | 변화적 : 생각하는 세계가 달라지고 그 안에서 자신의 가능성에 대한 인식도 달라진다. |

## '자기확신'과 거리 두기

위 단계들은 모두 우리 자신과 자기확신 사이에 객관적 거리를 확보하기 위한 것이다. 지배받던 위치에서 객관적 관찰자가 되어 자기확신을 확인하고 뒤집어도 보고 어떻게 바꿀까 생각을 해보기 위해서다. 그렇다고 해서 사람들이 다 이마를 치며 자기확신이 틀렸다고 깨끗이 고백하지는 않는다. 그보다는 추가조항, 수정조항, 예외조항 등 조건을 덧붙이는 경우가 더 많다. 이를테면 이런 식이다. "아직 내 자기확신이 기본적으로는 맞다고 생각해요. 하지만 특정 상황에서는, 관계된 사람들이나 상황에 따라 일시적으로 자기확신을 정지시킬 수는 있겠죠."

이와 같은 작은 변화가 큰 변화를 이끌어낼 수도 있다. 아주 작은 변화라도 우리의 선택과 행동에 대한 인식에 상당히 큰 변화를 가져온다.

이 새로운 방식의 언어 커뮤니티가 기존의 방식과는 많이 다르다는 것을 느꼈을 것이다. 자기 문제를 얘기하고 서로의 경험을 모아 해결책을 제시하는 모임에서는 아마도 "나도 그런 어려움을 겪은 적이 있어요. 이건 내가 해봤는데, 아주 효과가 좋더라구" 하는 식으로 도움의 손길을 내민다. 그런 모임의 조언은 어쩔 수 없는 한계가 존재한다. 왜냐하면 조언해주는 사람은 문제를 제시한 사람과 다른 사람이고 조언자가 말하는 상황도 그 사람의 상황과 다르기 때문이다.

하지만 더 큰 문제는 아무리 훌륭한 조언을 한다 해도 각자의 자기확신의 '틀' 안에서 한다는 것이다. 그러면 문제를 통해 배우기보다는 문제 해결에 급급하게 되고, 우리를 해결해줄 수 있는 좋은 문제를 알아낼 방법이 없다. 따라서 자기확신 자체를 탐구대상으로 보는 학습 기법이 필요한 것이다.

> 리더라 하면 누구나 언어 리더가 되어야 한다. 리더는 언어공동체에 미치는 리더의 역할에 대해 인식하고 직장에서 관습화된 기존의 낡은 언어습관을 버리고 변화를 위한 새로운 언어로 바꿔야 한다.

언어 커뮤니티에 지속적으로 참여하면 스스로 자기확신과 거리를 둘 수 있다. 자기확신으로 둥지를 만들 수도 있다. 물론 때로는 그 둥지가 벌집 쑤셔놓은 듯 혼란스러울 때도 있지만 그 집이 새로운 삶, 즉 우리가 그동안 끊임없이 해대던 기존의 의미생산 방식에서 벗어나 새로운 의미생산의 방식을 품어내는 둥지가 될 수도 있다. 잘 품어서 키워내면 언젠가는 둥지를 떠나 훨훨 날아갈 수도 있다.

둥지가 정신없고 위험스러워 꺼려질 수도 있다. 그렇게 골치 아프고 위험스러운 둥지를 어떻게 봐야 될까? 러시아 민담을 소개해보겠다. 어느 날 나무꾼이 숲으로 나무를 하러 갔다. 꽁꽁 얼어붙은 벌판을 걸어가는데 작은 새 한 마리가 온몸이 얼어붙어 죽어가는 것이 보였다. 나무꾼은 가엾은 생각이 들어 새를 품안에 보듬어 안고 다시 가던 길을 재촉했다. 작은 새는 나무꾼의 품속에서 온기를 얻어 회생하기 시작했다.

그런데 숲에 다다르자 문제가 생겼다. 나무도 베어야 하고 장작도 날라야 하는데 새를 안은 채로는 할 수가 없기 때문이다. 그렇다고 다시 얼어 죽게 놔둘 수도 없고……. 걱정하며 주변을 돌아보는데, 마침 저 멀리서 김이 모락모락 피어나는 것이 보였다. 소들이 여기저기 자신의 흔적을 아주 푸짐하게 남기고 갔던 것이다. 나무꾼은 옳지 이거다, 싶었다.

나무꾼은 쇠똥더미 쪽으로 걸어가 그중에서도 제일 크고 제일 김이 많이 나는 똥무더기에 작은 새의 보금자리를 만들어주었다. 그러고는 발걸음도 가볍게 숲으로 들어가 나무를 베어 가지고 집으로 돌아갔다.

작은 새는 나무꾼이 만들어준 새 집에 몸을 파묻고 앉았다. 기름지고 향기롭고 양분 많은 유기적 환경의 새 집. 작은 새는 둥지의 온기를 받아 완전히 소생했다. 몸이 풀려 기분이 좋아진 작은 새는 고개를 한껏 뒤로 젖히고는 노래를 부르기 시작했다. 얼마나 목청껏 뽑아제꼈던지 꽤 떨어진 곳을 지나가던 늑대한테 들켜버렸다. 늑대는 그

소리를 듣고 찾아와서는 날름 점심으로 먹어치웠다.

　이야기는 여기서 끝이다. 훌륭한 이야기들이 흔히 그렇듯 이 이야기에는 여러 가지 교훈이 담겨 있다. 첫째, 큼지막한 똥무더기에 나를 집어넣는 사람이 반드시 나의 적은 아니라는 것. 둘째, 냄새나는 똥무더기에서 건져준 사람이 반드시 내 친구는 아니라는 것. 마지막으로 셋째, 목까지 똥무더기에 파묻혀 있을 때에는 노래하지 말라는 것!

# 2부

## 직장을 변화시키는
## 언어습관

CHANGE YOUR LANGUAGES

대화와 토론, 회의 등 직장에서의 소통을 원활하게 하는 언어는 무엇인가?

대인관계를 발전시키고 조직 변화를 끌어올리는 새로운 언어의 기술을 익힌다.

직장 언어공동체를 막힘 없는 대화 채널로 만들어

나와 조직을 근본적으로 변화시키는 새로운 언어 전략!

## 5장

언어습관 **5**

# 공허한 칭찬의 말에서
# 관심의 말로 바꿔라

1부에서는 4가지 언어습관을 통해 나를 변화시키는 고유한 기법을 구축했다. 이렇게 얻어진 언어습관을 실전에서 어떻게 활용할 것인가는 3부에서 다룰 것이다. 2부에서는 직장에서 언어습관을 어떻게 유지하고 업그레이드시킬 것인가 하는 방법을 알아본다.

여기서 소개하는 3가지 언어는 앞에서 구축한 언어습관을 유지하고 업그레이드해주는 사회적 언어들이다. 즉 개인의 언어를 넘어 직장사회를 좀더 업그레이드해주는 언어들이다. 그 첫 번째는 격려와 지지의 언어이다. 일회성 감사나 칭찬의 말 던지기에서 타인에 대한 세심한 관심의 언어를 사용하라는 것이다.

대부분의 직장에선 갈등을 공공연하게 드러내는 것을 꺼린다. 사실 갈등이나 불화, 견해차가 있다고 대놓고 말하는 것은 서로 어렵고 난처한 일이다. 실제로 갈등을 생산적이고 발전적으로 표현하는 것은 아주 능숙한 기술을 요하며, 제대로 실행되는 경우가 드물다. 갈등을 생산적으로 해결하는 언어습관은 7장의 7번째 언어습관에서 다루기로 한다. 우리가 놀라고 이해할 수 없었던 것은 거의 모든 회사들이 직원들 간에 긍정적인 경험, 감사하고 감탄하는 경험 나누기를 너무 소홀히 한다는 것이었다. 그런 일터에는 활력이 없다. 1부 4장에서 말했던 것처럼 변화의 조건에는 '의욕과 격려'가 필수적이다.

## 타인의 가치를 인정하는 '관심의 말'을 사용하라

내가 소중하고 내 존재가 남들에게도 중요한 의미가 있음을 자주 경험하게 되면 누구든 일을 더 잘하게 되어 있다. 마음속으로는 내가 중요한 존재라는 사실을 안다 할지라도 다른 사람으로부터 그걸 명확하게 전해 듣는다면 효과는 더 확실하다. 우리는 외부세계와 고립적으로 살 수 없다. 내가 하는 일이 중요하고 가치 있다는 것을 남들로부터 인정받고 자신이 그것을 느끼게 될 때 나의 능력은 날개를 달게 된다.

내가 수행한 일의 가치를 인정해주는 말을 듣는 것은 직장인으로서 내 자신이 소중한 존재라는 사실을 확인하는 것이다. 이는 작업 속도가 빠르고 업무 스트레스가 많아 직장인들이 고립감을 느끼기 쉬운 기업조직에서 매우 중요한 문제다. 우리 모두는 마음속 깊은 곳에서 가치 있는 존재로 인정받기를 갈망한다. 내가 하는 일이 중요하다는 사실을 피부로 느끼려면 나를 남들이 얼마나 중요하게 생각하는지 인정받아야 한다.

### 동료에게 관심을 돌려보라

책에서 잠시 눈을 떼고 직장동료에게 관심을 돌려보라. 최근 동료
의 행동에 대해 고마움을 느낀 경험이 있나 가만히 생각해본다. 인생
을 바꿔놓을 정도의 대단한 일일 필요는 없
다. 늘 있는 사소한 일 같으면서도 그 날,
그 시간을 뭔가 달라지게 만들었던 일이면
된다. 얼른 생각이 안 나면 생각날 때까지
충분히 시간을 갖고 생각해보라. 그때까지 다음 내용은 읽지 말 것!

> 부하직원, 동료의 가치를 진정으로 인정하는 말이 세심한 '관심의 언어'이다.

생각해냈으면 그 동료와 함께 직원회의를 하고 있다고 상상해보
자. 회사에서는 동료들끼리 서로 감사의 말을 나누는 것이 방침이다.
매주 또는 격주 회의 시작 전 5분 정도 특별히 그런 시간이 할당되어
있다. 지금 회의 자리에서 사회자가 아무라도 좋으니 나와서 얘기해
보라고 한다.

### 동료에게 감사의 마음을 전하라

만일 이 자리에서 동료에게 감사의 말을 한다면 뭐라고 할지 생각
해본 다음, 종이에 적는다. 다 적을 때까지 아래 내용은 보지 말 것.

혹시 다 쓰지도 않고 아래 내용부터 읽고 있는 중?(지시대로 잘 따라하면 이 책에서 많은 것을 얻어갈 수 있지만 안 그러면 보장 못함)

자, 여러분이 종이에 쓴 것은(다 쓰셨을 것으로 믿고) 다른 사람의 공로나 노고를 높이 평가하고 감사하는 마음을 전달하는 '관심의 말'의 첫 번째 시도이다.

각자 쓴 내용을 보고 평가할 시간을 갖고, 보다 효과적으로 전달할 방법을 찾아보는 것은 잠시 후에 하도록 한다. 먼저 그와 같은 의사소통의 일반적인 특징을 한번 살펴보도록 하자.

## 틀에 박힌 칭찬은 별 효과가 없다

우리는 직장에서 동료나 부하직원의 업무성과나 의견이 얼마나 내게 도움이 됐는지 잘 표현하지 않는다(상사가 부하직원에게 형식적으로 하는 판에 박힌 말 말고). 어쩌다 그런 일이 있을 때도 대개 이런 식이다.

"이번 일에 김 대리의 공을 특별히 치하하고 싶어요. 자기 일, 남의 일 가리지 않고 열심히 해주었으니 여러분의 박수를 받을 자격이 충분하다고 생각합니다."

"어제 있었던 고객 미팅 때 정말 훌륭했어, 윤 과장. 자네가 없었더라면 어떻게 했을까 몰라."

"고맙네. 이번 프로젝트에서 자넨 정말 멋진 팀원이었어. 끈기 있고, 융통성 있고, 두뇌 회전도 빠르고 말이야."

누군가는 "대체 뭐가 문제지? 직장에서 그런 말만 들을 수 있다면 원이 없겠다"고 말할지도 모르겠다. 그 말이 맞을 수도 있



다. 하지만 그런 생각이 든다는 것 자체가 직장에서 자신의 기여도가 긍정적으로 평가되는 일이 얼마나 적은지 방증하는 것이 아닐까?

칭찬을 해놓고도 칭찬의 힘이 발휘되지 못하도록 사람들이 흔히 저지르는 3가지 실수가 있다. 위의 예들은 그중 한 가지씩을 보여주고 있다. 언어 리더의 역할에 대해 진지하게 생각하는 리더라면, 남의 가치를 인정하는 언어를 사용하는 것만큼 중요한 것은 보다 효과적인 표현을 쓰는 것이다. 그 효과적인 표현이란 건 대체 어떤 것일까? 아래 내용을 보자.

## 직장을 변화시키는 언어습관 5
## 공허한 칭찬의 말에서 **관심의 말**로 바꿔라

동료의 가치를 진정으로 인정하는 데서 나오는 가장 좋은 표현은 '지속적인 관심의 언어'이다. 지속적인 관심은 '감사'와 '감탄'으로

드러난다. 둘 다 긍정적인 감정이지만 조금 다른 특성을 갖고 있다. 감사의 마음을 표현할 때 우리는 뭔가 소중한 것을 받았음을 상대에게 알린다. 꼭 물질적인 것이 아니더라도 뭔가 받았다고 느끼고, 그것을 얻어서 기쁘다거나 혜택을 입었다고 생각한다. 반면, 감탄은 우리 영역권에 있는 어떤 것의 가치를 느낀다기보다는 잠시 남의 영역에 들어가 가치를 체험하는 것이다. 다른 사람의 세계에 들어가 뭔가를 얻고 영감을 받거나 다른 사람의 행동에서 고무되었음을 느끼는 것이다. 지금부터 이와 같은 '지속적인 관심의 언어'를 효과적으로 표현하는 3가지 방법을 소개하겠다.

### 효과적인 표현 ❶ | 본인에게 직접 감사의 말을 전하라

관심의 언어를 좀더 효과적으로 표현하는 첫 번째 방법은 직접성이다. 감사든 감탄이든 다른 사람에게 전달하는 방식이 아니라 당사자에게 직접 말해야 한다. 그런데 대개 김빠지게 3인칭으로 말하는 경우가 참 많다(118쪽의 첫째 예처럼). "김 대리한테 정말 감사의 말을 전하고 싶어요. 얼마나 애를 많이 써줬는지……." 사실, 이런 감사의 표현은 당사자가 아닌 다른 사람이 주빈이 되고 당사자인 김 대리는 옆에서 끼어 듣는 들러리가 되는 겪이다. 본인한테 직접 얘기하는 것이 사람들 앞에서 거북스러울 수는 있지만, 당사자에게는 훨씬 크고 효과적으로 전달된다는 사실을 명심해야 한다. 한 가지 더 흥미로운 사실은 같이 듣는 다른 사람들에게도 더 효과적으로 각인된다는 것이다. 그 이유에 대해서는 잠시 후에 얘기하도록 하자.

☑️ **체크포인트** | **본인에게 직접 말할 것** 아까 자신이 적은 내용을 잠시 살펴보자. 직접적인가? 좀더 직접적으로 전달할 수 있을까? 그렇다면 어떻게 해야 할까? 잠시 시간을 갖고 고쳐 써본다. 만일 파트너와 같이 한다면, ① 처음에 적은 내용이 직접적인지 아닌지, 의견을 들어본다. ② 자신의 표현에 대해 파트너의 의견을 들어본다(만일 고쳐 썼으면 그에 대한 의견). ③ 보다 직접적으로 표현할 방법은 없는지 들어본다. ④ 그냥 좋은 청취자로 삼는다. ①부터 ④까지 다 해도 되고 그 중 하나만 골라 해도 된다. 만일 파트너가 조언을 구한다면 최대한 구체적으로 답변해준다.

### 효과적인 표현 ❷ | 구체적으로 짚어서 칭찬하라

두 번째 방법은 조목조목 구체적으로 말하라는 것이다. 우리는 칭찬을 하면서도 그냥 두루뭉술하게 좋았다고 말하는 경우가 많다. 상대가 어떻게 해줘서 좋았다고 구체적으로 말하기보다는 그저 좋았다는 얘기만 한다. 이런 식이다. "이 대리, 어제 고객 미팅 때, 자네 정말 훌륭했어. 자네 같은 사람이랑 이 프로젝트를 같이 하게 돼서 얼마나 기쁜지 몰라!" 당사자인 이 대리에게 직접 전달하기는 했으나, 듣는 사람이 자신의 어떤 점이 그렇게 훌륭했는지, 그것이 상대방에게 어떤 도움을 주었는지는 알 길이 없다. 물론 누군가에게 칭찬을 들으면 대부분 기분이 좋아지듯 한동안 기분은 좋을 수 있다. 문제는 그것으로 끝이라는 점이다. 이 대리는 성인이므로 무엇이 중요하고 가치 있는가에 대한 자기만의 판단기준이 있다. 하지만 그런 식의 칭찬은 상대가 높이 평가하고 좋아하는 점이 자신도 가치 있고 중요하게 생각하는 점인지 판단할 근거가 없다. 어쩌면 그 사람은 이 대리가 키도 크고 젊고 잘생겼기 때문에, 또는 옷을 잘 입고 다녀서, 또는 그런 저런 특성이나 부수적인 사항들로 인해 고객들에게 좋은 인상을 준다고 생각해서 같은 팀인 것을 기뻐하는지도 모른다. 그런데 이 대리가 자신은 지성이나 감수성, 또는 리더십으로 높이 평가받고 싶어 한다면, 그런 말을 들었을 때 별로 달갑지 않을 수도 있다. 하지만 그래도 자기가 원하는 부분에서 좋은 평가를 받고 싶어 한다면 혼자 착각하게 두는 것보다는 정확하게 말해주는 편이 낫다.

반대로, 표면적인 면만 중요시한다고 생각하고 있었는데 사실은 자신의 지적 능력, 감수성, 리더십을 높이 평가하고 있음을 알게 되었을 경우, 거기에다 어떤 점을 높이 평가하고 좋게 생각하는지 구체적으로 조목조목 짚어서 얘기해준다면, 그 대화는 무척이나 값지고 큰 힘이 될 수 있다.

두 경우 모두 구체적인 표현으로 이 대리가 어떤 면에서 좋은 평가를 받는지 알 기회를 준다. 그 평가에 가치를 두느냐 마느냐는 또 다른 문제이며, 각자의 가치관에 달린 문제다.

칭찬을 할 때 구체적으로 짚어서 말하면 말하는 사람한테도 플러스가 된다. 감사나 감탄이 구체적이 될수록 자기 자신에 대해 더 잘 알게 되기 때문이다. 우리는 모두 능동적인 의미생산자이다. 우리의 가치관, 확신, 다짐은 우리가 어떤 것에 마음을 쓰고 어떤 것을 보는가에 지대한 영향을 미치며, 경험 조각을 어떻게 맞춰내는지, 보고 경험한 것에서 어떤 의미를 생산하는지 알 수 있게 해준다. 생산된 의미는 또다시 우리의 행동방식을 좌우한다. 따라서 거꾸로 그 사람의 행동이나 말을 통해 그 사람의 의미생산 방식, 가치관, 확신, 다짐을 알아볼 수도 있는 것이다.

가령, 미팅에서 이 대리의 활약에 대해 구체적으로 짚어서 칭찬한 상사의 경우, 유능한 리더에 대한 자신의 생각을 스스로 점검해볼 수 있다. 이 대리의 행동에서 리더답다고 생각된 점을 기초로 리더십이라는 것이 상사 자신에게 어떤 의미인가 자문해볼 수 있는 것이다. 그와 같이 자문해보는 이유는 이 대리의 행동에 대한 자신의 반응을 자료 삼아 자기 자신과 의미생산에 대해 좀더 알아볼 수 있기 때문이다. 한걸음 더 나아가 "리더십과 리더다운 행동에 대한 나의 관점은 어떤 것인가?" "그 관점은 검증된 것인가?" 등의 질문을 스스로 던짐으로써 리더십에 대해 좀더 깊이 생각해볼 수 있는 것이다.

그리고 차차 사람들에 대한 자신의 긍정적인 생각을 돌이켜보며 좀더 일반적인 질문을 던져볼 수도 있을 것이다. "나는 주로 어떤 행동들에 감사하고 감탄하나?" "그런 행동들에 일정한 패턴이 존재하나?" 이를테면 "자기한테는 손해인데도 불구하고 내 일을 도와준 사람들한테 감사를 느꼈는가?" 아니면 "나의 바람과 필요를 말 안 해도 알아서 해준 사람들한테 감사를 느꼈나?"

한 CEO는 자신이 감탄하고 좋다는 표현을 할 때가 언제였나를 생각해보았다. 그것은 대개 직원들이 새로운 기획안을 내놓을 때라는 사실을 발견했다. 의외의 발견을 하게 된 CEO는 자신의 행동을 곰곰 더듬어보기 시작했다. 기존 기획을 지속적으로 잘 실행해나가는 것도 중요한데 이상하게도 직원들이 변화를 모색하는 획기적인 아이디어를 내놓았을 때 가장 흥분되고 기분이 업그레이드되었다. 그는 자신의 관심이 치우쳐 있음을 발견하고 고민에 빠졌다.

그는 자신이 직원들에게 전하는 감사의 패턴을 돌아보며 4칸 도표를 완성해보았다. 그는 회사 발전에 기여한 직원들의 노고를 인정해주는 것을 중요하게 생각하고 그렇게 실천하고자 다짐했다(첫째칸). 그런데 가만 보니 오래전의 기획을 지속적으로 수행해온 노고는 무시하는 경향이 있었다. 그래서 자기의 책임을 처음으로 인정하게 되었다(둘째칸). 왜 그랬을까 곰곰이 생각하다 "나는 우리 회사에서 늘 뭔가 새로운 것이 진행 중이기를 바라며 그렇게 만들고자 한다"는 마음속 깊이 감춰진 상충하는 다짐(셋째칸)을 발견하게 되었다. 진행 중인 새 기획이 없다고 생각하면 회사가 도태되고 곧 망할 것만 같다는 생각이 들었다. 거기에서 그는 '자기확신'(넷째칸)을 찾아냈다. "회사가 성공하려면 지속적인 업무 추진보다는 단속적이라도 새로운 움직임이 더 중요하다"는 것. 그는 자기확신에 얽매여 있음을 발견하고는 놀라워했다.

그의 자기확신은 첫째칸 실행의지를 가로막는 면역시스템을 떠받치는 축이었다. 자신의 안목이 근시안적임을 깨달은 CEO는 자기확신을 보기 시작하면서 '과일 나무 흔들기'와 '젤리 만들기'를 모두 격려하도록 좀더 주의를 기울였다. 새롭게 발견한 점을 임원들에게 얘기했더니 다들 즉각 공감을 표했으며, 몇몇은 맡은 부서를 원활하게 운영한 공로를 인정받지 못해 섭섭했던 마음을 털어놓기도 했다.

 **체크포인트 | 구체적으로 짚어서 말할 것** 자 이제 각자 써놓은 문장으로 돌아가보자. 얼마나 구체적으로 썼나? 좀더 구체적으로 쓸 수 있을까? 어떻게 하면 될까? 고쳐 쓰거나 보충하고 싶은 부분을 수정한 다음, 파트너가 있다면 의견을 나눠본다. 만일 파트너가 없다면 이렇게 자문해본다. "구체적으로 짚어 말함으로써 내가 배운 것은 무엇인가?"

### 효과적인 표현 ❸ | 상대를 자기 관점으로 규정짓지 말라

감사와 감탄의 말을 보다 효과적으로 하는 세 번째 방법은 상대를 멋대로 규정짓지 말고 자신의 경험만을 말하는 것이다.

이 방법이 여태까지 말했던 것 중에서 제일 어려울 것이다. 왜냐하면 우리 대부분은 다른 사람의 말이나 행동에 대해 느끼거나 생각하는 순간, 거의 반사적으로 그 사람에 대해 일반화하거나 "이 사람은 어떤 사람이야"라고 규정짓는 경향이 있기 때문이다. 김 과장이 뭔가 재미있는 말을 한다. 그 말을 들은 나는 '야, 재미있다'고 생각하고는 다음 순간, 별 생각 없이 "김 과장은 참 재밌는 사람이야"라고 혼잣말을 한다. 그 사람에 대한 첫 느낌이 상대에 대한 규정으로 이어지는 것이다.

다음과 같은 유의 말을 하지 말라고 한다면 좀 이상하게 들릴지도 모르겠다. "한 대리, 내가 자네를 얼마나 아량 넓은 친구라고 생각하는지 알아줬으면 좋겠어" 또는 "정말 유머감각이 좋은 친구야" "참

인사성도 밝지” “이 대리, 자넨 참을성이 참 많아” “정말 빠르단 말이야” “필요할 땐 항상 그 자리에 있는 친구란 말이지” 등등. 참 듣기 좋은 말 같은데 대체 여기에 무슨 문제가 있는 걸까?



이런 말의 문제는, 듣는 사람이 자신의 실제 모습과 비교한다는 데 있다. 당신은 얼마든지 한 대리를 아량 넓은 친구라고 칭찬해줄 수는 있지만, 한 대리 자신은 본인의 참모습을 안다. 이 대리의 경우도 마찬가지. 참을성이 많다고 칭찬해줘도 상관은 없지만, 실제로 얼마나 잘 참는지는 본인만이 안다. 그런 식의 칭찬은 아무리 좋은 뜻이었다 하더라도, 그리고 의도치 않았다 하더라도, 실제로는 '상대방은 어떤 인간'이라고 규정짓는 주제 넘는 짓이다. “그 친구는 이런 사람이야” 또는 직접 대놓고 “당신은 이런 사람이야”라고 말하는 것은 그 사람에게 보이지 않는 옷을 입히는 것과 같다. 일단은 옷이 근사하니까 당장은 기분 좋겠지만 “근데, 나한테 잘 맞지를 않네. 여기는 좀 내야 되고, 여긴 많이 줄여야겠는걸” 하게 되기 쉽다. 다른 사람을 자기식대로 규정지어 칭찬하는 것은 잘 맞지 않는 옷을 억지로 끼워 입히는 것과 같다.

하지만 상대방을 규정짓거나 틀에 가두지 않고 상대를 통해 얻은 우리 자신의 경험을 말하면 상대를 완전히 자유롭게 놓아둘 수 있다. 어떤 인간이라고 얘기하는 것이 아니라, 상대의 행동에 대한 나의 경험을 말해주는 것이다. “이 대리, 자넨 참 맘 좋은 친구야”라고 말하는 대신 “특별히 시간 내서 빠진 것 보충해주고…… 정말 고마워.

큰 도움이 됐어"라고 말하는 것이다. 어떤 점이 달라졌나? 후자는 상대방을 규정짓지 않는다. 화자는 이 대리의 행동에 대한 자신의 경험과 감사의 마음만을 표현하고 있을 뿐이다. 규정짓는 칭찬("자넨 참마음이 좋아")의 말은 부인하는 답변을 듣게 되는 경우가 많다. 하지만 말하는 이의 경험에 대해 얘기한 경우 그건 그 사람의 경험일 뿐이므로 바로잡을 필요가 없어진다. "이번 회의 때 난 자넬 보고 참 많은 것을 배웠어"라는 사람한테 "아니야, 안 배웠어!"라고 말할 사람은 없을 것이다.

부정적인 경험은 2인칭보다 1인칭으로 말하는 게 좋다는 얘기는 다들 들어봤을 것이다. "당신은 사람이 어쩜 그렇게 지저분하니. 옷도 바닥에 그냥 아무렇게나 팽개쳐놓고." 커뮤니케이션 전문가들은 배우자에게 절대 이런 식으로 말하지 말라고 한다. 대신, "당신이 그렇게 바닥에다 옷을 막 던져놓으면 내가 꼭 가정부나 일하는 아줌마가 된 것 같아 정말 우울해진단 말이야"와 같이 1인칭으로 바꿔 얘기하라고 권한다. 왜? 2인칭 발언은 상대의 화를 돋우고 방어적으로 나오게 만들지만, 1인칭 발언은 듣는 사람이 아니라 말하는 사람의 경험을 묘사하는 것이기 때문이다. 2인칭 발언은 대화를 계속하기 전에 듣는 이로 하여금 먼저 잘못된 부분을 고칠 것을 요구하지만, 1인칭 발언은 성격 묘사에 있어서든 행동 변화 요청에 있어서든 강요하는 것이 없다.

이는 긍정적인 경험을 전달할 때도 마찬가지다. 좋은 얘기라도 상대방을 규정짓는 말은 화까지 돋우지는 않더라도 반작용을 일으킨다. 작용에 대한 반작용 말이다. 하지만 자신의 경험을 묘사할 때에는 긍정적이든 부정적이든 상대에게 정보를 전달하는 것이 된다. 그 정보(내가 하는 일이 중요하다, 가치 있다)의 질을 높이는 것이 바로 '지속적인 관심의 언어'의 효과이다.



이와 같이 규정짓지 않는 언어습관을 들이면, 그 사람의 말은 보다 진지하고 신선하게 들려온다. 반면에 성격을 규정하는 말을 계속하게 되면, 우리가 갖고 있는 긍정적인 수식어 창고가 언젠가는 바닥난다. 칭찬의 말이나 글을 습관적으로 많이 쓰다 보면 공허하게 들린다. 겉치레 말이 판을 치는 세상에 우리 모두 일조하게 되는 것이다. 추천서만 해도 그렇다. 그 사람은 이래서 훌륭하고 저래서 훌륭하고…… 온갖 미사여구와 좋은 얘기는 다 갖다 붙인다.

이런 것은 지속적인 관심의 언어가 의도하는 바가 아니다. 지속적인 관심은 칭찬하거나 공치사를 하거나 당사자나 다른 사람들에게 그 사람을 긍정적으로 정의하는 것이 아니다. 다시 말하지만 소중한 정보의 질을 향상시키는 것, 상대방에게 그 사람에 대한 우리의 경험을 알려주는 것이다.

☑ **체크포인트 | 상대를 규정짓지 않기** 자, 자신이 써놓은 것을 다시 한 번 읽어보고 규정짓는 대목이 있는지 살펴보자. 그런 것이 있다면, 규정짓지 않는 방식으로 고쳐서 말해보자. 그 사람이 눈앞에 있다고 생각하고 소리 내어 말해보자.

| 공허한 칭찬의 말 | 관심의 말 |
| --- | --- |
| 승자와 패자를 만들어낸다. 조직에서 활력을 앗아간다. | 상대의 행동이 의미 있고 중요하다는 정보를 전달하며, 조직에 활력을 불어넣는다. |
| 간접적으로 전달될 때가 많음. 본인에게 직접 말하기보다 그 사람에 대해 말함. | 감사나 감탄을 본인에게 직접 전달한다. |
| 화자가 높이 평가하는 것에 대한 정보가 거의 없는 두루뭉술한 말 | 무엇을 높이 평가하고 왜 감탄했는지, 구체적인 정보를 전달한다. |
| 상대방을 규정지을 때가 많다. | 규정짓지 않고, 말하는 이 자신의 경험을 얘기한다. |
| 판에 박힌 상투적인 말이거나 겉치레일 경우가 많다. | 매끄럽지는 않지만, 진실되고 거짓이 없으며 신선하다. |
| 비변화적 | 말하는 이나 듣는 이 모두를 변화시킬 수 있는 힘이 있다. |

　여기까지 지시대로 잘 해왔다면 당신은 소중한 발견을 할 수 있었을 것이다. 경험을 전하는 말은 독창적이지만 즉석에서 바로 말하는 경우가 많아 더듬거리기도 하고 매끄럽지 않을 수 있다. 하지만 규정하는 칭찬과 같은 판에 박힌 느낌은 없다. 신선하고 친근감도 느껴진다. 상대방이 어떤 사람이라고 아는 척하는 것이 아니라 화자 자신의 내면을 드러내는 것이기 때문이다. 그러므로 듣는 이에게, 그리고 어쩌면 말하는 이 자신에게도 더 강력한 느낌이 전달된다.

　직접적이고 구체적으로, 그리고 규정짓지 않고 말하는 언어습관은 관심의 언어를 좀더 효과적이고 덜 상투적이게 만드는 3가지 방법이다. 관심의 언어는 우리 자신이 중요하고 가치 있는 존재라는 소중한 느낌을 전달한다. 이러한 관심의 언어를 주기적으로 표현하는 직장 분위기는 조직에 산소를 불어넣는 것과 같다. 이는 또한 우리 자신의 심리적 모순을 밝히고 자신이 옳다는 자기확신의 오류를 객관적으로 보게 해주는 힘이 되기도 하다. 관심의 언어는 새로운 사회적 언어를 정착시키는 첫 번째 방법이다. 지속적인 관심의 언어를 잘 활용하는 방법에 대해서는 3부에서 다루기로 한다.

## 6장

언어습관 **6**

# 규정의 말에서
# 합의의 말로 바꿔라

"여러분 안녕하세요. 우선 축하부터 드릴게요. 신청자가 굉장히 많았다고 들었습니다. 이번 참가자들은 아주 엄정한 심사과정을 통해 뽑히셨구요. '미래형 기업모델 창조과정'에 참여하시게 된 것을 다시 한 번 축하드립니다!"

지금까지 수백 명의 직장인들이 참가했던 워크숍을 우리는 이렇게 시작했다(타이틀은 참가단체의 특성에 따라 미래형 기업, 대학, 병원 등으로 바뀌기도 했다). 새 회사는 3개월 후에 문을 열며, 창업 멤버들과는 앞으로 몇 년간 같이 일하게 될 것이고, 누구도 서로에 대해 아는 바가 없다. 전에 만난 적도 없고 소문이나 이야기를 전해들은 것도 없다. 본격적으로 워크숍에 들어가기 전에 우리는 다음 사항을 숙지시켰다. 업무 및 서비스 방식의 구상에 앞서 필요한 정보수집과 방향설정을 위한 연구팀의 일원으로 일하게 되며, 자신이 속한 업계의 비즈

니스 방식을 개혁할 기회를 준다고 말했다.

이 워크숍에 주어진 새로운 조건은 '수평적 조직'이라는 점이었다. 지위고하나 권한상의 차이가 없고 누구나 똑같이 발언권을 갖는다. 특정 과업이나 기능 수행을 위해 부분적으로 직급체계가 유지될 수는 있지만, 그러한 권한은 임시적으로 주어지는 것이지 영구적인 것이 아니다. 모두가 리더이자 팀원인 셈이다. 어떤 프로젝트에서는 존이 메리의 보스지만, 다른 프로젝트에서는 두 사람의 역할이 바뀔 수도 있다. 수평적 조직은 오늘날 조직의 유연성과 효율성 측면에서 중요하게 거론되고 있지만, '아직 아무도 서로에 대해 모른다'는 조건을 내걸었다. '서로의 과거 역사를 아는 것' 그리고 '상사의 권위에 대한 복종' 등 직장 분위기를 억압하는 대표적 장애요소 둘을 제거함으로써 좀더 좋은 직장시스템을 만들어내기 위함이었다.

참가자들의 역할을 제시하고 왜 창업 3개월 전에 불러 모았는지 그 이유에 대해 말해주었다.

"지금 이 모의상황은 여러 면에서 특수하지만 특별히 여러분들이 주목해주었으면 하는 점이 있습니다. 지금 이 순간에는 구성원들 사이에 아무 문제도 없고, 가슴속에 품은 원한도 없고, 남의 험담이나 뒷말도 없습니다. 하지만, 솔직히 그런 상황이 지속될 수는 없겠지요. 일단 함께 일하기 시작하면 아무리 의도가 좋고 훌륭한 목표를 추구한다 하더라도 말다툼이나 싸움이 생기고, 서로 언짢고 감정 상하게 되는 일이 반드시 발생하게 마련입니다. 아무리 똘똘 잘 뭉치는 성취도 높은 조직이라도 그런 상황을 피해갈 수는 없지요. 하지만 지금 당장은 그런 문제가 하나도 없습니다. 아직 함께 일해보지 않았기 때문이죠.”

“같이 일하는 사람들 사이에서 부딪치는 문제, 그리고 그로 인한 상처와 분노, 두려움으로 인해 행해지는 통상적인 행동들은 직장이라는 우물에 뿌려진 독과 같습니다. 아무리 우물이 튼튼하게 지어졌다 해도, 조직의 목표가 아무리 고무적이고, 전략과 방법이 아무리 훌륭하고, 회사에서 아무리 지원을 잘 해준다 해도, 구성원들 사이의 갈등은 회사라는 우물의 물을 못 쓰게 만들고 직장생활을 괴롭게 만듭니다. 따라서 이 워크숍은 누군가 다른 누구의 신경을 건드리기 전에 해독제를 만들 수는 없는지 미리 알아보는 자리입니다. 여러분들이 그런 해독제를 잘 만들 수 있도록 돕는 것이 우리의 역할입니다.”

> 직장 내 갈등과 반목, 비효율을 제거하는 해독제는 '합의의 말' 이다.

## 직장동료와의 갈등 해결하기

**진행자**  그러한 해독제를 찾는 길은 직장생활에서 잘 쓰이지 않는 언어, 소위 우리가 '합의의 말'이라고 부르는 언어에 있다고 생각합니다.

'합의의 말'이라는 것이 뭔지 맛보기 위하여, 만일 동료들이 나 때문에 기분이 상했을 경우 그 문제를 어떻게 처리할지 우리 함께 합의를 끌어내봅시다. 문제가 생겨서 직장동료와 나의 관계가 삐걱거리게 됐다고 합시다. 그럴 때 동료가 어떻게 해줬으면 좋겠습니까? 우선 몇 분의 제안을 들어본 다음, 같이 얘기해보도록 하죠.

**직장인 1** 문제가 생겼을 때 나한테 와주면 좋겠어요.

**진행자** 나한테 와달라?

**직장인 1** 네, 이 사람 저 사람한테 얘기하고 다니지 말고, 그러니까 등 뒤에서 헐뜯고 다니지 말고, 나랑 문제가 있으면 나한테 직접 얘기하라는 겁니다.

**직장인 2** 맞아요. 그리고 바로 와줬으면 좋겠어요. 혼자 끙끙 앓지 말고요.

**직장인 3** 제 생각엔 그렇게 바로 올 필요는 없고, 그냥 제일 먼저 나한테 와줬으면 좋겠는데요.

**직장인 4** 저도 '바로' 와달라는 부분은 좀 그러네요. 우리의 미래형 기업이 '푸념 집단'으로 끝나버리면 안 되잖아요. 혼자 좀 생각해보다가 아무래도 그냥 해결되기 어렵겠다 싶을 때 그때 가서 얘기하는 편이 나을 것 같습니다. 좀 화나고 언짢다고 그때마다 바로바로 달려가면 일은 언제 합니까? 그리고 그냥 자기 기분이 그날 좀 안 좋았을 수도 있고, 하루쯤 지나 생각해보면 별일 아닐 수도 있고요. 생각하면 할수록 '바로' 부분은 지지할 수가 없네요. 하지만 '제일 먼저 나한테 와달라'는 말에는 동의합니다. 우선 혼자 곰곰이 생각해보고, 그러고 나서 아무래도 누구한테 얘기해야지 안 되겠다 싶을 때는 제일 먼저 나한테 찾아오라는 겁니다.

**직장인 5** 저도 동감합니다. 그리고 저는 그 사람이 건설적인 마음으로 왔으면 합니다. 그냥 한바탕 퍼붓거나 비난하기 위해서 오는 것이 아니라 상황을 호전시킬 방법에 대해 함께 대화를 나누자는 취지로 말입니다.

**진행자** 그래도 역시 제일 먼저 찾아와주었으면 하는 거죠?

**직장인 5** 그렇죠.

**진행자** 지금 완전히 합의에 이르렀다고 보기는 어렵지만, 나에게 제일 먼저 와달라는 부분에는 어느 정도 공감대가 형성된 것 같네요. 그럼 한번 점검해볼까요? 나와 문제가 있을 때 나에게 제일 먼저 와달라는 것을 합의내용으로 넣고 싶으신 분은 손 들어주세요.

(항상 85~95퍼센트 정도는 손을 든다.)

**진행자** 좋습니다. 만장일치는 아니지만 그래도 상당히 많은 분이 손을 들어주셨네요. 그런데 한 가지 상기시켜 드릴 점이 있습니다. 나에 대해 심각하게 '걸리는 문제'가 있을 때 제일 먼저 나에게 찾아오라는 합의는 거꾸로 내가 누군가와 문제가 있을 때 나도 그 사람에게 제일 먼저 얘기하겠다고 약속하는 겁니다. 그래도 여전히 합의 사항으로 만드시겠습니까?

(대부분 그러겠다고 답하지만, 대개 다음과 같은 얘기를 하는 사람이 한둘쯤 나온다.)

**직장인 3** 어, 잠깐만요. 솔직히 말해서 실제 상황이라고 간주하고 정말 진지하게 생각해보면, 꼭 그 사람에게 제일 먼저 간다고 약속하고 싶지는 않을 것 같아요. 저는 대화하면서 생각을 정리하는 타입이라 친구한테 먼저 얘기하고 싶을 것 같거든요. "내 얘기 좀 들어봐. 릭이 이러구저러구 했거든. 정말 열받더라구. 네가 보기에 내가 괜히 화내는 것 같냐? 과민반응일까, 아니면 릭이 너무한 걸까?" 하는 식으로 말입니다 그런 대화를 못 하게 되면 안 좋을 것 같아요. 게다가 그렇게 얘기하다 보면 화가 풀어져서 당사자한테 얘기하러 갈 필요가 없어질 수도 있잖아요.

**직장인 3** 뭐, 저도 동의합니다. 그런 대화야 나쁠 게 없죠. 제가 생각한 것과는 많이 다르지만요. '객관적으로 살펴보기' 위한 것이라면 저도 찬성입니다. 하지만 현실적으로 볼 땐 뒤에서 쑥덕거리고 험담하고 말도 안 되는 얘기나 퍼뜨리고 비방하는 경우가 훨씬 많거든요.

**직장인 4** 맞아요.

**직장인 2** 그렇다면 기본적으로 나한테 제일 먼저 오되, 혹 다른 사람한테 갈 때에는 헐뜯고 욕하기 위해서가 아니라 자기 점검을 위해 가는 걸로 합의내용을 정리하면 되겠네요.

**직장인 4** 그렇죠.

**직장인 3** 그럼 되겠네요.

**직장인 6** 우리 좀 현실적으로 생각합시다. 그런 예외조항을 둘 경우, 우리가 막으려고 했던 것도 막지 못하고 흐지부지될 수도 있다구요. 나도 알고 여러분도 잘 알 듯이, 누군가한테 화나서 친구한테 얘기하면 친구는 내 편을 들어주게 되고 결국 자기 점검이라기보다는 상대방 헐뜯기로 끝나버리기 쉽단 말입니다.

**직장인 4** 사실, 맞는 말이에요. 누가 그런 문제로 찾아오면 참 입장 난처하죠. 우리 옴부즈맨을 정해놓고 '객관적으로 살펴보기'를 맡게 하면 어떨까요? 돌아가면서 맡아도 좋구요. 기본적으로는 당사자한테 제일 먼저 가되, 아닐 경우에는 옴부즈맨한테만 가야 된다고 하는 겁니다.

얼마나 많은 시간을 두고 논의를 계속하느냐에 따라 다르기는 하지만, 일단 '나한테 제일 먼저 올 것'이란 점에서는 합의가 이루어진 듯하다. 그런데 한 가지 주목할 만한 사실은 다들 합의는 잘 하는데 막상 그런 관습이 행해지는 직장 환경에서 일해본 적 있느냐고 물으면 대답하는 사람이 아무도 없다는 것이다. 남의 등 뒤에서 헐뜯고 깍아내리는 말을 하는 것이 성숙하지 못하고 정신을 좀먹는 안 좋은 행동인 줄은 알지만, 자신 역시 공범이라는 사실을 모두들 무언중에 인정하는 것이었다.

**직장인 4**  글쎄요, 근데 조직생활이라는 게 원래 그런 거 아닌가요. 그걸 바꿀 수 있을까, 확신이 안 서네요.

**진행자**  그럴지도 모르죠. 그런데 여러분 모두 조직의 새로운 모델을 창조하기 위해 자원하신 거 아닌가요? 모두들 문제가 있다고 생각하지만 어쩔 수 없는 거니까 그냥 덮어두자, 이렇게 하시려구요?
(대부분 웃음소리와 신음소리가 뒤섞여 나온다.)

**직장인 4**  좋아요. 실제처럼 생각하고 하라 이거죠. 그런데 그러려면 진행자분도 진짜처럼 해주셔야 돼요. 오늘 우리가 '나한테 제일 먼저 올 것'이라는 합의를 했다고 해서 실제로 같이 일할 때는 뒷말하기가 사라질 거라고는 생각되지 않거든요.

### 동료 간에 합의가 깨지다

**진행자**  좋은 의견 감사합니다. 잘 알겠습니다. 사실 저희도 같은 생각입니다. 오늘 여러분들이 모여서 그런 합의를 했다고 해서 뒷말하기가 사라지지는 않죠. 그렇다면 '도대체 합의의 언어라는 게 무슨 의미가 있어?' 하고 의문이 생기실 겁니다. 합의가 합의 위반을 막기 위해서가 아니라 위반을 만들어내기 위한 것이라면 어떻겠습니까?(이렇게 말하면 대개 어리둥절해서 무슨 소린가, 하고 귀를 쫑긋 세우고 듣는다.) 다들 속으로 대체 이게 뭔 소리야 하시겠죠? 여러분한테 한 가지 질문을 드리겠습니다. 그런 내용으로 합의를 했다고 치고, 새로운 조직생활을 시작한 지 몇 개월이 지났다고 합시다. 합의사항 지키기를 가장 힘들어할 사람은 누굴까요?

**직장인 3** 찾아가기 싫은 사람한테 열받은 사람이요.(웃음)

**직장인 1** 맞아. 가서 말하느니 혼자 열 식히고 말걸요.

**직장인 4** 그럴 거예요. 근데요, 그 사람…… 솔직히 말하면 제가 바로 그런 사람이거든요.(웃음) 다들 지금 몇몇 사람 때문에 합의가 지켜지지 않을 것처럼 얘기하는데, 까놓고 얘기하면 우리들 누구나 그 합의가 지켜질 수 없게 하는 원인자가 될 수 있는 거 아닙니까?

**진행자** 좋습니다, 좋아요. 하지만 그렇기 때문에 합의를 깨기 힘들 수도 있고 그렇지 않을 수도 있는 겁니다. 우리 같이 역할연기를 한번 해볼까요? 누가 제 동료 역할을 좀 해주시겠습니까? (루크가 자원했다.) 감사합니다. 자, 이제 여기에 루크 씨와 저만 있다고 가정해봅시다. 지금 우리는 조용한 사무실 방에 단둘이 앉아 있습니다. 둘은 오랜 운동 친구입니다. 자녀들끼리도 친구고, 가족끼리 종종 외식도 하는 사이죠. 그런 친구지간인 제가 루크에게 말합니다. "이봐 루크, 앤 마리라는 여자 말이야. 어떻게 그런 여자가 다 있냐? 다음 회의 땐 또 누굴 잡을지…… 자네도 그 여자가 할리 뭉

개는 거 봤지? 눈으로 안 봤으면 안 믿을 거야. 생글생글 웃으면서 솜사탕 같은 목소리로 어쩜 그렇게 잔인한 소리를 해대냐. 오늘 아침에도 그래. 자네 말허리를 싹둑 잘라먹었잖아. 자네도 꽤 열받았을 거야. 그치? (루크한테 답변할 차례라는 신호를 준다.)



**루크**  어, 그거 뭐. 썩 기분 좋진 않았지. 어, 냅둬. 그러거나 말거나.(웃음)

**진행자**  그래, 정말 웃기지. 자네 생각엔 그 여자의 문제가 뭐라고 생각해?

**루크**  어, 글쎄 그야 모르지. 어, 그러니까 내 말은…….

**진행자**  시간 다 됐습니다. 루크 씨. 본인이 '합의'를 얼마나 잘 지켰다고 생각하십니까?

**루크**  별로 잘 하지 못한 것 같은데요. (고개를 설레설레 흔들며 멋쩍게 웃음: 대부분 나머지 사람들도 같이 웃는다) 한 번 더 해보죠.

**진행자**  좋습니다! (반복) 오늘 아침에도 그래. 자네 말허리를 싹둑 잘라먹었잖아. 자네도 꽤 열받았을 거야. 그치?

**루크**  밥, 사실 말이지, 자네랑 그런 얘기 안 했으면 좋겠거든. 음, 지난 여름 수련회 때 우리가 만든 합의문 기억하지? (사람들 웃음) 난 이 문제에 끼어들고 싶지 않아. 그렇다고 해서 변한 건 아무것도 없네. 난 여전히 자네 친구이고…… 하지만 만일 자네가 앤 마리와 문제가 있다면, 본인한테 직접 얘기해야 된다고 생각해. 그렇게 하기로 합의한 거니까. 그건 그렇고, 언제 식구들이랑 저녁식사나 같이 하자구. (웃음과 열렬한 박수)

루크가 맡은 역할은 합의사항을 지키기가 가장 힘든 경우이다. 처음에 제일 먼저 '나'한테 와서 얘기해야 한다는 제안을 할 때 사람들은 대개 자신이 '나'라고 생각하지, 그 반대 상황은 생각지 못한다. 그럴 때 우리는 남한테 험담하고 싶은 마음을 억누르고 당사자한테 가서 제일 먼저 얘기해야 할 화난 사람이 바로 본인들이 될 수도 있음을 상기시켜 준다.

하지만 아직 고려되지 않은 역할이 하나 있다. 이 합의를 존속시킬 수도, 깨뜨릴 수도 있는 열쇠를 쥔 사람은 '화나게 한 사람'이나 '화난 사람'이 아니라 제3자이다. 그런 상황에서 제3자는 상대가 절친한 친구일 경우 더욱 난처한 입장에 처하게 된다. 그런 얘기를 하는 것은 단순한 정보 전달이 목적이 아니라 동지를 구하는 것이기 때문이다. 어떻게 하면 친구와 공범이 되는 것을 피할 수 있을까? 그 방법을 어디에서 찾을 수 있을까?

직장을 변화시키는 언어습관 6

# 규정의 말에서 **합의의 말**로 바꿔라

합의가 지켜지지 않는 집단에서는 갈등이 생길 경우 개인의 인격에 의존할 수밖에 없다. 그런 집단에서 루크의 두 번째 답변을 들었을 때 밥은 무안당한 것 같아 기분도 상하지만, 동시에 마음 한구석에서는 루크의 훌륭한 인품을 느꼈을 수도 있다. 하지만 밥이 아무리 속으로 감탄했다 하더라도, 그가 경험한 것은 루크 개인의 정직성이므로 그와는 아무 상관이 없으며 긍지를 느낄 이유도 없다.

만일 모든 조직들이 루크같이 훌륭한 인품을 가진 사람들로만 채워져 있다면, 중상모략이나 험담의 독에 대한 해독제 같은 것도 필요하지 않을 것이다. 하지만 애석하게도 현실은 그렇지 못하다. 그리고 만에 하나 혹 그렇다 해도, 그 사람들의 행동은 어디까지나 개인 정직성의 표현일 뿐이다. 리더와 조직은 구성원 개개인의 정직성, 성실성을 최대한 끌어냄으로써 이득을 취할 필요가 있다. 하지만 조직의 건강함은 사실상 집단적으로 경험되는 조직 차원의 정직성을 높이는 과정을 촉진할 수 있느냐 없느냐에 달려 있다.

하지만 리더가 합의의 언어의 틀을 만들고, 구성원들이 "제일 먼저 내게 올 것"과 같은 합의를 만들어낸 집단에서는 다른 답이 있을 수 있다. 루크처럼 난처한 상황에서 탈출시켜 줄 강력한 무기가 있는 것이다. 그것은 바로 "우리가 만들었던 합의문 기억하지?"라는 말이다.

몇 마디 안 되는 말이지만 이 말은 자신의 신념의 힘을 불러일으킬 뿐 아니라 상대에게도 합의내용을 상기시켜 준다. 이제 더 이상 자신만의 신념을 가지고 친구의 말에 이의를 제기하지 않아도 된다. 합의에 대한 기억을 불러일으킴으로써 같이 동의했던 내용임을 상기시키는 것이다. 루크의 두 번째 답변에 대해 밥은 기분이 상할 수도 있고 친구의 정직성을 감탄할 수도 있다.

하지만 이번에는 밥도 자신의 정직성을 경험할 기회가 주어진다.

루크로 하여금 선을 그을 수 있게 해준 합의사항이 만들어지는 데 자신도 한몫했기 때문이다. 경계선 안쪽으로 되돌아올 때, 밥은 누군가의 강요에 의해 돌아왔다고 느끼지 않고 자신도 동참해서 이룩해낸 정직성, 즉 조직의 정직성 때문에 돌아왔다고 생각하게 될 것이다.


## 합의의 말은 조직부패, 비효율을 방지한다


불공정, 부주의, 비효율성 등 조직의 부패성은 오늘날 기업들에 너무 만연한 일이라 관행으로 여겨지지만 냉소주의를 양산한다. 반면 매우 드물기는 하지만 불공정, 부주의, 비효율이라는 기존의 흐름을 따르지 않는 직장의 일원이 되는 경험은 정반대의 결과를 낳는다. 내가 일하는 곳에 대한 충성심과 자긍심, 그리고 뭔가 발전적인 느낌을 갖게 되는 것이다.

합의의 말을 지속적으로 사용하는 것은 조직의 정직성에 대한 직접적인 경험을 키우는 일이다. 하지만 다 같이 손잡고 합의만 하면 감정 상하게 하는 일들이 마술처럼 싹 사라져버릴 거라고 믿어서는 안 된다. 1장에서 불평의 말을 무시하거나 외면하지 않고 도리어 직시함으로써 실행의 말을 끌어냈던 것을 기억하나? 그것과 다소 비슷하다. 우리는 '합의의 말'의 목적이 위반을 막는 것이 아니라 위반을 야기하는 데 있다고 생각한다. 어디든 분명 밥 같은 사람이 있어서 "제일 먼저 내게 올 것"이라는 합의사항을 어길 것이다. 하지만 그가 루크한테 앤 마리에 대해 얘기한 것이 위반행동이 되는 것은 합의라

는 것이 존재했기 때문이다.

다시 말해 '합의가 없으면 위반도 없다'. 개인적으로 반감을 가질 수는 있다. 조직생활을 하다 보면 다른 사람의 행동에 분개할 수 있다. "어떻게 나를 제쳐놓고, 나한테는 한마디도 안 하고 그 사람한테 가서 얘기를 하냐. 도대체 어떻게 그럴 수가 있지?" "도대체 어떻게 그럴 수가 있지?"는 개인적인 분노의 목소리다. 하지만 공공 합의된 내용이 없을 경우, 상대편에서 "난 그렇게 (험담) 안 한다고 동의한

적 없다"고 나올 수도 있다(실제로 그렇게 말하는 경우는 드물지만 속마음만은).

분노의 목소리는 계속된다. "난 당신을 믿어도 될 거라고 생각했었어. 당신뿐 아니라 다른 누구에게도 그런 일을 한 적이 없어. 이건 내가 생각하는 함께 일하는 방식이 아니야." 분노는 계속되지만, 역시 한 개인의 사사로운 분노다. 이로 인해 구성원들 사이의 유대관계가 손상되고 조직 전체가 피해를 보지만, 위반사항에 해당되진 않는다. 효율성이나 질적인 면의 손실은 있지만 공적 위반은 없다. 기분 상한 사람이 소중히 하는 원칙에 대한 공공 합의가 존재하지 않기 때문이다.

이러한 피해는 누가 책임져야 할까? 우리가 보는 관점에서는, 기분 상하게 한 사람이 전적으로 책임질 일도 아니고, 화난 사람이 책임질 일도 아니다. 그것은 공공 합의를 만들어내지 못한 리더들한테 우선적인 책임이 있다. '합의'가 존재하지 않는 한, 분노케 하는 어떤 행동 또는 무행동도 적발할 길이 없다. 늘 사적인 감정 문제로 치부될 뿐이다.

그렇다면 개인적으로 악감정을 품는 것에 반해 합의에 대한 위반으로 만듦으로써 득이 되는 것은 뭘까? 고대 그리스인들은 공민도덕을 잘 지키나 소홀히 하나로 그 사회를 평가했다. 가장 중요하게 본 것은 바로 집단적 분노 경험 능력, 의분의 공감을 불러일으키는 능력이었다. 오늘날의 사회를 결집력 강한 사회라고 보기는 힘들 것이다. 언론에 보도되는 그 모든 천인공노할 행위들에도 불구하고 웬만해서는 집단적 분노를 느끼지 못하니 말이다.

두 살짜리 아이를 다섯 살짜리 누이한테 맡겨놓고 자기들은 바하

마로 놀러간 부모 이야기 정도나 되어야 다 같이 분노할까. 아무튼 경험을 함께 나누는 느낌이 너무 결핍되다 보니 경기장에서 '파도타기'나 하면서 그렇게 즐거워하게 된 것이다. 아무 의미 없는 합의지만 적어도 그 순간만큼은 같은 경험을 공유하게 되니까.

하지만 리더들은 뭔가 의미 있는 합의를 만들어낼 수 있어야 한다. 합의의 말은 직원들한테 해고 통지를 하게 해주는 수단이 아니다. 영장에 집어넣을 죄목을 만들기 위함도 아니다. 합의의 말은 책임감 있는 사람들이 자신들이 원하는 직장생활을 함께 꿈꿀 수 있도록 해주는 도구이다. 잘 지키려고 하지만 때로 어긋나고 그르치는 경우도 생길 것이다. 그렇게 어긋날 때 그것을 변화를 위한 기회로 만들기 위해서는 개인적인 반감을 공적 위반으로 바꿔놓을 근거가 필요하다. 그것이 바로 '합의의 말'의 첫째 목적이다.

'제일 먼저 나에게 올 것'이라는 합의를 만들었다고 해서 동료들과의 불편한 관계가 저절로 해결되는 것은 아니다. 유해하고 역기능적인 조직의 방식이 사라지는 것도 아니다. 그렇다면 합의의 말이 창출해내는 특별한 기회란 과연 뭘까?

'합의의 말'의 두 가지 효과는 ① 회사의 정직성을 경험할 수 있다는 것 ② 합의 위반을 자기모순을 들여다보는 근거로 이용할 수 있다는 것이다(합의 위반을 수치스러운 죄목으로 취급할 필요는 없다).

6번째 언어습관인 합의의 말을 어떻게 실전에서 활용할 것인가는 3부에서 다룰 것이다.

# 합의의 말은 건강하고 효율적인 조직을 만든다

앞에서도 말했지만, 루크는 뒤에서 같이 험담하자는 밥한테 개인적인 거부감만 호소한 것이 아니라 합의를 상기시킴으로써 난처한 상황에서 빠져나올 수 있었다. 그뿐 아니라 조직의 정직성도 경험했다. 루크는 살아 있는 조직 메커니즘의 강력한 힘을 이용해 친구가 위반한 경계선을 제자리로 돌려놓을 수 있었다. 직장이라는 우물에 약간이나마 독을 퍼뜨릴 수 있었지만 자신뿐 아니라 조직도 효율적이고 공정하게 만들 수 있음을 경험했다.



밥에게도 같은 경험을 할 기회가 주어졌다. 그가 일조해 만든 그 메커니즘은 경계선을 넘어간 그를 살짝 경계선 안쪽으로 되돌려놓는 힘이 있었다. 만일 밥이 합의를 어기지 않았더라면 두 사람 다 그런 경험은 하지 못했을 것이다. 합의의 말이 생생하게 존재하는 곳에서의 위반은 합의가 유명무실하다는 증거라기보다는 소중한 학습자료가 된다. 합의의 생명은 처음 비준될 때 시작되지만, 그 진정한 힘과 생명력은 위반상황에서 사용될 때 비로소 그 힘이 발휘된다.

합의 자체로는 위반을 막지 못하지만, 루크처럼 경계선을 회복시키는 사람들이 많아지면 시간이 흐르면서 차츰 위반 수가 줄어든다. 밥이 다시 또 루크에게 가서 다른 이를 험담할 가능성은 적다. 다른 사람들도 루크가 한 것처럼 대응한다면('루크 대용'을 찾아다니면서 밥은 무의식적으로 연결점이 약한 고리가 없나 시험해볼 수도 있다), 다른 사

"

람들한테 그런 얘기를 하러 다니는 일 자체가 줄어들 수도 있다. 그렇다면 합의의 말은(합의 그 자체라기보다) 조직 부패라는 불가피한 상황을 어느 정도는 저지할 수 있다. 합의의 이용은 밥의 행동을 제어하거나 줄임으로써 조직생활에 변화를 가져올 수도 있는 것이다.

조직 학습에 관한 책을 보면 대개 문제행동이 감소될 경우 그 자체를 학습이 이루어진 증거로 본다. 이러한 정의는, 주어진 자극에 반응하여 행동을 바꾸는 것을 학습으로 보는 '행동주의적 학습이론'<sup>행동에 대한 객관적 데이터에만 관심을 가져야 한다고 주창한 심리학파. 파블로프의 조건반응 학습과 스키너의 조작적 조건화로 구분된다.-옮긴이</sup>에서 나온 것이다. '스키너의 쥐 실험'<sup>스키너 박스라는 실험 상자에서 지렛대를 우연히 눌러 먹이를 얻은 쥐가 지렛대 누르기를 반복하는 행동반응학습-옮긴이</sup>이 그 고전적 예다. 잘 알겠지만, 우리의 관심은 변화를 위한 학습에 있다. 따라서 학습에 대한 우리의 관심도 행동적인 면보다는 인식론적인 면으로 더 많이 기울어진다. 인식의 변화에서 비롯되는 행동 변화가 바로 우리가 추구하는 궁극적인 목적이다.

우리는 지렛대 누르는 법을 '학습'했다고 해서 쥐 자신이 변화했다고는 생각지 않는다. 원래의 조직생활로 돌아갔을 때 공동체 사회에 도움이 될 만한 어떤 능력도 개발하지 못했다고 보기 때문이다. 자기 자신에 대해(앤 마리와 루크에 대해서도) 다르게 생각하기 시작한 밥은 동료들의 동조를 얻을 수 없다는 것을 '학습'을 통해 알았기 때문에 뒷말하기 지렛대 누르기를 멈춘 밥보다는 조직에 훨씬 많은 것을 기여할 수 있다.

# 합의의 말은 조직 변화의 원동력이다

자, 이제 합의의 말이 창출하는 두 번째 효과에 대해 얘기해보자. 합의는 건강한 조직을 경험할 수 있는 기회를 줄 뿐 아니라, 변화를 위한 좋은 학습자료인 자기모순(3장 참조)을 들여다보게 해준다. 9장에서 보게 되겠지만, 합의 위반은 자책 또는 비난의 사유로 볼 것이 아니라 특별한 호기심을 가지고 지켜볼 일이다. 그런 문제는 법정이 아니라 학습장으로 가져가야 한다. 참회자나 고해자가 아니라 학습자가 되어야 한다는 것이다.

밥과 루크 얘기로 돌아가보자. 밥은 앤과의 문제를 루크한테 가져갔으며 자기비판적 태도를 갖는 대신, 루크의 동조만 구하고자 했으므로 합의를 위반한 것이 된다. 루크 역시 (첫 번째에는) 그런 대화에 동참했으므로 합의를 어긴 것이 된다. 그렇다면 밥이나 루크가 합의 사항에 동의할 때 진실되지 못했거나 거짓으로 했나? 그렇지는 않다. 1장과 2장에서 우리는 진심이 담긴 첫째칸 실행의지가 둘째칸의 문제행동으로 방해받고 있음을 똑똑히 보았다. 누구나 밥이나 루크가 될 수 있다는 얘기다.

한 번도 진심으로 합의에 동의해본 적이 없다면 그건 또 다른 문제다. 그런 경우 가장 중요한 학습은, 기대하는 것을 갈수록 노골적으로 표현하는 조직과, 그 내용에 동의하지 않는 구성원 간의 괴리를 좀더 정직하게 바라보는 일일 것이다. 이는 조직과 그 구성원들이 따로 놀 때 보통 조직들이 갖다대는 이유보다 훨씬 분명하고 교육적인 일이다. 직장인들이 자의 또는 타의로 회사를 떠나는 것은 늘 있는 일이다. 그런 경우 조직의 정직성에 대한 경험은 거의 전무하다. 하지만 조직이 추구하는 운영방식과 지향하는 바(집단적인 첫째칸 실행의지)를 명확하게 밝혔는데도 빚어진 이별의 경우, 안 맞아서 떠나는 사람에게도 조직의 정직성을 느낄 수 있게 한다.

하지만 대부분의 경우 위반의 이유는 훨씬 더 흥미롭고 복잡하다. 애초에 합의를 진심으로 하지 않았다기보다는, 밥이나 루크처럼 합의내용이나 목적(1장의 첫째칸 실행의지)에 진심으로 공감하고 잘 지키고자 마음먹었으면서도 합의를 어기게 되는 것이다(2장의 둘째칸 내용).

기업비전과 조직시스템을 운영하는 데 있어 합의를 이끈 회사는 사표 쓰는 사람에게도 조직의 건강함을 느끼게 해준다.

합의 위반에 대해 호기심을 갖고 학습하겠다는 태도(자책적이고 참회적인 태도와 반대)란 구체적으로 무엇을 말하는 것일까? 이 책의 앞부분을 훑어보면 그 질문에 대한 답을 찾을 수 있을 것이다. 둘째칸 행동에 대해 자책적이고 참회적인 태도를 가질 경우(일반적인 책임지기 방식), 뜻은 좋지만 실질적인 힘이나 효과 없는 소위 작심삼일식 결심 또는 다짐만 하게 된다.

반면, 둘째칸 행동을 자신의 또 다른 다짐을 찾는 관문으로 이용한다면, 합의의 말을 이용해 보다 깊이 있는 자기성찰을 할 수 있고, 그럼으로써 인식의 변화를 통해 실질적인 행동 변화를 이끌어낼 수 있는 것이다.

| 규정의 말 | 합의의 말 |
| --- | --- |
| 통상적인 직장언어 | 리더의 의지 없이는 불가능한 언어 |
| 명령을 생산(탑다운식top-down 또는 타자 관여적outside in) | 조직의 정직성(공정하고 효율적)을 창출해내기 위한 것. |
| 책자나 문서, 암묵적 규범으로 존재함. 규칙이나 규정의 의미에 대한 논의가 거의 없고, 주인의식을 갖거나 동의해본 경험도 없다. | 합의에 대한 이해와 공유가 있음. 구성원들의 동의를 거친 주체적 체험. |
| 위반 사례가 있은 후에나 종종 논의된다. | 모든 사람의 이해를 위해 위반 전에 논의되고 만들어짐. 위반 사례가 있을 경우 개인 및 조직의 학습자료가 됨. |
| 위반은 무시되거나 문제제거를 위한 처벌 대상으로 처리된다. | 위반 사례는 자기모순을 드러내므로 개인 및 조직의 학습 자료로서 공개적으로 다루어진다. |
| 다양한 해석이 존재하는 경우가 많으나, 사람들은 이를 의식하지 못하기 쉽다. | 합의의 내용 자체와 목적에 대해 공유한다. |
| 리더나 관계자들이 위반 사례를 징계할 사회적 수단이 된다. | 동료들이 위반을 바로잡고자 할 때 사회적 수단을 제공한다. |
| 징계당한 사람들은 조직의 통제의 힘을 경험하게 된다. 자신들이 동참해서 만들어낸 힘이 아니다. | 바로잡음을 당한 사람들도 자신이 동참해서 이루어낸 조직의 정직성을 경험하게 된다. |
| 비변화적 : 새로운 의미가 아니라 행동을 규정한다. | 개인과 조직 모두를 변화시키는 잠재력이 있다. |

# 합의 위반 시 어떻게 대처해야 할까?

실제 위반 사례를 드는 것으로 이 장을 마무리하고자 한다. 전에 같이 일했던 동료 중에 루크와 똑같은 처지에 있었던 친구가 있었다. 그는 동료들 사이에 갈등이 생겼을 때는 당사자 간에 대화로 풀되,

남을 깎아내리고 험담하는 대화에는 동참하지 말아야 한다고 믿는 사람이었다. 하지만 당사자도 아니면서 그런 대화에 상당히 자주 동참했다. 그도 그 사실을 솔직히 인정했다.

자신의 다짐을 방해하는 그러한 행동에서 숨겨진 셋째칸 다짐을 찾아내보라고 하자, 그는 이렇게 말했다.

"그런 대화에 끼지 않았을 때 내가 두려운 것이 뭐냐고? 흐음, 글쎄…… 다른 사람과의 문제나 어려움에 대해 얘기하고 싶어 하는 사람들에게 호응해주지 않으면, 솔직히 말해서 직장에서 내가 특별한 존재라고 느끼게 해주던 일을 포기하는 것 같아. 사실 내가 그쪽으로는 아주 훌륭하거든. 난 사람들이 그런 얘기를 갖고 편안하게 찾아와주는 게 정말 좋아! 그러니까, 셋째칸 도표에 이렇게 써넣을 수 있겠지. '나는 사람들이 남의 얘기나 불평거리를 가지고 찾아가고 싶은 사람이 됨으로써 직장에서 특별한 존재가 된 기분을 누리고자 한다'고 할까."

'제일 먼저 내게 올 것'이라는 합의를 어긴 자신의 행위를 들여다보면서 그는 자기모순을 발견하게 되었다. "나는 갈등을 겪고 있는 당사자들이 직접 대화(그리고 제3자이면서 끼어들지 않기)를 해야 한다고 생각하고 내면적으로도 그걸 다짐하지만, 동시에 남의 얘기나 불평을 들어줌으로써 직장에서 특별한 존재가 되려고 한다."

이 친구는 이제 자신의 위반 경험에서 문제를 절감했다. 위반 자체만 바라보던 좁은 시야에서 벗어나 계속적으로 자기 내부의 변화에 역행하는 자신의 면역시스템을 볼 수 있게 된 것이다.

그는 아주 좋은 문제감을 찾아냈다. 너무 빨리 풀어버릴 생각 말고 잘 관찰하고 지켜보며 학습자료로 삼아야 할 문제 말이다. 그런 모순은 내적 갈등뿐 아니라 대인적, 사회적, 조직적 갈등도 야기한다. 합의를 실행시키기 어렵게 하기 때문이다. 9장에서 보게 되겠지만, 그렇다고 엉망으로 되거나 상황이 악화되는 것은 아니다. 사실 더 좋아진다. 자기모순을 들여다봄으로써 진정한 변화를 이끌어낼 수 있기 때문이다.

3장에서 말했듯, 우리 스스로 모순행동을 밖으로 드러내고 싶어하지 않은 것처럼 조직도 그 점에선 매한가지다. 하지만 자기모순이 합의와 부딪치게 될 때에는 그렇게 외면만 하지는 못할 것이다. 어쩌면 학교 수업을 빼먹고 싶어 하는 우리 마음과 결탁하는 대신, 좋은 교사가 되어 모순행동을 진지한 호기심을 갖고 잘 학습하도록 이끌어 줄 수도 있을 것이다.

## 7장

**언어습관 7**

# 건설적 비판에서
# 해체적 비판으로 바꿔라

왜 여태까지 '갈등'이라는 주제를 다루지 않았을까 의아하게 생각했을 것이다. 사실 조직이나 부서 또는 업무팀에 초빙되어 가면 가장 먼저 다뤄주었으면 하는 것이 바로 갈등문제다. "문제가 많아요. 근데 마땅한 해결책을 찾지 못해 이러고 있습니다. 선생님은 전문가시니까 해결해주실 수 있겠지요?" 또는 "우리가 싸울 테니까 심판 좀 봐주세요" 한다. 그런 요청이 있을 때마다 우리는 정중히 거절하며 갈등에 대해 생산적으로 접근하기 위해서는 단계가 필요하다는 얘기를 해준다. 그리고 이 책에서처럼 7번째 언어에 이를 때까지 갈등문제를 뒤로 미룬다.

대립이나 격양된 대화를 꺼리기 때문은 아니다. 그런 문제일수록 서서히 우회적으로 다뤄야 한다고 생각하기 때문도 아니다. 사람들이 너무 연약해서 비판을 감당할 수 없다고 생각하기 때문도 아니다.

우리는 왜 갈등문제를 뒤로 미뤘을까? 이 일을 시작한 날부터 우리의 한결같은 바람은 사람들이 더 이상 우리 같은 사람을 필요로 하지 않게 되는 것이다. 직장인들과 변화를 위한 학습을 함께 하면서 우리가 바라는 것은 우리에 대한 의존도가 높아지는 것이 아니라 낮아지는 것이다. 우리는 우리가 알려준 언어를 집단 또는 개인이 능숙하게 사용하기를 바란다. 준비되지 않은 사람들에게 감사나 감탄의 말을 입에다 넣어줄 수도 없고, 본인이 느끼지 못하는 책임감을 대신 느껴줄 수도 없는 노릇이다. 우리가 같이 할 때만 언어 사용이 지속된다면 7가지 언어의 실용화는 성공할 수 없다. 왜냐하면 우리가 가고 나면, 금방 언어체계가 무너져 사어死語가 되어버릴 테니까.

갈등문제를 다루기 전에 먼저 다른 언어의 실행 능력을 발달시켜야 한다고 한 것은 마음이 약해서나 배려심 때문이 아니라, 대부분의 조직들이 갈등 상황에서 생산적이고 학습지향적인 언어를 사용할 능력이 부족하다는 판단 때문이었다. 갈등문제부터 풀어달라는 요청을 거절하자 이유를 따져 물은 회사가 있었다. 우리는 거절의 이유를 명확하게 설명해주고, 그래도 수긍이 안 되면 한번 시험해보라고 했다. 결국 개별적으로는 다들 뛰어난 사람들이었으나 집단적으로는 아직 그와 같은 문제에 뛰어들 준비가 되지 않았음을 인정하였다.

우리의 목표는 표면적이고 일시적인 외적 중재에 의한 해결이 아니라 갈등을 조직이나 개인의 학습기회로 바꾸는 내적 능력 향상에 있다. 그러려면 안전하고 공정한 싸움이 되도록 심판 보는 것이 아니라 그러한 능력을 개발하는 데 초점을 맞추는 것이 마땅할 것이다. 생산적이고 합리적으로 갈등을 해결하는 것은 고도의 기술을 필요로 한다. 그래서 우리는 어떤 회사에게든 시간이 필요하다고 말한다. 용기를 불러일으키거나 얼굴 두껍게 만드는 것이 아니라 밟아야 할 학습 단계가 필요하다는 얘기다.

타인에게 지속적인 관심을 보일 줄 알고, 남을 탓하지 않고 자기책임을 느낄 줄 알며, 자기확신과 자기방어를 위한 언어들이 갈등의 원인이 될 수 있다는 사실을 인식하는 직장에서는 갈등을 해결할 능력이 있다. 합의의 말을 쓰고, 갈등을 해결하는 방법에 대해서 합의를 만들어놓은 직장에서는 갈등 상황에서 생산적인 표현이 가능하다. 그건 조금만 생각해봐도 알 수 있다. 하지만 먼저 '갈등의 생산적 표현'이라는 것이 대체 뭔지 점검해볼 필요가 있다.

> 갈등을 생산적으로 표현할 줄 아는 언어사용 능력은 직장인의 필수조건이다. 폭탄선언을 용감하게 주고받고 받아들이기 힘든 진실을 주고받는 것이 해결책은 아니다.

'갈등의 생산적 표현'이라 하면 사람들은 흔히 폭탄선언을 용감하게 주고받거나, 사실을 있는 그대로 말하는 것을 떠올린다. 그렇게 말하면 순간적으로는 속이 시원할 수도 있고 그런 얘기를 끝까지 듣는 것도 용감한 일이기는 하지만, 받아들이기 힘든 진실을 주고받는다는 것이 변화를 위한 왕도는 아니다. 우리가 하는 말이 정말 사실인지, 아니면 사실로 '여겨지는' 것인지 먼저 생각해볼 필요가 있는 것이다. 이 중요한 차이를 밝히는 언어습관 없이는 빈번히 일어나는 갈등 상황을 해소할 수 없다.

# 건설적 비판과 비건설적 비판

보통, 사람들이 갖는 갈등에 대한 생각과 우리의 생각이 다르다는 것을 보여주기 위해 갈등의 대화를 예로 들어보겠다. 지금 당신은 부하직원에게 비판적 피드백을 해주는 중이다. 당신의 관점에서 볼 때 갈등의 원인은 부하직원의 업무성과와 당신이 기대하는 수준 간에 차이가 있기 때문에 생긴 것이다.

자, 즉석 문제다. 최근 다른 사람에게 부정적인 피드백을 해줘야 했던 상황을 생각해보자. 상대방에게 말을 해줬어야 했는데 하지 않았을 수도 있고, 그런 상황을 고민 중일 수도 있다. 백지를 한 장 꺼내 들고 맨 위에다 "① 비판적 대화가 오고간 상황"(〈메모장 1〉참조)이라고 적고, 잠시 생각해본 다음 답을 적는다. 같은 방식으로 〈메모장 1〉의 질문에 답을 써넣는다. ② 당신이 한 말(또는 그런 상황에 처했을 경우 했을 말), 상대방이 한 말(또는 그런 대화가 있었다면 상대방이 했을 말) ③ 그런 대화를 하기 전과 대화 중의 당신 기분, ④ 대화의 방향에 대한 당신의 반응(그런 대화를 했을 경우)과 어째서 그런 반응이 나오게 되었는지, 이유를 적는다. 그리고 끝으로 만일 그런 대화에 이르기까지 당시 상황을 아직도 기억하고 있다면, ⑤ 그 전에 어떤 기분이었으며 왜 그런 기분이 들었는지 적는다. 만일 불안하거나 초조했다면 왜 그런 기분이 들었을까? 그 대화를 빨리 하고 싶어 안달했다면, 무엇을 고대했던 것일까?

✽ **메모장 1**

❶ 비판적 대화가 오고간 상황

❷ 내가 한 말(또는 그 상황에 처했을 경우 내가 했을 말)과 상대의 반응(실제로 좋은 대화
  가 이루어지지 않았을 경우를 상상해서)

❸ 대화를 하기 전과 대화 중의 나의 기분. 그리고 왜 그런 기분이 들었는지, 그 이유

❹ 대화가 흘러간 방향에 대한 나의 반응과 그런 반응이 나타난 이유

❺ 대화 전에 어떤 기분이었으며 왜 그런 기분이 들었는지, 그 이유

이 상황에 대해서는 나중에 다시 다루기로 하자.

기업과 대학, 공공기관 등을 상대로 활발한 강연활동을 펼치고 있
는 심리학자이자 비판교육의 창시자, 감성지능 및 분노 관리법의 권
위자인 헨드리 웨이싱어는 저서 《비판의 칼날 제대로 휘두르기The
Critical Edge》에서 다음과 같은 예를 들었다.

한 하이테크 회사의 엔지니어가 새로운 소프트웨어 개발 기획안을
열심히 작성해서 부사장에게 제출했다. 몇 개월 동안 팀원들과 고생고
생 해가며 만든 기획안이라 내심 따뜻한 격려의 말이나 두둑한 포상금
을 기대하며 기다렸다. 그런데 기획안을 본 부사장의 반응은 가혹하기
그지없었다. "정말 한심하군. 이따위 보고서는 상부에다 올릴 필요도

없어.” 그러고는 잔뜩 빈정거리는 투로 “당신, 학교 나온 지 얼마나 됐어?” 하는 것이었다.

부사장의 피드백을 보고 생각해보자. 어떤 생각이 드나? 그런 생각이 든 이유는? 종이를 한 장 더 꺼내 맨 위에다 ‘메모장 2’라고 쓴 다음, 부사장의 피드백을 보고 든 생각과 그렇게 생각한 이유를 적는다. 이때 특별히 비건설적이거나 위험스러운 요소가 있다고 생각되는 점을 구체적으로 적고 이유를 적는다. 그리고 건설적이라고 생각되는 점이 있으면 그에 대해서도 구체적인 내용과 이유를 적는다.

| 부사장의 피드백 평가하기 | |
| --- | --- |
| 건설적인 면 | 비건설적인 면 |
| • | • |
| • | • |
| • | • |
| • | • |

　부사장의 피드백에 대해 건설적인 면, 비건설적인 면을 적은 목록을 가지고 피드백 할 때 '해야 될 것과 해서는 안 될 것'에 대한 초안을 만들 수 있다. 아래와 같이 〈메모장 3〉을 만들어 조목조목 구체적으로 적어본다. 가령 부사장이 "당신 학교 나온 지 얼마나 됐어?"라고 묻는 것이 역효과를 낸다고 생각한다면 "해서는 안 될 것" 칸에

✖ 메모장 3

| 피드백 할 때 | |
| --- | --- |
| 해야 될 것 | 해서는 안 될 것 |
| • | • |
| • | • |
| • | • |
| • | • |

| 건설적 | 비건설적 |
| --- | --- |
| 구체적 : 어떤 점이 잘못인지, 어떤 점이 마음에 안 드는지 그리고 그 이유는 무엇인지 정확하게 말해준다. | 모호함 : "무슨 일을 그렇게 형편없이 해?" 구체적인 내용 없이 덮어놓고 비난만 한다. |
| 격려적 : 더 잘 할 수 있도록 도와주고자 하는 마음이 느껴진다. | 인신 공격적 : 문제의 원인을 상대방의 성격이나 다른 요인 탓으로 돌린다. |
| 문제 해결적 : 해결책을 제시하거나 개선할 방법을 찾도록 도와준다. | 위협적 : "한번만 더 그러면 끝장인 줄 알어." 등의 말로 위협감을 느끼게 한다. |
| 적시의 충고 : 문제 발생 직후에 전달한다. | 비관적 : 개선방안을 제시하거나 변화에 대한 희망을 주지 않는다. |

헨드리 웨이싱어 저, 《비판의 칼날 제대로 휘두르기》 중에서

"조롱하지 말 것" 또는 "빈정대지 말 것"이라고 적으면 될 것이다.

웨이싱어 박사는 부사장의 부정적인 피드백을 관리자들이 가장 많이 저지르는 실수들의 종합편이라고 비판했다. "가장 나쁜 비판은 개선해볼 방법도 제시하지 않고 '정말 엉망이군'과 같이 덮어놓고 비난하는 것"이라면서, 그 이유는 "상대방에게 무력감과 분노를 느끼게 하기 때문"이라고 했다. 위 도표는 부사장의 피드백을 보고 웨이싱어 박사가 평가한 좋은 피드백과 나쁜 피드백의 특징이다.

교육연수 같은 데 가서 위의 조언을 체계적으로 실천에 옮기는 것을 목표로 삼을 수도 있겠다. 머리로는 알겠는데 실천으로 옮기려면 이상하게 잘 안 되었던 경험들이 다들 있을 것이다. 우리가 한 것과 웨이싱어 박사의 조언을 비교해보자. 차이점을 찾아본 다음 보다 효과적인 비판을 할 수 있도록 다시 시도해본다.

좀 연습하고 동료로부터 피드백도 받고 그러면 요령을 금세 익힐 수 있다. 문제는 과연 실제상황에서 필요할 때 능숙하게 효과적인 비판의 말을 할 수 있느냐는 것이다. 꾸준히 계속해나가다 보면, 보다 일관되게 말하는 법을 터득하게 될 것이며, 웨이싱어 박사가 말하는 건설적인 피드백의 능숙한 전달자가 될 수도 있다.



그런데 문제는 분명히 건설적인 피드백인데 그 때문에 많은 관계가 다치고 작업환경이 나빠진다는 것이다(돕는다고 한 게 뺨치는 격).

비건설적 피드백과 건설적 피드백 중 하나를 고르라고 한다면 아마 여러분들도 대부분 건설적 피드백을 선택할 것이다. 하지만 그것이 우리의 유일한 선택은 아니다.

## 상사의 관점만이 유일한 정답일까?

웨이싱어 박사의 조언을 살펴보면서 혹시 그 저변에 어떤 가정이 숨겨져 있지는 않은지 한번 찾아보자. 위 도표 〈좋은 피드백과 나쁜 피드백〉 내용을 살펴보고 숨어 있는 가정이 없나 곰곰이 생각해본다. 그러한 가정을 찾는 데 도움이 될 만한 질문 하나를 던지겠다. "그 조언들을 조리 있게 들리게 하려고 우리가 기정 사실 또는 사실로 간주하고 있는 것은 없나?"

웨이싱어가 인정하거나 명시하지는 않았지만, 몇 가지 흥미진진한 가정이 가능해 보인다. 첫 번째 가정은 피드백 해주는 사람의 관점(편의상 '상사'라고 하자)이 정답이라는 것이다. 그리고 그에 따르는 또 하나의 가정은 정답이 '하나'뿐이라는 것이다. 이 두 가정을 합쳐보면 "상사의 관점만이 유일한 정답"이라는 가정이 나온다. 이러한 가정에서는 피드백을 받는 사람('부하직원'이라고 하자)은 정답을 갖고 있지 않으므로 그의 관점은 틀렸다는 결론이 나오게 된다.



더 나아가서 그 상황에 대해 가장 큰 책임을 져야 할 사람은 상사라는 가정도 나올 수 있다. 이 가정에 따르면 상사는 부하직원의 ① 잘못을 정확하게 지적하고, ② 도움을 주려는 의도에서의 비판이라는 느낌을 주면서, ③ 해결방안을 제시하고, ④ 적시에 조언을 제공할 준비가 되어 있어야 한다. 말하고, 방향 제시하고, 조언해줄 책임은 상사한테 있고, 부하직원은 해주는 얘기 듣고, 제시해주는 방안을 따르고, 조언을 받아들일 의무만 있다.

보기에는 지극히 합리적인 평가기준의 저변에 이런 가정이 작용하고 있다면, 비판의 목적은 상사가 부하직원의 잘못된 관점을 바로 잡아주는 것이라는 얘기가 된다. 즉 상사의 머릿속에 들어 있는 것(정답)을 부하직원의 (정답이 필요한) 머릿속으로 옮겨주는 것이 비판의 목적이라는 것이다. 교육계에서는 이를 가리켜 '전달 모델'이라 한다. 마치 다운로드하듯 일방적으로 자기 메시지만 전달하기 때문이다.

## 상사의 자기확신은 부하직원에게 어떤 영향을 끼칠까?

위에서 말한 가정들이 나쁘다거나 근거 없다고 말하는 것은 아니다. 4장에서도 말했지만, 자기확신을 인식하게 되었다고 해서 틀렸다거나 근거 없다고 선언하라는 것은 아니다. 일단 자기확신의 오류를 깨닫게 되면, 자신의 확신이 하나의 가정일 수 있음을 자각할 수 있어 객관적인 눈을 갖게 된다. 이제 몇 가지 질문을 해보겠다. 여기서 작동 중인 나의 자기확신은 무엇인가? 그 가정에 대해 어떻게 생각하나? 그 가정을 고수함으로써 내가 치를 수 있는 대가가 있다면? 어떤 종류의 상황에서? 내게 득이 되는 점이 있다면? 나는 늘 득을 보는 편인가 아니면 상황에 따라 다른가? 마지막으로 가장 중요한 질문. 그 가정이 타당한지 어떻게 알 수 있나?

이것이 무슨 뜻인지, 부사장의 관점이 정답이라는 가정하에 얘기해보자. 정답이 하나뿐인 경우에는 그 가정이 타당할 수도 있다(정답이 하나뿐인 상황이 과연 있느냐가 문제겠지만). 조각 그림 맞추기처럼 '닫힌 시스템'이라면 하나만 정답이고 나머지는 틀리다는 판단이 가능하다.

그러나 이런 유의 상황에서는 옳고 그름을 가르는 하나의 정답이 존재한다고 우기기 전에 다수의 타당한 관점이 받아들여지는 '열린 환경'이냐 하는 문제를 검토해봐야 한다. 그림을 맞추는 데에는 여러 가지 타당한 방법이 존재하며, 그에 따라 전혀 다른 그림이 나올 수도 있다. 좀더 복잡한 상황도 가능하다. 퍼즐 조각이 몇 개인지 정해지지 않았을 수도 있고, 어떤 것이 퍼즐 조각인지 아닌지도 일일이 판단해야 하거나, 어쩌면 최종 그림이 어떤 모습인지 아무도 모를 수도 있다.

이런 경우 우리가 무조건 '옳을' 수는 없지만 '상대적으로 옳을' 수는 있다. 이는 우리가 다수의 타당한 그림이 존재한다는 사실을 받아들이고, 그중에서 하나를 선택하는 것에 동의하느냐에 달렸다. 이 경우 선택된 그림이 무엇이냐에 따라 옳은 것도 상대적으로 달라진다. 만일 우리가 정확한 고품질 데이터를 갖고 있고, 그 데이터를 해석하는 법에 대해 직원들과 판단의 틀을 공유하며, 모든 중요한 데이터들을 아우르는 합리적인 해석을 끌어냈다면 우리가 옳을 수도 있다.



내가 옳다는 나의 가정이 맞을 때도 있다. 하지만 그렇지 못한 때도 분명 있다. 양쪽 가능성을 모두 고려한다면, 자신의 관점에 대해 무조건 옳다고 확신할 수 없다는 사실을 인정할 필요가 있다(안 그러면, 우리가 정답을 알고 있다는 가정으로 원상복귀하게 된다). 우리가 옳을 수도 있지만 틀릴 수도 있다. 어쩌면 불완전한 데이터를 기반으로 상황을 평가했을 수도 있고, 상대는 다른 것을 목표하고 있는데 엉뚱한 것을 목표로 한다고 착각했을 수도 있다. 아니면 애초에 하나의 정답이라는 것이 존재하지 않는 상황일 수도 있다. 우리 관점이 타당하기는 하지만(아닐 수도 있고), 하나의 정답이 존재하는 상황이 아니므로 그것이 절대 진리가 될 수는 없다. 이 경우, 부하직원의 견해 역시 타당할 수 있다.

여기에서 특별히 '내가 옳다'고 하는 절대확신에 초점을 맞춘 것은 그것이 변화를 가로막는 갈등 상황 중 가장 많은 빈도로 우리를 괴롭히기 때문이다. 그러한 가정은 우리의 학습을 원천봉쇄하고, 그럼으로써 우리의 확신을 더욱 굳건하게 유지한다. 자신이 옳다고 생각할 때는 자기점검을 할 필요를 느끼지 못하기 때문이다. 어쩌면 주변 사람들은 내 주장을 다시 재고하라는 메시지를 계속 보내고 있는지도 모른다. 하지만 자신의 관점을 전혀 의심하지 않는 경우, 그런 메시지도 다른 의미로 해석되어버리기 쉽다.

'내가 옳다'는 검증되지 않은 가정은 매사 그 가정과 일치하는 방향으로 해석되어 계속 보존된다. 자기 생각이 옳다고 믿는 고집스러운 상사라면, 비판적 대화의 목적이 부하직원의 생각을 바꾸는 것만이 목적이 될 가능성이 높다. 때문에 부하직원이 자신의 의견에 반대하는 말이나 질문을 하면 문제를 계속 부하직원에게 전가시킨다. "그 친구는 너무 방어적이야" "도대체 배우려 들지를 않아" "그렇게 얘기해도 못 알아듣고 정말 멍청한 친구야" 등등. 자신의 관점이 명확하지 않거나 근시안적이거나 틀릴 수도 있다는 생각은 절대 안 한다. 결국 그 상황에서 그 상사는 자신의 관점이 맞는지 틀리는지 알 수가 없다.

## '내 생각만이 옳다'고 믿는 대화의 심리

우리가 발견한 또 하나의 놀라운 사실은 이런 자기확신의 오류가 우리의 발전을 방해하고 있다는 것이다. 내 생각이 옳다고 믿는 한, 내 생각이 옳다는 기득권을 지키기 위해 매진하게 된다. 자진해서 자기 생각을 버리는 사람은 아무도 없다.

그 기득권은 다양한 행동으로 나타난다. 예를 들어, 왜 남한테 비판하는 말을 하고 싶지 않은지 생각해보자. 만일 나의 비판이 옳다고 믿는다면, 왜 그 얘기를 당사자에게 전달하기를 꺼리는지 이해하기 쉽다. 진실이 상처를 줄 수 있음을 알기 때문이다. 진실을 갖고 있고, 전달한 것, 그리고 그럼으로써 상대에게 괴로움을 준 것에 대해 책임을 느끼는 것이다.



그런데 반대로 같은 사람한테 같은 비판을 하는데, 내 비판이 전적으로 옳지 않을 수도 있고 틀릴 수도 있다고 생각하고 대화를 한다면? 남을 내 식대로 보게 만드는 방법을 찾느라 골몰하던 데에서 상황을 제대로 파악한 후 상대한테 상처나 거부감을 주지 않으면서(노련한 리더는 면담하고 몇 시간이 지날 때까지 부하직원 스스로 자신이 부정적인 피드백을 받았다는 사실을 깨닫지 못하게 한다고 함) 나의 비판이 타당한가 알아보고자 노력하는 태도로 바뀔 수 있다. 그리고 새로운 관점이나 정보를 발견할 경우 불확실한 나의 관점을 바꿀 수도 있다는 가능성을 열어놓고 탐구하게 된다.

진실을 자신의 관점대로 수용하는 사람과 내 생각이 옳아야만 한다는 당위성에 의해 또 다른 희생이 생겨날 수도 있다. 일단 나의 관점을, 다른 사람에 대한 평가기준으로 정해놓고 나면 아무래도 그 기준은 개인적 선호에 따라 달라지게 마련이다. 우리가 선호하는 쪽으로 기울어질 때 제일 크게 피해를 보는 쪽은 힘없는 수신자들이다.

내가 지시한 일이 제대로 되지 못했다는 얘기를 부하직원에게 전달하는 상황이라고 가정해보자. 문제점으로 보이는 부분들을 구체적으로 짚어주고 최대한 반감이 덜 생기게 하면서 도와주려는 마음이 느껴지도록 세심하게 신경 써서 얘기를 한다. 그 부하직원이 나의 판단에 즉각 이의를 제기할까? 아니면 내 판단의 근거가 된 데이터의 질을 문제 삼을까? 그렇지 않을 것이다. 부하직원은 아마도 내가 지시한 대로 일해야겠다고 마음먹을 것이다.



이런 상황이 바람직하다고 보는가? 이렇게 하면 부하직원도 손해를 보고 우리도 손해를 본다. 상사는 부하직원에게 독자적으로 판단하지 말고 시키는 대로 따르기만 하라는 암묵적 메시지를 전달한 것이기 때문이다. 이러면 결과적으로 조직도 손해를 본다.

자, 〈메모장 1〉의 부정적 피드백 경험으로 돌아가보자. 갈등 대화 속에 "내 생각이 옳아!" 가정이 작용하고 있나 살펴본다. 이제는 그런 가정에 문제가 있을 수 있음을 알았으므로 나는 그런 사람이 아니기를 바랄 수도 있다.

하지만, 사실 부끄러워할 것은 아무것도 없다. 나 혼자만 그런 것은 아닐까 하는 염려는 붙들어매도 된다. 기업총수, 판사, 의사, 심리학자, 교장, 학장님 등 많은 리더들을 경험해본 결과 "내 생각이 옳아!" 가정은 지도적 위치에 있는 사람들의 공통된 특성이었다. 그리고 설사 부끄럽고 창피하다 하더라도 바꿀 수 있는 것이므로 걱정할 필요 없다. 그것은 바꾸지 못하는 유전적 기질이나 웬만해선 잘 안 바뀌는 성격 때문이 아니라 우리가 갖고 있는 다짐과 가정에서 비롯된 것이기 때문이다.

## 갈등을 해결하는 언어습관 : 해체적 비판의 말

그렇다면 건설적 비판이나 비건설적 비판이 아닌 제3의 언어습관은 뭘까? 상대를 박살낼 목적으로 업신여기고 깔보는, 응징하는 투의 대화는 아니라고 했다. 상대를 어떻게든 일으켜 세워주기 위해 세심하게 배려해가며 조목조목 문제점도 짚어주고 해결책도 제시해주는 교육적인 대화도 아니라고 했다. 그러면 도대체 뭘까? 아래 표에서 보듯, 여러 가지 장점이 많아 보이는 건설적 비판 뒤에는 우리의 변화를 가로막는 장벽이 숨겨져 있다. 부정적 평가 자체가 문제가 아니라 자신의 판단을 절대화시키는 '자기확신'이 문제라는 것이다. 우리가 제3의 대안으로 '해체적 비판'을 제시하는 이유는 박살내거나 일으켜 세우기 위함이 아니라 해체하는 것이 목적이다. 그렇게 낱낱이 해체해볼 대상은 무엇보다 나 자신의 '평가' 또는 '판단'이다. 다름, 견해차, 부정적 판단, 비판적 피드백에 대한 이 새로운 접근방식을 우리는 '해체적 비판'이라 부를 것이다.

직장 내 갈등을 해결하는 7번째 언어습관은 그동안 변화를 위해 학습한 개인의 언어습관을 사회, 대인관계, 조직으로 끌어오는 것이다. 조직 내 갈등을 '외적 모순'(조직세계에서 계속적으로 비변화를 만들어내는 동적 평형)으로 봄으로써 변화를 막는 우리 안의 '자기확신'을 수

✱ 갈등 상황에서의 건설적 비판 vs 해체적 비판

| 질문 사항 | 건설적 비판의 말 | 해체적 비판의 말 |
|---|---|---|
| 유능한 전달자는? | 상대를 변화시킨다. | 열린 학습 환경을 창출 |
| 주 활동 무대는? | 외적 : 상대의 행동 또는 무행동 | 내적 : 양 당사자의 생각(의미생산과 가정) |
| 변화의 주체는? | 상대방. 말하는 사람의 생각이나 시각이 학습대상 | 양쪽 다 |
| 상대가 어떻게 보이나? | 잘못을 저지르는 사람, 행위자 | 신념과 관점을 자유롭게 표현하는 주체적 의미생산자 |
| 옳은 쪽은 누구? | 전달자의 생각이 정답 | 둘 중 하나거나 둘 다, 또는 둘 다 아닐 수도 있다. |
| 상황을 제대로 파악하지 못하고 있는 사람은? | 상대방 : "당신은 뭔가를 놓치고 있어. 내가 친절하게 효과적으로 방법을 알려주지. 당신은 절대 모를 거야." '가르치는' 입장 | 전달자 : "자네가 뭘 하고 있는지는 알겠는데, 그것만으론 이해가 잘 안 되거든." 난감함을 솔직히 얘기하고 어떻게 하면 좋을지 물어본다. |
| 갈등의 본질은 모순이다. 그리고 모순은? | 결단이 필요한 관리상의 문제일 뿐 | 개인 및 조직의 변화 학습을 위한 훌륭한 자료 |
| 기본 입장 | "내 생각이 옳아!" 또는 "당신이 틀렸어." 안 좋은 메시지를 어떻게 전달할까? 어떻게 상대를 바꿔놓을까?<br><br>상대를 가르친다.<br><br>"내가 바로잡아 줄게." | 자기 자신의 의견 존중("이 문제에 대해 나는 이런 생각을 갖고 있고 따라서 자네가 이 점에서 '틀렸다'고 생각되거든. 하지만……")<br><br>상대방의 의견을 존중한다.("자네도 자네 의견이 있는 완전한 인격체니까.")<br><br>불확실성을 인식 : 자기 의견을 정답으로 확정해버리지 않고 수정의 여지가 있다고 보는 입장. "내가 본 바로는 잘 모르겠거든" 솔직하게 물어 명쾌함을 구한다(둘 다 생각을 바꿀 수도 있다). "만일 내가 잘못 알고 있는 것이라면 자네가 바로잡아 주겠나?" |

면 위로 끌어올려 처음으로 진단해보고자 하는 것이다.

　해체적 비판에 대한 이해를 위해 예를 하나 들어보겠다. 얼마 전 학교 행정가들을 대상으로 팀 구축 연수를 했을 때다. 참가자들에게 의사결정이나 갈등문제에 대해 자신의 팀을 어떻게 평가하느냐고 물어보았다. 갈등문제가 뭐냐고 묻자 이렇게들 말했다. "우린 그런 문제없어요. 의견이 맞지 않는 경우도 별로 없고, 혹 의견차가 있더라도 대단한 거 아니었거든요." 그러나 직장 내 갈등에 대해 "대단한 거 아니다"라는 반응은 "너무 대단한 것이라 감히 건드리지도 못한다"는 의미일 때가 많다. 그래서 우리는 사람들이 "대단한 것 아니다"라고 할 때 그냥 넘어가지 않는다. 문제의 정체를 파악하고 문제를 푸는 것이 우리의 의무라고 보기 때문이다. 물론 그쪽에서 원할 경우에 말이다.

자기 팀의 갈등문제를 파헤쳐도 좋다는 허락을 받고 우리는 팀원들과 간단한 연습문제를 해보기로 했다. 여러분들도 같이 해보시길. 연습문제란 다름 아닌, 170쪽의 그림을 본 뒤, 서로 본 것에 대해 이야기를 나눠보는 것이었다.

사람들 얼굴을 보니 갈등이라는 주제와 그 그림이 대체 무슨 상관이냐는 듯이 의아한 표정들을 지었다. 그림을 본 사람들이 웅성거리기 시작했다. 한 사람이 젊은 여자의 모습이라고 하자, 다른 사람들도 한마디씩 거들었다. "맞아, 코가 자그마한 젊은 여자야." "목걸이 하고 깃털 모자 쓰고." 한쪽에서는 사람들이 이렇게 말했다. "뭐라고?" "어디?" "어, 내가 본 건 노파였는데." "맞아, 코가 큰 노파." "머리에 스카프도 둘렀지?"

그렇게 몇 분 지난 후 "지금 기분이 어떠세요?" 하고 물어보자 다양한 반응이 나왔다. 당황스러움을 감추지 못하고 "어떻게 저 사람들은 저걸 노파로 보죠?" "아니, 젊은 여자로 보는 건 또 뭐죠? 난 안 보이는데." "왜 난 안 보일까?" 등의 비슷한 반응들이었다. 어떤 이들은 어리둥절하기는 마찬가지지만 "저 사람들이 봤다는 노파나 젊은 여자 같은 건 눈 씻고 찾아봐도 안 보이는데, 장난치는 거 아냐?" 하며 불신을 표현하는 사람들도 있었다. 그런가 하면 무슨 일인가 싶어 불안해하는 사람들도 있었다. 많은 사람들이 "아무리 봐도 안 보인다"며 낭패스러워했다.

그러던 중 갑자기 누군가 안도에 찬 목소리로 "어, 보인다 보여!" 하고 외치는 소리가 들렸다. 둘이서 각자 자기가 본 그림에 대해 애기하다가, 한쪽이 동료에게 자기가 본 여자 그림이 '어디' 있는지 보여주는 데 성공한 모양이었다. 만일 젊은 여자는 봤는데 노파는 못 찾겠다면, 이렇게 보면 찾을 수 있을 것이다. 젊은 여자의 귀가 노파의 눈이고, 뺨과 턱선은 코, 목걸이는 입, 목은 턱이다. 반대로 노파는 보이는데 젊은 여자는 못 찾겠으면, 노파의 눈이 귀이고, 코는 얼굴 옆면과 턱선, 입은 목걸이, 턱은 목이라고 생각하면 보일 것이다.

전에 이런 그림을 본 적이 있는 사람들은 금방 게슈탈트 심리학 Gestalt Perception Psychology, 지각 심리학. 지각을 결정하는 요인은 그 사람의 지각적 습관에서 나오고, 사람들은 자신의 욕구를 기초로 게슈탈트(형태)를 만들어 지각한다는 것-옮긴이을 떠올릴 수 있을 것이다. 이 그림은 의도적으로 두 가지 해석이 가능하도록 만든 그림이다. 꽤 난해한 그림이기는 하지만 우리가 사는 현실만큼 복잡하지는 않다. 그림을 해석하고 여럿이 함께 그림 해석에 대해 이야기 나누는 과정은 대인 갈등의 원인을 가장 잘 보여주는 축소판이다.

> 흔히 대인관계의 갈등은 우리가 본 현실과 다른 사람이 본 현실이 다르기 때문에 야기된다.

남들이 본 형상을 보지 못하는 사람들이 있음에도 불구하고 많은 사람들은 자기가 본 것에 대해 추호도 의심하지 않는다. 다른 사람들이 본 것에 흥미를 보이는 사람들도 있었다. 그런 사람들은 대개 그 그림을 보려고 열심히 노력했다. 너무나 많은 사람들이 봤다고 하는 바람에 어떻게든 찾아보려고 그림을 뚫어져라 들여다보았다. 아무리 열심히 설명을 해줘도 자신이 본 것을 상대방이 보지 못하자 많은 사람들이 답답해했다.

여기서 우리는 그 그림이 '어디'에 있느냐는 의문을 던질 수 있다. 대개 우리는 우리가 보는 그림이 한 장의 종이 위에만 존재한다고 생각한다(그렇지 않다고 생각한다면 한 개의 그림을 발견한 후 다른 그림도 찾아보려 노력할 것이다). 더 나아가 그 종이에는 한 개의 그림만 존재한다고 생각한다(그렇지 않다고 생각한다면 나와 다른 그림을 봤다는 사람들 얘기를 듣고 그토록 놀라지 않을 것이다). 그리고 우리가 본 것만이 바로 '그 그림'이라고 생각한다.

사실 그림은 종이에 존재한다기보다는 의미를 생성해내는 우리 자신에 의해 만들어진 것이다. 종이 위에는 선과 검정 얼룩과 여백만이 존재한다. 그것을 보고 우리가 능동적으로 의미를 만들어낸 것이 바로 우리가 본 그림이다. 여기서 우리가 하고자 하는 말은, 사람들은 존재하는 어떤 사실에 대해 각자 나름대로 현실을 만들어낸다는 것이다. 대인관계의 문제는 우리의 현실이 다른 사람이 본 현실과 다르기 때문에 일어난다. 갈등, 피드백, 사람들 사이의 견해차는 모두 남과 다른, 나만의 의미를 생성하는 인간능력의 표현이다. 다른 의미를 만들어내는 것 자체는 문제가 되지 않는다. 타당성은 검증해보지 않고, 내 것이 더 낫다! 내 것이 맞다!고 주장하기 때문에 문제가 되는 것이다. 그럴 때 우리는 우리의 의미생성을 자기확신으로 만들게 된다.

우리 각자는 한 현상을 보고도 늘 각각의 다른 의미를 생성해내는 '인간 존재'들이란 말을 하자, 참가자들은 아무 문제없다던 태도를 바꿔 자신들에 대해 좀더 성찰하기 시작하는 듯했다. 그리고 몇 시간쯤 지나자 "너무 큰 문제라 감히 건드리지도 못하겠다"는 등의 얘기들을 나누더니 좀더 지나자 타인과 심각한 견해차가 있는 문제들에 대해 고민하고 토론하기 시작했다.

남과 다른 의미를 생성해내는 것이 반드시 문제가 되는 것은 아니다. 1부에서 소개한 언어에서 가장 중시한 것은 우리 자신이 내적으로 만들어내는 '다른 의미(모순)'를 발견하고 관계를 유지하는 것이었다. 자기모순은 때로 걸어가기에 불편하기는 하지만 변화를 위한 길로 가는 지름길이다. 해체적 갈등의 언어는 '대인관계의 모순'도 변화를 위한 학습의 지름길이 될 수 있다고 본다. 우리는 갈등이 조직생활에서 크나큰 장애나 병적 요소라고 보지 않는다. 오히려 갈등에 담긴 메시지를 읽고 잘 해결하면 개인과 개인이 만들어낸 조직은 더 완전한 것이 된다. 사실 갈등이 조직생활에 장애가 되는 이유는 갈등을 비효율을 낳는 암종이라고만 치부해버리기 때문이다.

아무리 훌륭한 리더도 갈등을 완전히 사라지게 할 수는 없다. 많이들 노력은 하지만, 대개의 경우 지하로 몰아냄으로써 안 보이는 곳에서 뿌리부터 좀먹어 들어가게 한다. 갈등이 조직의 질서를 해치는 것을 막고, 개인과 조직의 학습자료로서 갈등을 이해하고 이용할 틀을 만들어내는 것, 이것이 바로 '해체적 비판의 말'의 목적이자 목표다.


## '자기확신'을 해체하라


7번째 언어 '해체적 비판의 말'을 가동하려면 먼저 '내 생각이 옳다'는 가정을 포함해 갈등을 초래하는 자기확신의 문제에 대해 살펴볼 필요가 있다. 다음에 제시하는 '해체적 비판을 위한 10가지 명제'는 우리 안에 내재되어 있는 '자기확신'을 깨닫게 해주는 문제들이다. 자기관점과 자기해석을 '분해' 또는 '해체'함으로써 필요하다고 생각될 때 언제든지 다시 재구성할 수 있도록 한다. 전체적으로 이들 명제는 우리가 여러 면에서 틀린 관점을 가질 수 있다는 사실을 상기시켜 주지만, 우리를 나무라거나 평가절하하거나 몰아세우기 위한 목적은 절대 아니다. 우리 생각이 틀릴 수도 있다는 사실을 아는 것은, 우리 자신이 옳다고 믿는 고집스러운 믿음과 필요라는, 넘치는 음의 기운을 견제해주는 양의 기운과 같다.

음이니 양이니 너무 추상적인가? 실제상황으로 보면 좀더 이해가 갈 것이다. 〈메모장 2〉에 적었던 갈등상황으로 돌아가보자. 예전에 경험했거나 현재 진행 중인 실제 갈등상황을 정리해본다. 〈메모장 4〉의 명제들을 보자마자, 호기심이 솟거나, 막 즐거워지거나, 뿌옇던 머릿속이 갑자기 환해지거나, 여태까지 문제상황이었던 것에 대해 갑자기 좋은 감정이 생겨나기를 기대하지는 않는다. 그보다는 대개 (특히 2번부터) 조바심이나 회의, 또는 짜증이 나기 쉬울 것이다. 〈메모장 4〉에 주어진 명제들에 대한 자신의 생각을 오른쪽 칸에 적어본다. 반격이나 반박도 얼마든지 환영한다. 사실 많을수록 좋다. 문장만 보고 하기가 싱거우면 해체적 명제를 '나'라고 생각하고 반박해도 좋다.

| 해체적 비판을 위한 명제 | 당신의 의견 |
| --- | --- |
| ❶ 나의 관점에 취할 점이 있을 수도 있다. | |
| ❷ 나의 관점이 정확하지 않을 수도 있다. | |
| ❸ 상대방의 관점에 취할 점은 없더라도 논리적 일관성은 있는 것 같다. | |
| ❹ 타당한 해석이 아닐 수도 있다. | |
| ❺ 내 생각이 옳은지, 내 관점에 취할 점이 있는지 평가하는 데 있어 상대방의 의견이 중요한 정보가 된다. | |
| ❻ 직장 내 갈등은 숨겨진 다짐을 포함한 각자의 다짐이 다르기 때문에 생긴 결과일 수 있다. | |
| ❼ 양쪽 모두 대화를 통해 배울 수 있다. | |
| ❽ 서로에게 배우기 위해서는 쌍방향 대화를 시도해야 한다. | |
| ❾ 자기모순뿐 아니라 대인관계의 모순(갈등)도 학습자료로 이용할 수 있다. | |
| ❿ 비판적 대화의 목적은 서로가 의미생산자로서 자신과 상대방에 대해 좀더 알기 위해서다. | |

위의 명제들을 곰곰 생각해보면 나와 다른 관점을 가진 사람에 대해 '가르치는 모드'에서 '학습 모드'로 태도를 바꿀 수 있다. 혼자 정답을 아는 사람이 되어 동료나 부하직원들에게 어떻게 하면 내 관점을 효과적으로 가르칠까 방법을 찾는 데 골몰하는 것이 아니라, 나 자신에 대해 그리고 서로에 대해 배우며, 특히 서로 다른 점에 대해

배우는 자세가 되는 것이다. 나 자신에 대해 생산적으로 의심하면, 동료나 부하직원의 관점뿐 아니라 자신의 관점에 대해서도 배울 수 있다. 내가 하는 말이 어떻게 이해가 되고 안 되는지 들어봄으로써 (이해가 안 되는 점이 무엇이며, 상대가 혼란스러워하는 부분이 무엇인지) 나 자신의 생각을 검증해볼 수 있으며, 의미하는 바가 좀더 명확해진다. 이는 상대가 말을 보다 잘 알아듣게 하기 위함이 아니라 과연 내 생각을 바꿔야 하는지를 판단하기 위함이다.

그러다 보면 내 관점의 한계, 문제점을 발견하게 된다. 상대방이 이해하지 못하는 이유가 알아들을 능력이 없거나 들을 마음이 없기 때문일 수도 있지만, 나의 논리에 오류가 있기 때문일 수도 있다. 중요한 정보나 맥락상 꼭 필요한 배경정보를 빠뜨렸을 수도 있고, 남들은 공감하지 않는 특정 정보의 중요성을 혼자서만 강조했을 수도 있다. 우리가 만들어낸 의미가 문제의 근원일 수 있다는 얘기다.

우리는 또한 상대가 어떤 관점에서 상황을 보는지도 알 필요가 있다. 세상을 다르게 볼 수 있는 관점을 제시해주기 때문이다. 다른 사람의 관점은 우선 나 자신의 관점을 보다 명확하게 보게 해준다. 게다가 관점에 지배되어 생각해보지 못했던 또 하나의 중요하고 타당한 관점을 배우게 될 수도 있다. 상대의 관점을 이해해야 하는 또 하나의 이유는, 상대가 내 관점에 수긍하면서도 애초에 갖고 있던 생각 때문에 관점을 바꾸지 못할 때도 있기 때문이다. 내 관점의 한계를 깨달아야만 생각을 바꾸는 사람들이 있다. 앞에서 해체적 명제를 제시하고 거기에 대한 의견을 적어보라고 했다. 제시된 명제들은 우리가 겪는 갈등에 대한 문제를 제기하기도 하지만, 그 명제에 대한 각자의 의견에서 또 다른 가정을 찾아낼 수도 있다. 예를 들어 비판적 대화는 상대에게 뭔가를 납득시키기 위함이 아니라 갈등을 이해하기 위한 것이라는 명제에 대해 "절대 아니다"라고 했다고 하자. 그런 식으로 반응한다면 문제를 제기한 의미가 없지 않을까 생각될 것이다.

하지만 그런 반응에서 그 반응을 초래한 자기모순을 찾아냈다면, 유능한 리더는 '정답을 알고 있어야 한다'는 가정을 찾아낼 수 있을 것이다. 정답을 알지 못하는 것은 자신이 부족하거나 무능력한 증거라고 생각하거나, 거꾸로 자신의 판단을 의심하지 않는 것이 힘이라고 생각하고 있었을 수도 있다.

이는 관리급은 평사원보다 더 잘, 더 많이 알고 있어야 하며, 그래서 월급도 더 많이 주고 의사결정권과 책임도 크다는 관념 및 계급조직과 관련된 또 다른 가정과 연결될 수 있다. 피드백 상황에서 우리는 이러한 가정으로 인해 피해를 입을 수 있다. 상대를 의미생산의 진정한 협력자로 보는 것이 아니라 더 잘 아는 내가 가르쳐야 할 대상으로만 보게 되기 때문이다.

그런가 하면 때로는 우리의 반응이 갈등과 다름이라는 문제라기보다는 상대에 대한 편견 때문일 수도 있다. 앞에서 해체적 명제에 대해 과거 또는 현재 경험 중인 실제 갈등을 생각하며 해보라고 주문했었다. "서로에게 배우기 위해서는 쌍방향 대화를 시도해야 한다"는 8번 명제를 보고 제일 처음 어떤 생각이 들었나? "그 인간과 학습을 위해 쌍방향 대화를 한다는 건 있을 수 없는 일이야." "전략상 필요할 때가 아니면 아예 듣지를 않는걸." "그 인간이 하는 말에는 늘 뭔가 다른 꿍꿍이가 있다니까"와 비슷한가?

　이런 식의 반응은 특정인에 대한 '자기확신'을 보게 해준다. 그런 자기확신이 반드시 틀렸다고 말하는 것은 아니다. 하지만 적어도 두 가지 면에서 다시 생각해볼 수 있는 문제다. 첫째, 다름을 인정하는 언어가 존재한다면 그 사람과의 대화가 의외로 더 잘 풀릴지도 모른다. 둘째, 우리가 그 사람에 대해 갖고 있는 생각이 항상 맞지 않을지도 모른다. 실제로 검증해본 적이 있는가? 혹 과거 데이터 중에서 그 사람에 대한 부정적 견해만 남기고 나머지는 제거해버린 것은 아닌지? 내 생각이 틀릴 수도 있다는 자세로 그 사람에 대한 가정을 탐구해본 적이 있었던가?



　해체적 명제에 대한 자신의 반응을 통해 자기확신을 발견하게 되었다면(전반적인 것이든 특정인에 대한 것이든), 그중에서 자신의 의미 체계를 스스로 점검해보기 위해 가장 흥미진진한 것을 골라볼 수 있을 것이다. 그럼으로써 갈등에 대한 나만의 의미 있는 학습자료를 만들어낼 수 있다.

　해체적 갈등의 언어를 실행하고 발전시킬 방법은 많지만, 여기서는 해체적 언어의 목적과 태도, 성과에 대해 가장 흔한 오해 3가지를 지적하는 것으로 마무리할까 한다.

# 해체적 비판의 말은 변화와 발전을 부른다

해체적 비판의 말은 자기 스스로의 부정적 평가를 폄하하는 언어가 아니다. 내 생각은 틀렸고 스스로를 걸어 다니는 현실 왜곡자라는 자기비판적 태도를 가짐으로써 남과 다른 생각은 모두 제거해버리라는 것이 아니다. 1장에서 불평의 말에 대해 얘기하면서 우리 마음에 들지 않는 뭔가가 있다고 해서 유용한 변화의 도구인 불평의 말을 무시하는 것은 위험하고 자신을 경시하는 행위라고 분명히 말했다. 행복으로 가는 길은 걱정이나 비판적 평가를 외면하고 행복한 표정만 짓는다고 해서 찾아지는 것은 아니다.

첫째, 해체적 비판의 말은 동시에 두 개의 현실을 인정하는 것이다. 내가 내린 스스로에 대한 부정적 평가를 진지하게 생각해봄으로써 나 자신을 존중하고, 동시에 상대방도 나와 다른 생각을 할 수 있는 독자적인 현실 구성자로서 존중하는 것이다. 상대방의 전제와 가정은 나의 전제와 가정을 발견하게 해줄 수도 있다. 어떻게 하면 나의 현실구성이나 상대방의 현실구성, 그 어느 쪽으로도 치우치지 않는(조급하게 사실로 단정짓지 않고) 해체적인 대화를 만들어낼 수 있을까? 이 질문에 대한 답이 어떤 형태를 띠든 간에(9장에서 몇 가지 예를 제시했다), 지속적으로 서로 묻고 탐구하는 자세를 가져야 하며, 갈등을 두 사람 간의 충돌로 보는 1차원적 관점에서 발전을 가능하게 해주는 대인관계의 모순으로 보는 3차원적 관점으로 전환해야  한다.

둘째, 해체적 갈등의 말을 사용한다고 해서 이론만 빠삭하고 행동은 못하는, 그야말로 분석만 하다가 볼일 못 보게 되는 것은 아니다.

해체적 갈등의 말은 어떤 형태를 띠든 간에 다음 두 가지 행동을 불러온다. 상충되는 입장의 밑바닥에 숨어 있는 자기확신에 대해 서로 탐구하고 검증하고, 만일 갈등이 계속된다면 지금까지 공유한 학습 내용에 근거해 어떤 방식으로 계속할 것인가 등의 결정을 할 수 있게 해준다.

셋째, 해체적 갈등의 말은 갈등을 없애거나 그 강도를 줄이기 위한 목적으로 행하는 말이 아니다. 해체적 갈등의 말은 성공적으로 실행했음에도 불구하고 갈등만 더 생긴 것처럼 보일 수도 있다. 궁극적 목적은 가치 있는 변화와 관계 및 조직의 원활한 커뮤니케이션이지만, 이 책에 소개된 모든 언어가 보다 풍부한 '학습 환경'으로 만드는 것이 목적임을 잊지 말아야 할 것이다. 우리가 추구하는 변화는 뿌리까지 바뀌는 '근본적인' 변화이다. 속은 그대로고 겉만 살짝 바뀌는 무늬만의 변화가 아니다.

> 조직 갈등에는 다름, 편견, 모순, 오해, 두려움 등 많은 문제들이 도사리고 있다.

왜곡된 현실구성으로 비롯된 갈등문제를 문제가 발생할 때마다 매번 표면적인 문제만 해결하고 마는 것은 조직생활에만 손실이 아니다. 그것은 기능장애가 가르쳐주고자 하는 교훈을 배우지 못하도록 '조직의 학습'을 가로막는 것이기도 하다. 앞에서도 말했지만 반복되는 문제를 급하게 해결하려 들지 않고 문제가 우리를 해결하도록 갈등을 교재로 삼는다면 그러한 교훈을 얻을 수 있다.

해체적 비판의 말은, 위험스럽고 역기능적인 것은 비판 그 자체가 아니라 비판을 인신공격이나 깎아내리기로 만들어버리는 사고방식이 문제라는 생각에서 출발한다. 해체적 비판의 말은 갈등을 모순되

는 전제, 신념, 자기확신의 발전적 충돌로 바꾸어주는 환경을 만들어
준다. 갈등은 계속된다. 강도도 줄어들지 않을 수 있다. 해체적 비판
의 말로 인해 새로운 갈등이 생겨날 수도 있다. 하지만 발전을 위한
방법으로 인식하는 경우, 그 모든 갈등은 회사조직에 불이익이 아니
라 소중한 자산이 될 것이다.

# 3부

# 7가지 언어습관

## 활용편



나와 직장을 근본적으로 변화시키는 7가지 새로운 언어의 활용법.

새로운 대인관계, 지혜로운 직장생활에 이르는 새로운 언어 전략.

직장 문제와 동료와의 갈등으로 고민하는 직장인 사례를 통해

7가지 언어를 효과적으로 사용하는 방법을 익힌다.

# 나를 변화시키는
# 언어 사용하기

어떻게 하면 우리 내부의 모순된 심리에서 비롯된 잘못된 언어습관을 잘 파악해 변화 발전을 위한 자료로 활용할 수 있을까? 그럴 경우 어떤 행동 변화가 가능할까? 1장부터 4장까지는 개인의 변화를 촉진하는 새로운 언어습관을 제시하였다. 4가지 언어를 통해 변화에 저항하는 우리 내부의 면역시스템과 현상을 유지하려는 세 번째 힘 동적 평형에서 벗어날 수 있는 방법을 제시하였다.

그 언어들은 우리 심리의 중요한 면들에 주목하여 관찰할 수 있게 해주었다. 언어습관에 깃든 자기모순과 자기확신이라는 왜곡된 눈으로 보지 않고 그 실체를 보게 해주었다.

1부에서 제시한 4가지 언어습관으로 자기모순과 자기확신의 오류를 일시적으로 볼 수 있게 되기는 했지만 그것들은 언제라도 순식간에 사라져버릴 수 있다. 다시 동화되기 때문이다. 지속적인 노력을 통해 막지 않는다면 우리는 어느 틈엔가 다시 과거 언어습관의 지배를 받게 된다. 직장에서건 어디서건 영속적인 노력이 필요한 일을 맥도널드식 접근방식으로 성공했다는 얘기는 들어본 적이 없다. 드라이브 쓰루식drive-through system, 차에 탄 채 음식을 주문하고 받는 시스템─옮긴이 단기 강습으로는 우리의 굳어진 언어습관을 장기적으로 바꿔놓을 수 없다.

자기모순과 자기확신을 계속 관심의 대상으로 두고 문제를 해결할 수 있게 해주는 것은 변화를 위한 지속적인 노력이다. 그러한 노력 없이는 자기모순과 자기확신에 대한 자각도 어느 틈에 기억에서 사라져버리고, 우리는 다시 예전의 정신적 포로 상태로 되돌아가게 된다. 나의 내적 작용과 생산적 관계를 유지·심화하는 가장 좋은 방법은 '대화 집단' 또는 '언어 커뮤니티'(둘만으로도 가능)를 만들어 이 책에서 제시한 언어를 지속적으로 사용하는 것이다.

이번 장에서는 그러한 언어 커뮤니티에서 가능한 행동 변화를 몇 가지 소개하고, 언어습관을 통해 우리의 모순을 깨뜨리는 실험을 해보려 한다. 여기에 소개하는 사례들은 실제 있었던 이야기들이다. 6개월 코스 과정으로 매주 두세 번 정도 만나는 경우도 있고, 직원 자기계발을 지원하는 기업의 요청으로 한 달에 한 번 모임을 갖기도 한다. 처음에는 우리의 도움을 받았지만, 끝난 다음엔 독자적으로 새로 그룹을 만들어 학습을 계속해나가는 직장인들도 있다. 그중에는 정기적 또는 부정기적으로 만나면서 수년간 자문관계를 유지해온 그룹들도 있다.

하지만 새로운 언어습관을 통한 변화와 학습은 우리가 보지 못하는 곳곳에서 계속된다. 강좌나 워크숍, 상담, 회의 등에서 여기서 제시하는 새로운 말의 방식을 익힌 수많은 사람들은 직장생활이나 개인생활에서 그 말들을 계속 사용한다.

4장에서 자기확신을 직시하기 위한 4단계 과정을 소개했다(1단계 : '자기확신'을 유심히 관찰하라, 2단계 : '자기확신'을 의심하라, 3단계 : '자기확신'은 어떻게 형성되었나? 4단계 : '자기확신'을 스스로 실험하라.) 다음은 다시 자기확신에 지배되지 않고 객관적으로 바라보기 위한 방법으로서, 거기에서 약간 변형시킨 것이다.

> 자신의 언어습관을 파헤쳐 들어가다 보면 생각지 못했던 뿌리 깊은 자기모순과 맞닥뜨리게 된다.

### 내 안에 작동 중인 자기확신을 관찰하라

나의 자기확신을 사실이라고 믿음으로써 어떤 일이 일어나고 일어나지 않았나? 나의 직장생활이나 생활영역에서 자기확신이 어떤 영향을 끼치는 것 같은가? 매일 일상생활에서 자기확신이 어떻게 작동되는지 관찰하다 보면 자기확신에 대해 잘 알 수 있게 된다. 사람들은 보통 자기확신의 일면과 자기확신이 작용하는 상황만 보기 쉽다. 우리는 사람들에게 서둘러 행동을 고치려 하지 말라고 당부한다. 왜냐하면 자기 안에 작동 중인 자기확신을 관찰할 때는 자기확신을 접하는 횟수를 늘려야지 사라져버리게 하면 관찰이 안 되기 때문이다.

### 나의 행동에서 자기확신의 오류를 잡아내라

자기확신이 삐거덕거리거나 심지어 틀릴 수도 있다는 생각이 들게 하는 경험이 있었나? 여기서 우리는 나의 자기확신을 절대적 사실이 아닌 검증되지 않은 가정으로 보고, 자기확신의 부당성을 보여주는 경험을 놓치지 말고 포착하라고 주문한다. 한 번도 인식하지 못한 일을 잡아내야 하기 때문에 어려울 때가 많을 것이다. 때로는 자기확신의 절대성에 도전할 만한 정보를 탐색하는 것도 도움이 된다.

### 나의 자기확신은 어떻게 형성되었나?

나는 자기확신과 얼마나 오래 살아왔나? 언제 생겨났으며 어떤 상황에서 생긴 것일까? 무엇이 자기확신을 키웠을까? 자기확신이 절대적인 힘을 얻는 데 결정적 계기가 될 만한 사건이 있었다면? 이러한 질문의 의도는 자기확신의 뿌리를 캐고, 그럼으로써 문제를 해결하려는 것이다. 이 과정에서 우리는, 자기확신은 우리 자신이 아니며(자기확신과 우리는 하나가 아니다) 우리와 아주 밀접하게 붙어사는 것(분리될 수 있는 관계)임을 알게 된다.

### 자기확신이 옳은지 실험해보라

자기확신을 정말 사실이라고 믿는다면 내가 절대 하지 않을 일들 중 위험을 무릅쓰고 해볼 만한 것은 어떤 것인가? 좋은 실험은 다음 3가지를 충족시킨다. 첫째, 자기확신의 믿음에 정면으로 도전하고, 자기확신의 타당성을 검증하는(또는 자기확신을 의심케 하는) 데이터를 만들어내고 둘째, 자기확신이 옳다고 증명된다 하더라도 큰 위험은 없다는 것. 셋째, 가까운 시일 안에 실행할 수 있고 적당한 시간이 걸리는 것.

## 실험을 통해 스스로 배워라

실험을 통해 무엇을 배웠나? 괜찮은 실험이었나? 자기확신에 모순이 있는지 알아볼 기회가 된 실험이었냐는 얘기다. 자기확신과 나의 관계에 있어 이 실험의 의미는? 다음에는 어떤 실험을 계획해 실행할 것인가? 이 활동의 목적은 실험자로 하여금 보고seeing 행하고doing 반성하는reflecting 과정을 반복함으로써 내적 변화에 한발 더 다가서기 위함이다. 예기치 못했던 실험결과가 나오는 경우도 있고, 실험을 통해 전혀 인식하지 못했던 가정이나 문제점을 발견하게 되는 경우도 많다.

위의 노력들은 우리 스스로 끊임없이 해대는 의미생산을 계속 객관적으로 볼 수 있게 해주며, 자기확신에 지배받는 것이 아니라(자기확신을 인식하지 못하고 자기확신에 따라 움직이는 상태) 자기확신을 다르게 생각하고 내 안에서 재구성할 수 있도록 도와준다. 각 단계를 별 어려움 없이 통과하는 사람도 있지만 그렇지 못한 경우도 많다. 때로는 순서가 뒤죽박죽되거나 동시에 진행되기도 하며, 경우에 따라서는 개인 또는 집단이 감당해낼 수 있을 때까지 기다렸다가 재도전하기도 한다. 이제부터 에밀리, 피터, 수전의 이야기를 통해 이런 노력들이 어떻게 변화에 이르는지 살펴보자.

## 에밀리의 이야기 *Emily's Story*

에밀리의 변화에 대한 노력은 워크숍에서부터 시작되었다. 에밀리는 자발적으로 자기확신을 탐구해나갔다. 워크숍 참가자들과 주기적인 대화를 통해 소규모 언어 커뮤니티를 발전시켜 가기도 했다. 다음은 에밀리가 자기확신을 자각하고 우리에게 해준 이야기를 표로 만든 것이다.

**✠ 에밀리의 사례**

| 실행의 말 | 책임의 말(모순행동) | 다짐의 말 | 자기확신의 말 |
|---|---|---|---|
| 내 일에서 가장 중요하다고 생각되는 것에 좀더 집중적으로 시간을 쏟아야겠다. | 나는 사람들이 부탁하는 대로 다 들어준다. 심지어 말하지 않아도 미리미리 알아서 해준다. | 나는 나 스스로와 부서 사람들에게 없어서는 안 될 소중한 일꾼으로 인정받기를 원한다. | 일을 덜 하면 부서에서 나의 가치가 떨어진다. 나의 가치는, 내 존재에 대한 가치가 아니라, 내가 하는 일과 행동으로 결정된다. |

### 내 안에 숨어 있는 자기확신 관찰하기

에밀리는 워크숍을 마친 뒤에도 몇 주 동안 직장에서의 행동을 관찰하며 자기확신이 드러날 때를 기록했다. 그러던 어느 날 자기확신이 집 안에서도 발동한다는 사실을 발견하였다. 자기확신이 장소에 관계없이 어디서든 작동할 수 있다는 사실을 머리로는 이해했지만, 자신이 가족들한테도 직장에서처럼 행동한다는 사실은 충격이었다.

종종 그렇듯, 자기확신의 발견은 극히 사소한 일상에서 이루어졌다. 저녁을 먹던 중, 아이가 우유를 달래기도 전에 미리 알아서 갖다주려 하는 자신을 발견했다. 에밀리는 흠칫 놀랐다.

에밀리는 둘째칸의 '모순행동'이 생각보다 심각하다는 것을 알게 되었다. 에밀리는 자각했다. "나는 남들에게 자신을 꼭 필요한 존재로 만들어버리려는 욕구로 똘똘 뭉쳐 있어요. 어떤 상황에서도 나를 없어서는 안 될 존재로 만들어버리는 거죠." 그중에는 아들한테 우유 한 잔을 갖다주는 사소한 일도 포함된다.

### 나의 행동에서 자기확신의 오류 잡아내기

자신을 관찰하면서 에밀리는 가치를 인정받기 위해서는 남에게 늘 뭔가를 해줘야 한다는 강박관념이 따라다니고 있음을 발견했다. 이 발견은 "뭘 해줘서가 아니라 사람 자체로 존재가치를 평가받아야 한다"는 또 다른 자각으로 이어졌다. 사람 자체로 가치를 인정받는 사람이 되어야 한다는 깨달음이 에밀리에게는 자신에 대한 도전으로 느껴졌다. 에밀리는 자신이 남들과

> '없어서는 안 될 존재'로만 가치를 인정받으려는 사람은 'No'라고 말하기 힘들어한다.

다른 것에 자극을 받았다. "어, 이거 생각 좀 해봐야겠다 싶더라구요. 그래서 머리를 굴리기 시작했지요."

### 자기확신이 정말 옳은지 실험해보기

에밀리는 자기확신이 여전히 유효한지 실험해보기 위하여 평소와 약간 다르게 행동하기로 했다. 처음에는 아주 작은 실험으로 시작했

다. 에밀리는 첫 번째 실험무대를 집으로 하고 '사소한' 것을 달리 행동할 때 어떤 상황이 벌어지는지 보기로 했다.

한번은 우유 한 잔 달라는 아들한테 "지금은 못 갖다주겠다"고 하고는 그냥 앉아버렸다. 아이의 요청을 거절하고 이유를 설명해주었다. 뭔 일이 날 줄 알았는데 아무렇지도 않았다.

이것은 첫 실험이었다. 사람들이 에밀리를 하나의 인간으로서 존중하지 않고 '뭔가 해주는 사람'으로서만 중요하게 생각하는 최악의 상황치고는 그 대가가 그리 크지 않았다.

### 실험결과 검토하기

에밀리는 아들에 대한 자신의 실험에 대해 이렇게 말했다. "아들애가 뭔가 해달라고 할 때, 별 지장이 없으면 해주고, 그렇지 않을 때는 못해준다고 이유를 설명해주었어요." 결과는? "우리 둘 다 괜찮았어요." 그녀가 말했다.

### 2단계 실험 계획

에밀리는 직장에서도 행동에 작은 변화를 줘보기로 했다. 역시 자기확신의 정확성을 실험하는 것이 목적이었다. 자기확신이 직장에서 더 크게 작동될 수 있기 때문이다. 에밀리의 경우처럼 점진적인 실험은 자기확신이 어떨 때 작동되고 어떨 때 안 되는지, 이해할 수 있게 해준다. 그러한 과정은 자기확신을 이해하고 문제를 해결하는 데 크게 도움이 된다.

직장에서의 첫 번째 실험에 대해 에밀리는 이렇게 적었다.

　내가 해왔던 일은 정말 엄청나게 많았다. 층층이 쌓으면 하늘까지 닿을 정도다. 그래서 그중 일부를 빼기로 했다. 일들을 다 만족시키려다 보면 내 삶이 너무 힘들고 복잡해지는데, 또 어떻게 보면 내가 해주는 일들이 너무 중요해 보이기도 하기 때문이다. 그래서 그것이 무엇이든 기꺼이 할 의사는 있지만, 정말 중요한지, 상대방한테 중요도를 말해달라고 하기로 했다.

　이때 에밀리에게 난감한 일이 생겼다. 아이들과 약속한 시간에 갑자기 회의가 소집된 것이다. 전에는 울며 겨자 먹기로 무조건 회의에 참석했지만 에밀리는 그렇게 하지 않기로 했다. 그러고는 회의를 주재하는 동료에게 물어보았다. "내가 참석하지 않으면 회의 진행에 지장이 있지 않을까?" 걱정도 팔자다.

### 2단계 실험 결과 검토
에밀리는 이렇게 말했다.

　"나는 굉장히 중요한 일이라고 생각하며 힘들어했는데 막상 슬쩍 찔러보니까 다른 사람들에겐 그다지 중요하지 않은 일이었던 게 참 많다는 것을 깨달았어요. 본인들이 중요하다고 생각지 않는데 내가 굳이 중요하다고 생각해줄 이유는 없지. 그런 걸 알고 나니 내가 하지 않으면 안 된다고 생각되는 일이 줄어들어 훨씬 수월해졌어요."

## 또 다른 실험

이제까지 우리는 에밀리가 의도적으로 계획한 실험을 지켜보았다. 행동의 변화를 통해 '해주고 해주고 또 해줄' 필요가 없다는 것을 에밀리가 깨닫는 것도 보았다. 에밀리는 이제 선을 그을 수 있게 되었고, 몇몇 경우에는 사람들의 인풋input에 따라 반응을 조절할 수 있게 되었으며, 선을 긋는 것에 죄책감이나 불안감이 느껴지지도 않았다. 새로운 행동을 통해 자신의 가치에 대해서도 달리 생각하게 되었다.

에밀리는 자기도 모르게 심리실험에 들어갔다. 심리실험 중이라는 사실조차도 눈치 채지 못할 정도였다. 전적으로 내면에서 이루어지는 실험이기 때문이다. 전에는 해볼 생각도 안 했던 비교와 대조를 해보고, 다른 사고방식도 시도해보고, 그 결과 내적으로 어떤 변화가 일어나는지 지켜보는 것이다. 에밀리는 내부에서 일어난 변화를 이렇게 설명했다.

"가만 보니까 나는 사람들에게 존재감을 느끼게 해주지 않으면 날 금세 잊어버린다고 생각하고 있었던 것 같아요. 자기들이 현재 원하는 것을 내가 해주지 않거나, 내가 그들에게 얼마나 중요한 존재인지 어떤 식으로든 상기시켜 주지 않으면, 나라는 존재의 중요성이 퇴색해버릴 거라고 생각한 거죠."

에밀리는 '무엇을 해주고 안 해주느냐'가 아니라, 존재 자체로서 가치를 인정받는 관계가 중요하다는 새로운 깨달음을 얻었다. 에밀리는 자신을 '없어서는 안 될 존재'로 만드는 것에 연연해하지 않고

'변함없는 관계'의 중요성을 인식하기 시작했다.

### 실험결과 검토

이러한 변화는 에밀리로 하여금 뭔가를 해줌으로써 자신의 가치를 인정받으려 했던 생각을 버리게 해주었다. 있는 그대로의 진가를 인정하지 않는 사람들과는 어찌 해도 진정한 관계를 맺을 수 없다는 사실을 깨달은 것이다. 누가 무엇을 해달라고 하든 다 들어주었던 예전의 자신이 사실상 사람들과 진정한 관계를 맺지 못하게 막고, 계속 뭔가를 해주어야 한다는 자기확신을 강화시켜 왔다는 것도 이제는 눈에 보였다. 에밀리는 자신의 변화를 이렇게 요약했다.

> "No"라고 당당히 말하는 직원이 회사에서 더 가치 있는 존재가 될 수 있다.

"전에는 회의에 내가 꼭 참석하지 않아도 괜찮을 거라거나 평소보다 한 시간쯤 늦게 퇴근한다 해도 아이들한테 별 영향이 없다는 생각은 해보지도, 하고 싶지도 않았어요. 그런데 이제는 '안 해도 괜찮다'거나 '없어도 된다'고 생각해도 내 가치를 인정받지 못했다고 느껴지지 않아요. 오히려 안도감이 든다니까요."

이러한 실험은 에밀리가 자기확신으로 창조해낸 네모난 세상의 끝에서 요리조리 발끝으로 살펴보기를 무사히 마쳤음을 의미한다. 결국 세상은 평평한 것이 아니었다. 에밀리는 낭떠러지로 떨어질지 모른다는 두려움 없이 계속 탐험해나갈 수 있겠다 싶었다. 일련의 실험을 통해 얻은 깨달음과 힘은 에밀리에게 더 큰 실험을 해볼 용기를 주었다.

## 좀더 큰 실험

1백여 명이나 되는 연수생들의 학습을 책임지고 연수생들을 지도·감독하는 것이 에밀리의 주요 업무 중 하나였다. 이 일은 본업 외에 추가로 해야 되는 과외 일이었다. 전 같으면 자신의 가치를 인정받기 위해 그냥 했을 일이지만 에밀리는 이제 그렇게 하지 않았다.

"이런 식으로는 이 일을 계속할 가치가 없다는 생각이 들었어요. 연수생 감독관 노릇을 그만두고 싶지는 않지만, 정당하게 기여도도 인정받고 어떤 식으로든 보상을 받아야겠다고 생각해요. 그렇지 않으면 더 이상 할 생각이 없다고 분명하게 말해주었어요."

이 같은 폭탄선언 이후의 상황에 대해 에밀리는 이렇게 썼다.

윗분들은 내가 계속 연수교육 담당자라고 믿었다. 공식 문건까지 올렸는데도! 연수생 평가서도 계속 보내오고, 문제가 생기면 나한테 왔다. 나도 그냥 돌려보냈다. 몇 달 동안 그 짓을 계속했는데 신임 과장이 나한테 와서 이렇게 말했다. "연수교육 프로그램을 아주 잘해왔다구요. 앞으로도 잘해주리라 믿어요." 그래서 내가 말했다. "3개월 전에 그만뒀는데 모르시는 것 같네요. 하지만 과장님께서 성과를 인정해주실 의사가 있으시다면 전 언제든 복귀할 의사가 있습니다." 그랬더니 한다는 소리가, "인정이라뇨? 다른 사람들도 다 위원회 일을 하는데, 왜 당신만 특별히 인정을 받아야겠다는 겁니까?" 그래서 내가 대답했다. "1년에 93명의 연수생이 우리 부서를 거쳐 갑니다. 연수생 교육은 위원회 일하고는 차원이 다릅니다. 다른 사람을 찾으실 수 있다면 그렇게 하세요. 결정권자는 과장님이시니까요."

예전의 에밀리라면 엄두도 못 낼 행동이었다. 자신의 모습에만 반대되는 행동이 아니라 직장의 전반적인 분위기에도 역행하는 행동이었기 때문이다. 우유 한 잔 갖다 달라는 아들의 요청을 거절하는 것과는 비교도 안 되게 위험부담이 큰 실험이 되어버렸다. 하던 일이니 그냥 계속하라는 소리에 바틀비<sup>허먼 멜빌의 단편소설 《서기 바틀비Bartleby the Scrivener》의 주인공. 고집스럽고 수동적인 저항으로 들뢰즈의 감탄과 칭찬을 받음.-옮긴이</sup>처럼, 한마디로(그리고 파격적으로) "차라리 안 하고 말래!"라고 선언해버린 것이다. 에밀리는 직장에서 꼭 필요한 사람으로 인정받는 소중한 느낌과 자신이 가치 있게 생각하는 일을 잃어버릴 위험을 감수했다.

### 실험결과 검토

자기확신의 실험무대를 넓히다가 안전기준을 넘을 수 있다. 따라서 어느 정도까지 위험을 무릅쓸 것인지는 각자 결정해야 한다. 에밀리는 자긍심이 그 즈음 최고조에 올라, 최악의 결과가 나오더라도 감당할 수 있을 것 같은 기분이었다. 다음은 에밀리의 실험결과이다.

과장은 나중에 다시 찾아와 연수생 프로그램 감독 역할을 적절한 비율로 인정해주겠다고 제안했다. 내가 구체적으로 어떤 일을 해왔고 그 일에 얼마나 시간을 뺏기는지 등에 대해 몇 차례 더 얘기를 나눈 다음, 애초에 요구했던 것보다 더 많은 보수를 지급받기로 약속을 받아냈다!

그렇다면 이 실험을 수행하면서 에밀리가 치른 대가는?

하늘이 무너지지는 않았다. 잘리지도 않았고, 사람들도 내가 생각했던 것만큼 심하게 화내지 않았다. 무엇보다 중요한 것은, 전처럼 만날 손해만 보고 산다는 기분이 안 든다는 것이다. 이런 문제에 대해 생각하기 시작했던 작년 이맘때와는 완전히 다른 사람이 된 기분이다.

### 나의 자기확신은 어떻게 형성되었나?

에밀리는 실험 후 자기확신의 역사에 대해 좀더 확실하게 파악하게 되었다.

나는 알코올 중독자 가정에서 자랐다. 우리 집에서 가능한 역할은 ① 가해자(모든 실망과 무책임의 근원) ② 피해자(좌절, 환멸, 분노에 찬 고통스런 삶) ③ 구원자(상황을 호전시켜 줄 수 있는 인물) 셋뿐이었다. 우리 집에서의 모든 상호작용은 의자뺏기 놀이 같았다. 구원자의 자리를 차지하려고 기를 썼으니까 말이다. 성인이 되어서도 내 행동의 강력한 동인은 그것이었다. 하지만 자기확신을 실험하며 피해자나 구원자 어느 쪽으로도 인식되지 않는 기분이 어떤 것인지 경험했다.

에밀리는 자기확신, 즉 '일을 덜 하면 부서에서 나의 가치가 떨어진다. 나의 가치는 내 안에 있는 것이 아니라 내가 하는 행위에 달려 있다'는 생각을 바꾸었다. 에밀리의 자기확신은 자기확신(절대적 사실)에서 단순한 가정(그럴 수도 있다)으로, 단순 가정에서 거부 가능한 것(그렇지 않을 수도 있다)으로 강등되었다. 1년이라는 기간 동안 에밀리는 뭔가를 해줘야 가치를 인정받는다는 애초의 가정을 다음과 같이 바꾸었다.

1. 나는 한 인간으로서 중요한 존재이다.

2. 나의 필요도 고려에 넣는 사람이 되어야 하며, 남들이 그렇게 해주기를 기대하지 말아야 한다.

3. 사람들은 자신의 필요도를 알기 때문에 내가 물어보면 솔직하게 말해줄 것이다.

4. 세상에는 뭔가를 해주어야만 나의 가치를 인정해주는 사람들이 있고 앞으로도 있을 것이다. 하지만 그 정도는 감수하며 살 수 있다. 나는 그 정도도 감당 못할 만큼 연약하지는 않다.

> 대인관계는 뭔가를 주고받는 데서 싹트는 것이 아니라 서로 친밀한 감정이 공유되어야 발전할 수 있다.

5. 뭐든지 다 해주거나 항상 같이 있지 않아도 나의 가치를 인정받을 수 있다. 'No'라고 말한다고 해도 나는 여전히 소중한 존재가 될 수 있다.

6. 인간관계가 지속적으로 발전하려면 뭔가를 해주는 것이 아니라

친밀한 감정이 공유되어야 한다.

에밀리의 첫째칸 실행의 말을 보면, 내 일에서 가장 중요하다고 생각되는 것에 좀더 집중적으로 시간을 쏟아야겠다고 했다. 처음에는 시간 부족이 근원적인 문제인 것 같아 보였지만 그게 아니었다. 자기모순을 대상화하는 과정에서 에밀리는 전에는 한 번도 가져본 적 없는 생각을 하게 되었다. 자신에게 중요한 것이 과연 무엇인가 하는 부분을 묵과했던 것이다. 그 깨달음이 없었다면, 에밀리가 진정 원했던 것, 즉 사람들과 좀더 본질적인 유대관계를 맺는 방법을 발견하지 못했을 수도 있다. 그리고 그와 같은 명쾌한 깨달음이 없었다면, 일에 집중할 시간을 좀더 확보하는 데 성공했다손 치더라도, 여전히 만족스럽지 못했을 것이다. 에밀리의 변화는 복잡한 다층 도미노처럼 예기치 못했던 연쇄작용을 일으켜, 처음에는 생각지도 못했던 이해로 나아갔다.

## 피터의 이야기
*Peter's Story*

피터는 자기계발 강좌에서 4칸 도표를 만들었다. 지난 수년간 자기확신을 탐구하며 밟아온 과정을 돌아보았다.

다음은 피터의 자기모순이다. "나는 나와 함께 일하는 사람들과 나 자신에게 정직하고자 해요."(첫째칸 실행의 말) 동시에 "나는 사람들이 나를 좋아하고 나에 대해 좋게 생각하게 만들고 싶어요."(셋째칸 다짐의 말) 피터의 자기확신은 "사람들이 싫어하는 일을 하면 나를 좋아하지 않게 될 거고, 사람들이 나를 좋아하지 않거나 나에 대해 좋지 않게 생각한다면 너무 끔찍해 견딜 수 없을 겁니다"이다. 피터가 처음 자기모순을 발견한 때부터 통제력을 잃고 자신을 지배했던 사고방식에 빠져 허우적거리고 있음을 자각하는 과정, 그리고 그 과정을 거쳐 새로운 사고를 하게 되는 과정을 간략하게 살펴보자.

### 내 안에 숨어 있는 자기확신 관찰하기

피터는 우리의 권고대로 생각이나 행동을 바꾸려 들지 않고 자기확신을 그냥 관찰만 했다. 그는 상대방이 자기를 좋아해주었으면 하는 상황에서 자신이 어떻게 행동하는지 유심히 관찰했다. 그가 거듭 발견하게 된 것은 상대가 자신을 높이 평가하도록 엄청 노력을 한다는 것이었다. 그러다 보면 마음에도 없는 말을 하게 되는 경우가 많았다.

자신을 관찰한 결과를 피터는 이렇게 말했다.

"내가 발견한 것은 모두 사소한 일일뿐이에요. 타협을 할 때 늘 생각하고 하진 않죠. '내가 하는 행동이 뭐가 문제지? 뭘 고민해야 하는 거야?' 이런 생각만 들어요. 사실 내게 타협은 문제가 안 되는데……."

한 학생이 시험일정을 좀 바꿔주면 안 되느냐고 물어 온 적이 있다. 피터가 생각하기에 그건 부당한 요청이었다. 게다가 시험일정은 긴급상황에만 바꿀 수 있다고 명시한 방침에도 어긋나는 일이었다.

긴급상황이 아니었기 때문이다. 그럼에도 불구하고 피터는 학생의 요청을 들어주었다. 피터는 "정직하게 살자는 신조를 좀 양보하고 상대가 듣고 싶어 하는 말을 해주는 편이 더 쉽다"고 했다.

자기관찰을 통해 피터는 자기확신이 직장 이외의 세계에서도 행동에 영향을 미친다는 것을 발견했다. 피터의 말이다.

"정직성이라는 문제는 내게 매우 중요하지만, 그 사실을 직시하고 싶지는 않아요. 가족들과의 관계에서도 그렇고 사실상 모든 사람과의 관계에서 적용된다는 사실을 인정하기 힘들어요. 직장에서 정직하지 못할 때가 있다고 인정하는 것은 오히려 저한텐 쉬워요. 왜냐하면 그 사람들은 가족처럼 중요한 존재는 아니니까요."

## 나의 행동에서 자기확신의 오류 잡아내기

자기확신에서 벗어나는 과정에서 그 단계 간의 경계가 모호해지는 경우가 있다. 피터의 경우는 첫 단계인 자기관찰 과정과 다음 단계가 동시에 이루어졌다. 일상생활에서 자기확신이 어떻게 작용하는지 관찰하던 중, 우연치 않게 자기확신에 반하는 사례를 경험하게 된 것이다. 상대방이 언짢아할 줄 뻔히 알면서도 자기주장을 폈고, 그럼에도 불구하고 피터는 마음이 괴롭거나 주저되지 않았다.

"인터뷰 할 일이 있었는데, 알고 보니 이사회 중역 하나가 이미 자기 뜻대로 해치워버린 거예요. 그러고는 내가 인터뷰 하는 날에는 조사위원회 사람 둘을 외부에 나가 있도록 일방적으로 일을 꾸며놨어요. 난 너무 화가 났죠. 뭐라고 하면 그쪽에서도 불끈할 줄은 알았지만, 그래도 내 의견을 말하지 않을 수 없었어요. 이사회 결정이 끝난 후, 이사회에 얘기해버렸죠. 결국 그 사람은 자리에서 물러나야 했어요. 기분 나빠하겠지만, 그 사람이 나에 대해 어떻게 생각하든 그런 건 아무 상관이 없어요. 그건 내가 양보할 생각이 전혀 없는 중요한 문제니까요."

얼핏 피터의 일관된 행동에 반하는 사례처럼 보이지만 피터는 그것이 아님을 알게 되었다. 이 사례는 피터의 자기확신이 작동되는 상황을 좀더 명확하게 보여준다. 그 이사회 중역이 자신을 좋아하든 안 하든 상관없이 행동했던 것을 보면, 모든 사람이 다 자신을 좋아해주어야만 하는 것은 아니었다.

피터의 자기확신이 작동하는 때는 자신에 대한 상대방의 의견, 판단이 신경 쓰일 때였다. 피터가 신경 쓰는 사람은, 피터 자신이 많이 존경하는 사람, 자주 봐야 되므로 사이가 껄끄러워지면 안 되는 사람, 권력이나 영향력이 많아서 그 사람 마음에 들어야 하는 경우가 그에 해당되었다.

### 나의 자기확신은 어떻게 형성되었나?

자기확신의 기원을 생각해보라고 하자, 피터는 어린 시절로 거슬러 올라간다고 했다. 피터의 경우처럼 어린 시절에 뿌리를 둔 경우가 아주 많다. 유년시절은 특정한 환경조건에 절대적인 영향을 받기 때문이다.

"어릴 적에 사람들은 우리 부모님을 참 많이 좋아했어요. 두 분 다 인기가 좋으셔서 어딜 가든 늘 환영받았지요. 아버지는 외향적이고 밝고 느긋한 성격이라 모두들 좋아했고 할머니, 할아버지도 그랬어요. 할머님 장례식 때는 정말 엄청 많은 사람들이 모였어요. 몇 년 동안 못 봤던 사람들, 심지어 초등학교 3학년 때 우리 담임선생님까지도 오셨어요. 그 많은 사람들이 다 우리 할머니를 좋아했었다는 사실이 내게 깊은 인상을 심어주었지요. 인생에서 남들한테 사랑받는다는 것은 매우 중요한 일이라는 생각이 그때부터 나를 지배하게 된 것 같아요.

그 사람들이 우리 부모님과 조부모님의 인품을 '존경해' 좋아했을 거라는 생각을 그때는 못 했어요. 그냥 남들이 좋아해주는 사람이 되어야겠다는 자기확신만이 또아리를 튼 거죠. 존경하는 것이 좋아하는 것으로 보일 수도 있지만 그 둘은 다른 것이라는 것을 이제는 알아요. 하지만 어렸을 때는 그걸 몰랐어요."

## 자기확신이 정말 옳은지 시험해보기

피터는 자기확신에 대해 무수히 많은 실험을 했다. 앞서 자기관찰을 하며 배운 것을 이용해 중요하게 생각되는 사람들, 자신을 어떻게 생각하나 마음 쓰이는 사람들을 대상으로 실험을 해봐야겠다고 생각했다. 실험은 사소한 문제를 가지고 자기 의견을 상대방에게 정직하게 전달하는 방법으로 했다.

다음은 그중 한 가지 실험이다.

정말 간단한 문제였다. 직원 하나가 내 사무실로 찾아와 개인적인 사정으로 다음 날 월차를 냈으면 했다. 들어줄 수 없는 일이었다. 다른 직원이 좀전에 병가를 신청했는데 최소 이틀은 못 나올 것이기 때문이 었다. 그래서 그 친구에게 말했다. "미안하네, 하지만 내일은 안 되겠어. 벌써 손이 딸릴 지경이라서 말이지. 다른 방도를 찾아봐야 될 것 같은데."

### 실험을 통해 배우기

피터는 실험결과를 긍정적으로 평가했다. 상대방의 요청에 정직하게 대응했고(그 사람에게 월차를 내주는 것은 좋은 생각이 아니라는 것을 알았다), 그 사람도 "심하게 반발하지 않고 순순히 내 결정을 받아들였어요. 그 결정으로 나에 대한 인식이 달라질 것 같지는 않았지만 해방된 기분이 들었죠."

### 또 다른 실험

학부의 장인 피터는 학생들과 교직원들이 원할 때는 언제든 찾아와 얘기를 나눌 수 있도록 사무실을 개방한다는 방침을 세워놓았다. 공인된 방침이라기보다는 마음속으로 혼자 정해놓은 원칙에 가까웠지만. 피터는 사람들이 그와 대화를 나누고 싶어 찾아왔을 때 바빠서 안 되겠다는 소리는 절대 하지 말아야 된다고 굳게 믿었었다. 그런 태도는 '거만해 보이고, 높은 자리에 있다고 거드름 피우는 것처럼 보일 것'이라고 생각했기 때문이다.

이전에 피터는 사람들이 면담을 원할 때 하던 일까지 제쳐두고 해주었다. 그럼으로써 자신에게, 그리고 상대방에게도 성실하지 못하게 됨을 깨달았다. 사람들이 시간을 내달라고 할 때 응해주는 것이 호감을 얻는 방법이긴 했다. 그러나 일에 피해가 갔다. 그리고 백 퍼센트 상대방에게 집중할 수 없을 경우 상대방에 대한 도리가 아니라는 생각도 들었다. 일 때문에 초조해하며 얘기를 들으면 집중할 수가 없기 때문이다.

그래서 실험을 해보기로 했다. 시간을 내줄 수 있을 때는 문을 열어놓고, 일이 급해서 시간여유가 없을 때는 문을 닫아놓았다. 문이 닫혀 있을 때 누가 노크를 하면, 지금은 시간이 없으니 언제쯤엔 얘기할 수 있다고 가능한 시간을 말해주기로 했다.

실험 후 일어난 변화에 대해 피터는 이렇게 설명했다.

"예상치 못했던 변화가 찾아왔어요. 사람들도 이 방식을 더 좋아했어요. 재미있는 사실은, 없는 시간을 억지로 짜내줄 때보다 전적으로 자신들을 위한 시간으로 써주니까 나를 더 존경하는 것 같았어요."

### 실험결과 검토하기

피터는 실험결과를 보고 확신하게 되었다. 사람들과 보다 심도 깊은 대화를 하게 된 자신을 발견하면서, 자기 자신과 남들에게 정직할 필요가 있다는 것과 좋아하는 사람이 되고픈 필요를 모두에게 만족시키는 것이 불가능한 일은 아니라는 것이다.

중요한 점은 정직한 생각을 전달하는 방법을 배워야 한다는 것이다. 기술적으로 대해야 하는 사람들이 있다. 하지만 일단 정직하게 하리라

마음먹으니까 나와 상대방 모두 존중하는 대화를 할 수 있었다. 상대가 듣고 싶어 하는 말만 골라서 해준다면 길게 대화할 것이 뭐가 있겠는가? 나는 상대방의 청을 면전에서 거절해버리면 쌍방 간에 더 이상 할 말이 없으리라고 생각했던 것 같다. 그건 잘못된 생각이었다.

### 잠시 뒤로 물러나보기

피터는 지난 수년간 자신에게 생긴 변화를 돌아보며 여러 실험결과를 종합해보았다. 그 과정에서 얻은 한 가지 중요한 교훈은 자신에게 정직하기와 남에게 정직하기가 별개가 아니라는 것이었다.

상대방이 나한테서 듣고 싶어 하는 말을 해주다보니 거짓말들만 하나 둘 자꾸만 쌓여갔다. 문제는 켜켜이 쌓인 거라 없던 것처럼 만들 수가 없다는 것이다. 내가 어떻게 한다 해도 결국 정직하지 않았었다는 얘기가 된다. 나 자신한테도 그렇지만 상대방한테도. "나한테 거짓말 했다는 애기잖아"라고 말할 수도 있다. 사실 그랬고.

> 상대가 듣고 싶어 하는 말만 골라서 해주다보면 거짓말들만 쌓여간다.

또 다른 것은 사람들이 그를 좋아하게 만드는 전략의 효율성을 깨닫게 된 것이다.

정직하게 말한다고 해서 사람들이 늘 나를 싫어하게 되는 것은 아니다. 잠깐 동안 안 좋아할 수는 있지만 오래가지는 않는다. 만일 나를 조금도 안 좋아한다면, 정말 중요한 문제에 대해 좁혀지지 않는 견해차가 있기 때문일 것이다. 그런 것들은 훨씬 명백하게 보인다. 그리고 그런 문제들은 애초부터 내 쪽에서 타협할 생각이 전혀 없는 것들이기도 하다. 게다가 타협한다고 달라지는 것도 없다. 이제는 나도 안다. 나를 좋아하는 사람은 좋아하고, 싫어하는 사람은 싫어할 뿐이라는 것을.

### 평가

피터는 수년간에 걸친 실험을 통해 자기확신, 즉 "사람들이 싫어하는 일을 하면 나를 좋아하지 않게 될 것이고, 사람들이 나를 좋아하지 않거나 나에 대해 좋게 생각하지 않는다면 너무 끔찍해 견딜 수 없을 것이다!"의 타당성을 실험했다. 그러한 과정을 통해 처음의 자기확신을 다음과 같이 역전시켰다.



1. 정직하게 함으로써 스스로를 만족시키기와 다른 사람을 기쁘게 하는 것이 꼭 상반되는 것은 아니다.
2. 상대가 원한다고 해서 그 사람이 원하는 대로 행동하거나 말해주는 것은 옳지 못하다.
3. 상대가 나를 싫어하게 만들지 않고서도 내 주장을 정직하게 전달할 방법은 얼마든지 있다.
4. 사람들은 의사결정자와 결정을 구분할 줄 안다. 결정에 대해 불만스럽더라도 의사결정자는 싫어하지 않을 수도 있다.
5. 사람들은 정직한 말은 듣기 싫어하더라도 자신을 정직하게 대한

다는 사실은 좋아할 수 있다.

6. 사람들은 시간이 지나면 같은 사건에 대해 다른 반응을 보이기
   도 한다(당장은 내게 기분이 언짢더라도 시간이 지나면 다시 괜찮아질
   수 있다).

우리가 정식으로 피터와 면담했을 때, 그는 직장문제로 또 골치를
앓고 있었다. 피터와 과거에 문제가 있었던 사람이 새로운 상사로 부
임해 오게 된 것이다. 피터는 어느 정도까지 정직하게 행동할 것인지
고민해야 될 일이 많이 생겼다.

아직도 생각이 정리가 안 된다. 잘 모르겠다. 직장을 잃을 수도 있는
문제다. 그런 상황까지 가게 될 때 과연 나는 어떻게 대처해야 할까?
답을 알 것 같으면서도 사실 잘 모르겠다. 하지만 그 문제에 대해 찬찬
히 생각해보니 내가 어떤 점에 주목해야 할지 훨씬 명백해졌다.

찬찬히 생각해보기는 피터에게 일어난 또 하나의 중요한 변화이
다. 그는 전에 '넘어가는' 데 급급했지만 체계적으로 접근하는 법을
배웠다. 그 결과 자기에 대한 확신과 사전 인지 능력, 상황 대처 능력
이 길러졌다. 피터는 자기 자신에 대한 이해가 깊어져 갈등이 심각한
상황에서도 헤쳐 나갈 수 있는 힘이 생기게 되었다.

이번에는 정말 큰 시험이 될 것이다. 막상 닥치면 어떻게 될지 모르
지만 머릿속으로 그려볼 때는 마음이 편했다. 걱정은 되면서도 앞뒤 가

리지 못하고 분별없는 방식으로 접근할까봐 겁나지는 않았다. 뻔히 아는 함정에 빠지지는 않을 것이다. 이번 일로 자기확신이 원상태로 되돌아왔다. 하지만 나는 잘 대처할 수 있으리라 확신한다.

## 수전의 이야기 *Susan's Story*

수전은 한 학기 과정 세미나에 참가했었다. 세미나 과정은 일주일에 3시간씩 학습일지를 써나가고, 발표자료를 준비하고, 배운 것에 대해 최종보고서를 제출하는 것이었다. 여기 실린 것은 수전의 문서를 발췌한 것이다.

학기 초, 수전은 자기확신을 발견했다. 그리고 그 자기확신이 열린 마음을 가진 교사이자, 학생이 되고자 하는 자신의 의지를 무력하게 만들고 있음을 깨달았다.

나는 ① 모든 사람, 모든 것이 나의 판단 대상이라고 생각하며, ② 내 판단은 항상 옳고(문서로 얼마든지 증명할 수 있으며 최소한 나 자신은 납득시킬 수 있음), ③ 내가 부적절하다고 판단한 사람은 반드시 벌을 받아야 한다고 생각한다.

### 내 안에 숨어 있는 자기확신 관찰하기

수전은 자신의 자기확신에 대해 탐구해볼 만한 것이라 판단했다. 수전에게는 세미나 클래스가 자기확신을 관찰하는 데 더없이 좋은 실험무대가 되었다. 클래스를 시작하자마자 동기생 하나가 수전의 레이더망에 걸린 것이다. 다음은 수전이 비판의 날을 세우고 있음을 관찰한 결과를 몇 주에 걸쳐 일지에 기록한 것이다.

나는 우리 클래스의 '조'라는 사람한테 위협감을 느낀다. 조는 명문 대학에서 강의하고, 그 대학 스태프 디벨로퍼staff developer인데다 기업 트레이너도 겸한다고 했다. 첫날 자기소개 시간에 그런 얘기를 늘어놓는 것을 보고 반발심이 생겨 '엄청 높으신 분이네. 그렇게 높으신 분이 여기까지 웬일이래' 하고 부정적인 생각을 했다. 조는 수업시간에도 교수님이 무슨 얘기만 하면 톡톡 나서서 대답하고, 다른 사람들은 알아듣든 말든 교수님하고 둘이서만 얘기하는 것이었다. 다른 참가자들은 전혀 의식하지 않는 듯 보였다.

수전은 자기확신이 작동한 또 다른 예를 이렇게 적었다.

교수님이랑 자기랑 둘이서만 통하면 그만이라는 식의 태도는 정말 날 열받게 한다. 교수님만 상대할 가치가 있다고 생각할뿐 아니라 자기를 교수님과 동급으로 생각하는 거잖아! 이젠 같잖게도 교수님한테 수업 운영 방식에 대해서도 피드백을 해준다.

수전은 조에 대한 자신의 비판이 갈수록 심해지는 것을 깨달았다. 자기확신에 차서 수전은 이렇게 말했다.

"조는 늘 정답을 말했어요. 하지만 내가 볼 땐 다 쉬운 문제였거든
요. 어쩌다 빤한 얘기를 반복하지 않을 때는 어디서 들어보지도 못한
전문용어나 약자를 잔뜩 섞어 도무지 무슨 소린지 알아들을 수 없게 만
들어요. 아무래도 생각이 명료하게 정리가 안 되는 모양이지!"

조의 발표 날이었다. 수전은 자기확신이 다시 꿈틀대는 것을 느꼈
다. 조가 준비한 자료를 받는 순간부터 비난은 시작되었다.

　자기는 발표자료를 준비해왔다고 하는데 토론 준비자료로는 빵점이
었다. 사례 설명은 더블 스페이스로 달랑 3장만 써 오고, 45장이나 되
는 학생 논문은 내용도 추리지 않고 그냥 갖다 붙여놓고, 한 개만 해도
되는 관련 기사는 두 개씩이나 붙여놓았다. 사례 설명이 워낙 짧은데다
가 불충분해서 뭐라고 코멘트를 할 수도 없을 정도였다. 어떻게 된 애
긴지 알아야 토론을 하든 말든 하지…….

수전에게 조의 행동은 온통 문제투성이었다. 조가 가져온 자료를
이해한 사람은 아무도 없어 보였고, 수전 생각에는 교수님도 이해하
지 못한 것 같았다. 그런데 수업시간이 끝나갈 무렵 새로운 문제가
발생했다. 앤디라는 친구가 어떻게 이렇게 성의 없이 정리도 안 된
것을 토론자료로 줄 수 있느냐며 화를 내자, 리타라는 사람이 겉보기
에 시간과 생각이 많이 안 들어간 것 같다고 해서 꼭 그렇다는 법은
없다며 반박하고 나선 것이다.
　수전은 리타가 조의 편을 든다고 생각했다. 그래서 앤디의 말에 맞

장구를 쳐주었다. 수전은 그 시간에 대해 다음과 같이 정리했다.

조의 자료에 대한 앤디와 나의 비판은 "나는 괜찮던데……"라는 리타의 말 한마디에 무시돼버리는 것 같았다. 부르르! 도대체 그게 어떻게 괜찮을 수가 있냐고? 내용이 하나도 없구만. 리타는 나랑 다른가? 정말 내용이 있어 보인 거야 뭐야?

우리가 볼 때 수전은 '내 안에 숨어 있는 자기확신 관찰하기'라는 1단계 과업을 아주 훌륭하게 수행하고 있다. 1단계 목적은 생각이나 행동을 바꾸는 것이 아니다. 여러 차례 말했지만, 우리는 지나치게 즉각적인 변화는 반대다. 그런 태도는 문제행동을 고치고자 결심했다가 실패하고 마는 실수를 반복하게 하며, 우리 자신을 근본적으로 변화시킬 수 없다. 수전은 이제 자기확신을 관찰할 자료를 충분히 수집했으며(수전은 나중에 자기확신에 완전히 지배되어 살았다는 얘기를 하며 "완전히 휘둘려 살았잖아!"라며 기막혀했다), 자기관찰 기간 동안 아무것도 바꾸려 들지 말라는 금지조항을 잘 지켰다.

> 상대가 나를 싫어하게 만들지 않고 내 주장을 정직하게 전달할 방법은 얼마든지 있다.

### 나의 행동에서 자기확신의 오류 발견하기

나의 자기확신에 반하는 사례가 없나 주의하여 살피도록 해야 한다. 생각이나 행동을 곧바로 고치려 들지 말라는 주의사항은 계속 유효하다. 이 단계의 과제는 자기확신의 절대성을 의심케 할 만한 것을 찾아보는 것이다. 자기확신에 이의를 제기하는 것을 인식하기 어렵고, 또 언제 만나게 될지도 예측할 수 없기 때문에 힘든 문제다(남들한테는 빤히 보이는데 본인만 못 볼 수도 있다).

수전은 2단계 과제가 불가능한 정도까지는 아니지만 매우 어렵게 느껴졌다. 솔직하고 시니컬한 농담을 잘하는 수전은 자신이 느끼는 어려움을 이런 식으로 표현했다. "나는 옳다는 점에 대해선 스스로 완벽하게 확신시킬 수 있는 사람이니까 이것도 분명 잘할 수 있을 거예요. 그죠?" 조의 발표에 대해 비판적인 태도를 보인 것을 보면 자신의 판단은 늘 정확하다는 수전의 자기확신에 의혹을 던질 만한 데이터를 찾아볼 수 있다. 그중 가장 주목할 만한 것은 리타가 수전과 반대되는 평가를 했다는 사실이다.

수전은 이를 자신의 학습에 유용한 정보로 보지 않았다. 조에 대한 자신의 평가가 정확하다고 확신하고 있었기 때문이다. 아마도 앤디가 자신과 같은 생각이라는 점이 더 확신을 주었을 것이다. 하지만 "리타는 나랑 다른가? 정말 내용이 있어 보였을까?"라고 적은 것으로 볼 때 수전의 확신에 미세한 금이 가기 시작했을 수도 있다.

리타의 발언이 수전에게 좋은 도전이라고 보는 것은 우리에게는 쉬운 일이다. 우리는 수전처럼 그 상황에 많은 의미를 부여하고 있지 않기 때문이다. 하지만 자신의 자기확신에 약간의 거리를 두기 시작했으므로 결국 수전도 가기확신에 문제를 제기하게 될 것으로 보인다. 다음 시간에 한 사람이 자기가 가르치는 문제 학생 얘기를 했다. "녀석이 좀 특출 나요. 하지만 자기랑 다른 사람한테서도 배울 수 있는 거니까요. 그 녀석이 입만 열었다 하면 모두들 '또 시작이구나' 하죠. 하지만 거기서도 뭔가 배울 수 있어요." 그러자 다른 사람이 말했다. "그 문제학생도 만족스러운 학습 경험을 갖지 못했을 거예요. 하지만 그래도 그 클래스에서 많은 걸 배웠을 거라고 봐요."

이 얘기가 수전에게 자기 생각에 대한 도전으로 받아들여졌으리라고는 누구도 상상하지 못했다. 수전은 자기확신에 강력한 도전이 들어오는 것을 경험했다. 수전은 이렇게 적었다.

머릿속에 전깃불이 팍 켜진 느낌이었다. 문제 인간한테서도 뭔가 배울 것이 있다? 그래서 나한테 보내진 거라구? 정확하게 이유를 딱 짚어 말할 수는 없지만, 그때 이후로 조에 대해 달리 생각하게 되었다. 그동안 나를 펄쩍펄쩍 뛰게 만들었던 것들도 그냥 애교로 넘어가줬고, 조도 더 이상 내 퍼레이드를 엉망으로 만들려는 심술궂은 허리케인처럼 보이지 않고 잘해보려고 애쓰는데 잘 안 돼 낑낑대는 강아지 새끼처럼 보였다. 나는 이제 더 이상 조가 문제라고 생각지 않는다. '내가 조와' 문제가 있는 것임을 알았기 때문이다.

### 자기확신이 정말 옳은지 시험해보기

앞에서 자기확신을 객관적으로 보기 위한 단계들이 뒤섞이거나 동시에 일어날 수 있다고 한 것을 기억하나? 수전의 경우가 바로 그랬다. 자기확신에 대한 도전을 경험하는 순간 실험으로 들어가버린 것이다. 보통은 의도적으로 계획해서 실험을 하지만, 수전의 경우는 자기도 모르게 실험에 들어갔다. 수전의 경우는 일종의 심리실험이었다. 심리실험이란 같은 상황을 해석함에 있어 새로운 사고의 틀 또는 다른 심리 모델을 시도해보는 것을 의미한다.

  자기와 다른 사람에게서도 뭔가를 배울 수 있다는 얘기를 들었을 때 수전은 조와의 경험을 대입해보고 조한테서도 뭔가 배울 수 있을까 실험해보았다. 그럼으로써 여태껏 갖고 있던 사고의 틀, 부적절한 행동을 하는 문제인간들은 벌 받아야 한다는 자기확신에 의해 지탱되는 사고의 틀에서 잠시나마 벗어날 수 있게 되었다. 조와의 경험을 해석함에 있어 다른 방식을 고려해봄으로써 수전은 자기확신을 탐구할 수 있었다. 이후 그렇게 절대적으로 보이던 자기확신은 사실일 수도 아닐 수도 있는 그냥 가정이 되어버렸다.


### 스스로 실험을 통해 배우기

  이 실험에서 예상하지 못했던 결과는 새로운 자기확신을 발견한 것이다.

> 그러한 자기확신의 밑바탕에는 경쟁심이 있었다. 다른 누군가의 이득은 나의 손실이다. 나의 가치를 인정받기 위해, 내가 필요로 하는 것을 얻기 위해서는 다른 누군가를 희생시키고 나를 증명해 보여야 하는 것이다.

  조의 화려한 이력을 들었을 때 어째서 스스로를 증명해 보여야 한다는 생각, 그리고 안 그러면 인정받지 못할 거라는 위기의식이 들었는지 이제는 알 것 같았다. 조에 대한 비판은 경쟁상대를 깎아내려야 할 필요성 때문에 생긴 것이다.

  검토결과를 간추리면 다음과 같다. 수전의 자기확신은 변한 것도 있고 변하지 않은 것도 있다. 부적절한 행동을 일삼는 문제인간들은 반드시 벌을 받아야 한다는 자기확신은 변했다. 그녀는 자신이 보기에 "도리를 모르는 사악한 자들이 정의의 신으로부터 벌을 받고 안 받는 문제는 이제 더 이상 중요하지 않다"고 했다. 하지만 모든 사람을 판단해야 한다는 첫 번째 자기확신(이제 조는 잘해보려고 노력은 하는데 잘 안 돼 낑낑대는 강아지 새끼 같다)과 자신의 판단이 정확하다는 두 번째 자기확신은 아직 변하지도, 도전받지도 않은 것 같다. 수전의 말 속에 수전의 심리가 고스란히 드러나보인다.

> 동료와의 경쟁심리, 그리고 남의 이득은 곧 나의 손실이라고 생각하는 심리는 곧 타인을 쉽게 비난하는 언어습관으로 이어진다.

조는 변하지 않고 그대로인데 어느 순간 내가 그냥 괜찮아졌다. 조의 존재 때문에 수업을 망친 게 얼마나 될까? 몇 차례 엉뚱한 소리 한 거, 그건 모두들 대개 무시해버렸고, 발표 준비 제대로 못한 거하고…… 근데 정말 수업을 망친 건…… 없네! 조는 학기 내내 계속 튀게 행동했다. 걸핏하면 약자 써대고, 혼자 잘난 체 대답해버리고, 게다가 단어 오용까지! 하지만 그러거나 말거나 개의치 않기로 했다. 그러니까 조가 벌 안 받더라도 상관없어!

수전이 처음에 갖고 있었던 자기확신의 집합을 더듬어봄으로써 수전의 자기확신의 결과를 찾아볼 수 있다. 수전은 조가 '무능하고 이상해서' 문제라고 확신했다. 그 확신과 밀접하게 관련된 또 다른 두 번째 확신은 '조가 문제'라는 것이고, 세 번째 확신은 '문제학생한테서는 배울 게 없다'는 것이다. 그러므로 조의 '행동을 고쳐야 한다'는 애초의 생각은 그 세 가지 확신에서 나온 것이다. 수전이 밝힌 것 중에 '내가 부적절하다고 판단한 사람들은 반드시 벌을 받아야 한다'는 자기확신이 있었다. 그 확신은 변화가 어떤 방향으로 해결되어야 하는가에 대한 수전의 생각을 보여준다.

하지만 같은 클래스 사람들의 말을 듣고 "아하~" 한 후, 수전의 자기확신에도 변화가 일어났다.


조가 무능하고 이상한 것이 문제가 되진 않는다(문제학생이긴 하지만, 조한테서도 배울 수 있다는 것을 알았기 때문). 그것을 문제로 만든 원인자는 나 자신이므로(조가 나의 학습자료가 될 수 있다는 것을 깨닫지 못함으로써), 문제가 아닌 것으로 만들 수도 있다고 생각한다(조 같은 사람한테서도 배울 수 있다).


## 평가 : 누구나 사고의 틀이 바뀔 수 있다

수전의 변화는 수전의 마음을 열어 '문제학생' 조에게서도 배울 수 있음을 증명했다. 우리가 볼 때 이것은 엄청난 변화다. 불가능했던 것이 가능해지고 닫혔던 것이 열렸기 때문이다. 열린 마음으로 수전은 조한테서 배웠다. 수전 자신은 아직 딱 짚어 말하지 못하지만, 무능하다고 생각되는 사람들에게 어떻게 반응하느냐는 전적으로 자신한테 달렸음을 배운 것이다. 이것은 수전에게 특히 중요한 의미가 있다. 학생들의 다양한 관점을 보다 열린 마음으로 수용할 줄 아는 교사가 되고, 사람들과 잘 어울려 지낼 수 있는 사람이 되는 것이 수전의 목표이기 때문이다.

　제대로 못하는 걸 보면 왜 저것도 못할까 하고 화내고 미워했던 자신을 들여다봄으로써 "무능은 문제이고, 문제는 언짢고 화나는 것이다"라는 자기확신의 결함을 발견하게 된다. 수전은 이제 무능이 곧 문제가 아니라는 것을 안다. 문제가 없다면 언짢거나 악감정이 있을 이유도 없다.

　수전은 무능하다고 생각되는 사람들을 비난하지 않고 포용하며 심지어 관심을 갖고 지켜보는 능력을 키워나가기 시작했다. 상대를 지도·감독해야 할 관계이고, 성과에 대해 약간의 책임을 져야 하고, 수전의 평가가 백번 천번 옳다 하더라도, 그런 능력을 키울수록 그 사람들에게 많은 도움이 될 수 있다. 만일 수전이 어떤 방법으로 조에 대한 비판적 태도를 일찌감치 버렸다면, 문제가 된 조에 대한 인식(조목조목 이유를 들어 논리를 세운 비판)과 감정적인 부분(조에 대해 느끼는 감정) 사이의 관계를 변화시킬 기회를 놓쳐버렸을 것이다. 그 점에 주목할 필요가 있다.

　수전은 또한 자신이 원하는 것을 얻기 위해서는 경쟁자가 공개적으로 처벌받아야 한다는 근원적인 자기확신에서도 어느 정도 벗어나기 시작했다(누군가의 손실은 곧 자신의 이득이라는 가정을 이제 확실히 볼 수 있게 된 것이다). 조는 여전히 무능하지만 벌을 받지 않을 수 있으며, 수전은 자신의 가치를 인정받을 수 있다(존중받거나 일원으로 받아들여지거나 같이 어울릴 수 있다). 수전의 내적 세계는 상당한 변화를 경험했으며 그 결과 외적 세계에도 상당한 변화가 일어났다.

　그렇다고 무슨 약속의 땅 같은 데로 들어갔다는 얘기가 아니다.

우리 모두 그렇듯이 수전 앞에는 또 다른 종류의 자기확신들이 기다리고 있을 것이다. 조에 대한 수전의 비판이 옳을 수도 있다. 하지만 자신과의 이해관계 때문에 더 심하게 비판하게 된 것 같다는 수전의 말을 생각하면 좀 의문이 생기기도 한다. 수전의 이야기 어디에도 자신의 평가가 옳다는 가정이 도전받기 시작했다는 말은 없다. 아직까지는.

우리가 수전의 이야기를 소개하는 것은 가능한 모든 학습을 성취한 케이스이기 때문이 아니다. 그보다는 사람들이 특정한 상황에서 의미를 만들어내는 방식과 사고와 감정의 틀이 바뀌는 과정을 보여주기 위함이다. 정말 드물게 일어나는 그 변화 과정에서 내면의 언어를 이용하는 사람들의 독창성과 용기를 보여주기 위함이다. 기존 사고의 틀에서 독창적인 생각을 해내는 것과 사고의 틀 자체를 바꾸는 것은 완전히 다른 얘기이기 때문이다.

## 후기

수전은 새로 학습한 내용을 다른 사람에게도 적용시킬 수 있는지 보고 싶었다. 그래서 모든 사람들을 자신이 판단해야 하고 잘못된 행위는 벌 받아야 한다는 자신의 확신을 전혀 다른 맥락에서 실험해보았다. 과연 수전이 예전에 가졌던 자기확신을 객관적으로 바라볼 수 있을까? 수전은 자신이 정말 근본적으로 변했는지 실험해보고 싶었다.

변화를 위한 학습의 중요한 속성은 어느 정도 내구력이 있어야 한다는 것이다. 자정이 되었다고 해서 드레스가 누더기가 되고 마부가 쥐로 변하는 일 같은 건 일어나지 않는다. 변화된 부분은 자아가 확장된 상태로 견고하게 자리 잡을 것이다. 나는 정말 근본적으로 변화했을까 아니면 일시적인 변화에 불과한 것일까?

교사이자 학생으로서 다른 생각을 포용할 줄 아는 사람이 되고자 하는 실행의지를 자기확신이 방해하고 있음을 깨닫고, 수전은 자신의 수업시간을 실험무대로 삼았다.

조를 좀더 포용력 있게 바라보게 된 것처럼, 학교의 문제아들에게도 능숙하고 기꺼운 마음으로 가르칠 수 있을까?

나는 아이들에게 많은 것을 주고 싶은 욕심에 많은 미술활동을 계획했다. 수업에 대한 열의와 욕심이 필요 이상으로 넘치다 보니, 캠프에 와서 종일 농땡이 치고 장난치면서 시간 허비하는 아이들을 보면 화가 나서 도저히 참을 수가 없었다!

## 수전의 고백

나는 수업 시작하고 처음 며칠이 너무 싫다. 아이들끼리 서로 잘 어울릴 수 있게 하고 나를 신뢰하게 만드는 것이 마땅히 내가 해야 할 일이라고 생각되기는 하지만 너무 힘들다. 전에 아이들이 서로 잘 어울리지 못했던 데에는 모든 아이들을 포용하지 못한 교사로서 나의 무능이 한몫했다(하지만 그 애들 중 몇몇은 여름방학 내내 대충 농땡이나 치면서 사람 열받게 할 생각뿐이었다구!). 그렇지만, 이제는 내 포용력에도 변화가 일어났으므로 아이들을 포용하는 방식을 알아가기 시작했다.

내 안의 뭔가가 달라졌다. 아이들에게 서로 잘 지내라고 강요하지 않고 내가 모든 아이들과 다 잘 지내는 것을 보여주었다. 아직 덜 성숙한 여자아이들의 어린애짓거리에 짜증이 좀 나긴 했지만, 그냥 넘겨버렸다. 한 주가 끝날 무렵에는 아이들의 그런 행동도 많이 줄었다. 성숙한 여자아이들의 쿨한 무관심이 위협적으로 느껴지기는 했지만, 나도 적당히 쿨하고 적당히 무관심하게 접근했다. 알고 보면 그들은 아직 어린 애들이다.

마음 같아서는 아이들이 동생이나 부모, 자신에 대한 증오를 털어놓는 얘기 같은 건 하나도 듣고 싶지 않았다. 마음속으로 '닥쳐!' 하고 외쳤지만("난 너무 바보 같애"라고 읊어대는 아이 말을 듣고 있지만 말고 자긍심을 키워주는 것이 교사의 의무라 생각하면 그렇게 하는 것이 맞다), 입 닥치게 하는 것이 역효과만 낼 것 같았다. 그런 증오심을 드러내지 못하게 하는 것은 영혼을 가둬놓는 것이 될 테니까.

뭔가를 가르쳐야 한다는 교사로서의 책임감과 빈둥거리고 농땡이 칠 아이들의 권리 사이에서 균형을 맞추기 위해, 나는 매일 아침마다 수업 내용을 제시하고 각자 참가 여부를 결정하도록 했다. 전과 달라진 것은 정말로 신경이 쓰이지 않는다는 것이다. 이따금 한 시간 넘게 낙서만 끼적거리며 빈둥거리는 아이들도 있다. 그런 '쓸데없는' 짓거리를 하는 꼴을 보면 전에는 대개 열받아서 돌아버릴 지경이었다. 나 같은 유능한 선생님을 앞에 두고 쓸데없는 데 시간을 낭비하다니 하고 말이다.

아리엘이라는 아이는 그림을 잘 그렸다. 그런데도 아침마다 그려내는 것이라고는 구성도 엉망인 조막만 한 말 스케치뿐이었다. 평키한 반항아 아리엘은 선생이 시키는 대로 할 아이는 아니었다.

그걸 알았기에 나도 말하지 않았다. 어느 날 아침, 아리엘 옆을 지나치면서 "말 그림을 크게 색채화로 그려보면 좋겠지" 하고 지나가는 말처럼 던졌다. 고개를 약간 끄덕이는 것 같았다. 다음 날 왜 말 그림을 색채화로 그려보라고 했느냐고 아리엘이 내게 물어왔다. 나는 대답 대신, 말을 많이 그리는 것은 네가 역동적인 움직임을 좋아하기 때문이 아니냐고 되물었다. 아리엘이 그렇다고 했다. 나는 움직임의 흐름을 잡아내기엔 붓이 제격이라고 말해주었다. 진회색 종이 위에 흑백색으로 멋진 작품을 만들어냈다. 아리엘은 자신이 그린 그림을 보고 꽤 만족하는 듯했다.



다른 사람들은 다 청소를 하는데 아리엘은 왜 뒷정리를 안 하냐고 장이 내게 와서 물었을 때(그건 나도 거슬렸던 터였다), (이번에는 반사적으로) "나도 잘 모르겠다"면서 아리엘한테 직접 물어보라고 했다. 장은 정말로 아리엘한테 가서 물어보았고, 아리엘은 하던 작업만 끝나면 곧 치우겠다고 대답했다. 아리엘은 재빨리 작업을 끝내고 치우기 시작했다. 가뿐하게 문제 해결!

그 주가 끝날 무렵에는 학생이나 나 모두 서로 말을 트면서 상대방의 단점을 받아들인 것 같았다. 끝나고 나서 평가서를 작성했는데, 우리가 같이 한 프로젝트에 대해 긍정적인 평가가 나왔다. 전에는 수업 분위기를 망치는 아이를 조금도 용납하지 못했었다. 하지만 이제는 달라졌다. 내가 달라지니까 아이들의 태도가 포용적으로 되지 않았는가.

# 불이 계속 타게 하려면

에밀리, 피터, 수전의 사례에서 봤듯이 자기확신을 의심하고 그것을 객관적으로 보는 눈이 필요하다. 자기확신과 거리를 유지하면 새로운 생각이 일어나고, 새로운 선택이 보이며, 새로운 행동을 시도할 여지가 생겨난다. 하지만 자기확신이 나를 지배하게 되면, 그리하여 자기확신을 관찰할 수 없게 되면, 나도 모르게 내부에 면역시스템이 가동되어 비변화, 비효율을 생산해낸다.

자기확신은 셋째칸 다짐을 야기하고, 셋째칸 다짐은 또 첫째칸 실행의지를 방해하는 둘째칸 행동들을 지속시킨다. 다시 말하면, 우리의 자기확신이 변화에 대한 면역과 비효율을 만들어내는 '근간'이라는 얘기다. 익숙한 것을 생소하게 만들고, 생소한 것(우리가 절대적 사실이라고 믿고 있는 것이 어쩌면 우리가 왜곡한 사실일 수 있다는 것)을 좀 더 익숙하게 만들 기회를 자꾸 되풀이하면서 언어습관의 점검을 통해 내면의 변화를 이끌어낼 수 있다.

4칸 도표는 우리의 자기확신을 흔들어보고 싶은 생각이 들게끔 의도적으로 고안된 것이다. 자기확신이 어떻게 변화에 대한 면역성을 낳고 비효율의 근간이 되는지 보여준다. 동시에 반대방향으로 가려하는 우리 자신의 모습도 보게 해준다. 뿌리부터 변화하려면 그것을 밝혀낼 필요가 있다. 그런 사실에 직면했을 때, 우리는 외면해버리든가 아니면 깊이 탐구하게 된다. 아무것도 하지 않을 수는 없다.

하지만 특별한 환경이 갖추어지지 않는 한 외면하기란 너무도 쉽다. 에밀리, 피터, 수전은 문제를 인식한 후 학습기간을 연장했다. 수전은 15주간 일주일에 3시간씩 대학원 강좌에서 언어 훈련을 했다. 에밀리는 2주간의 강좌에서 자기확신을 발견한 다음 4개월 후 다시 열흘간 강좌에 참석했다. 그러고 나서도 1년 넘게 강좌 참가자들과 주기적으로 대화를 나누며 자기확신에 대한 탐구를 계속해나갔다. 피터는 3년 넘게 개인의 변화를 위한 4가지 언어를 사용했다. 위의 세 사람은 각자 나름대로 대안적 언어 커뮤니티를 만들어 뿌리 깊은 사고방식을 뒤흔들고 재창조하는 과정을 받아들였다.

에밀리, 피터, 수전이 각자 자신의 성장에 도움이 된 면을 말해주었다. 에밀리는 자신이 경험한 변화에 대해 이렇게 말했다.

"내가 이 워크숍을 같이 했던 한 사람은 이렇게 말했어요. '대기업에서 살아남기 위해 나는 내 영혼을 판 것이나 마찬가지야'라고요. 그는 회사가 그에게 한 일에 대해 매우 불만스러워하면서도 두려워했어요. 대기업을 떠나면 자신은 별 볼 일 없는 존재가 될 거란 것이 그의 자기확신이었던 거죠. 그걸 발견한 순간 그는 거의 울려고 했어요. 그때까지만 해도 굉장히 강하고 단단해 보이는 사람이었는데 정말 뜻밖이었지요. 그 과정이 다른 사람들에게 주는 충격과 영향, 효과를 지켜보니 혼자 하는 것이 아니라 같이 겪어나가는 거구나, 하는 생각이 들었어요. 그리고 다음에 만날 때도 다들 자신의 깊은 곳을 보러 오겠구나 생각하면 상당히 힘이 되었지요."

다음은 피터의 말이다.

"워크숍에서 만난 서너 명하고 몇 년간 계속 연락을 했어요. 처음 1년 정도는 전화를 많이 했지만, 요즘은 회의하듯 만나서 얘기합니다. 우리는 우리가 배운 자기확신에 대한 공통의 경험을 나누면서 직장에서 벌어지는 갈등과 문제들을 서로 평가해요. 그 친구들과 만나 얘기하는 것만으로도 직장에서 리더로서의 나 자신에 대한 확신이 생기는 걸 느낍니다."

에밀리, 피터, 수전의 얘기를 들어보면, 우리 안에 숨어 있는 동적 평형에 대한 탐구를 할 수 있게 해주는 언어 환경이 필요하겠구나, 하는 것이 절실해진다. 자신의 사고방식을 뒤흔들어보고 싶은 마음이 드는 것은 중요하기는 하지만 반짝하는 스파크에 지나지 않는다. 자기확신을 처음 어렴풋이 감지한 것 역시 기껏해야 부싯불 정도에 불과하다. 중도에 흐지부지되지 않기 위해서는 지속적인 노력과 학습이 필요하다. 우리의 학습이 필요로 하는 동안 그 불꽃이 꺼지지 않도록 지속적으로 산소를 공급해주는 역할을 하는 것이 바로 7가지 언어습관이다.

# 직장을 변화시키는
# 언어 사용하기

2부에서 지속적인 '관심의 말'을 소개하면서, 내용 없는 칭찬이나 격려보다는 직접적이고 구체적인 감사의 언어를 사용할 것을 제안했다. 그렇다면 그 같은 언어를 어떻게 유용하게 사용할 수 있는 직장 환경을 만들어낼 수 있을까?

## 지속적인 '관심의 말' 사용하기

간부회의, 위원회, 프로젝트 미팅, 팀 미팅, 부서회의, 교직원회의, 분과회의 등 모든 회의를 감사의 말(직접적이고 구체적으로)로 시작한다면 어떨까? 누구든 감사의 말을 구체적으로 던지는 것이다.

이런 제안을 하면 보통 걱정스러운 반응이 나온다. "아무도 할 말이 없어서 어색한 침묵만 흐르면 어떻게 하지?" "한 번도 감사받지 못하는 사람이 생기면 어떡해요?" "꼭 여러 사람 있는 데서 공공연하게 해야 되나? 너무 민감한 문제야!"

자, 그 걱정들을 하나씩 차례대로 짚어보자.

## 직장이라는 언어공동체에서 리더의 역할

아무도 할 말이 없다면 어떻게 하냐고? 경험상 그런 일은 한 번도 없었다. 그리고 설사 그렇다 하더라도 손해 볼 것이 없다. 언어공동체의 리더에게는 그것도 소득이라면 소득이다. 설혹 오늘은 아무도 나서는 사람이 없다 하더라도 필요를 느끼고 계속 실행하면, 오늘 아니면 내일, 모레라도, 누군가 원할 때 할 수 있게 마련이다.

뭔가를 위한 자리를 만들어놓으면, 신기하게도 그 일이 일어날 가능성이 훨씬 높아진다. 리더가 언어공동체를 이끌어야 한다는 것도 같은 맥락의 얘기다. 리더는 자신이 말하는 방식과 내용에 주의해야 할 뿐 아니라 공동체 구성원들을 위한 의사소통의 장을 만들어주어야 한다.

직원회의를 대하는 사람들의 태도를 한번 생각해보자. 회의라는 것은 잘해야 '재미없는 것' '지겨운 것'이다. "에고, 지겨워." 회의실에 들어서며 직원들은 흔히 이렇게 중얼거린다. "또야. 이놈의 회의 좀 안 하고 살 수 없나. 정말 징그러!" 이와 같은 불만은 소위 피지도자, 즉 부하직원들의 '특권'이다. 부하직원들은 일상 업무에 대해 불평할 권리가 있다. 하지만 리더는 그렇지 못하다. 리더는 눈알을 굴리며 "젠장, 괜히 또 아까운 시간만 날리게 생겼네"라고 말할 특권이 없다. 자신이 회의를 주재하는 사람이기 때문이다. 비행기에 타려고 줄 서 있는데 뒤에서 "만일 신이 인간이 나는 것을 바랐다면, 날개를 줬을 텐데! 왜들 비행기는 자꾸 타려고 하는지 원……"이라는 소리가 들렸다 치자. 그런데 돌아보니 그 불평꾼이 바로 조종사였다면 어떤 생각이 들까? 리더한테는 그럴 특권이 없지만, 그럼에도 불구하고 많은 리더들은 이런 권리를 행사하려 든다.

직원들이 리더가 주재하는 회의에 참석하기를 신나 하지 않는다면 그 이유에 대해 걱정해야 마땅하다. 파티를 자주 여는 사람이 친구한테서 이런 말을 들으면 귀담아 두는 것처럼 말이다. "저기, 이런 말 하기가 쉽지는 않지만, 그래도 난 네 친구니까. 내가 안 해주면 누가 하겠어? 있잖니, 사람들이 네 파티에 오는 거 별로 재미없어해."

회의가 당면 안건을 다루는 중요한 자리라는 것은 누구나 아는 사실이다. 하지만 사실, 회의는 특별한 기회의 장이기도 하다. 모두 한 자리에 모이기 때문이다. 갑자기 회의시간을 잡으려는 일은 보통 골치 아픈 일이 아니다. 전체 모임은 당면한 사무만 처리하는 것이 아니라 공동체로서 우리에게 가장 중요한 것, 우리가 목표하는 바, 또는 보다 큰 의미에서 우리가 지향하는 바를 공유하는 자리이기도 하다. 회의 때 그러한 목적에 잠시라도 시간을 할애하지 않는다면 그것은 리더로서 소중한 기회를 유기하는 것이 된다.

우리는 지금 커뮤니케이션 혁명 시대에 살고 있지만, 커뮤니케이션 기술은 쇠퇴하고 있는 듯하다. 그러한 사실을 대다수의 리더들은 너무나 쉽게 간과하고 있다.

예를 들어, 누군가의 축하 파티에 참석했다고 하자. 맛난 음식과 각종 음료가 준비되어 있고, 사람들은 삼삼오오 모여 즐겁게 대화를 나눈다. 그런데 사람들을 주목시켜 뿔뿔이 흩어진 개개의 경험을 하나의 공동의 경험으로 분위기를 이끌어주는 사람이 하나도 없다면 어떨까? 집으로 돌아오면서 뭔가 빠진 듯한 기분이 들 것이다. 주인공뿐 아니라 우리가 하나 되는 경험을 할 기회를 갖지 못했다는 것, 우리가 아끼는 사람의 기쁜 일을 함께 축하해주고자 갔던 자리에서 공동의 관심을 쏟을 기회를 갖지 못했다는 것 말이다.

커뮤니케이션 능력에는 따뜻한 미소와 진심 어린 악수뿐만 아니라 우리의 관심과 의지가 모아지는 공감대를 창출해내는 능력도 포함되어야 한다.

회의 서두에 감사나 감탄의 표현을 할 시간을 만들어주면, 리더는 이곳은 서로를 격려하고 힘을 실어주는 곳이라는 메시지를 은연중에 전달하게 된다. 서로 갈구고 신경 건드리고 실망만 시키는 곳이 아니라, 서로에게 감사하고 서로의 능력에 감탄하고 또 그것을 말로 표현하는 곳, 주어진 업무만 능률적으로 처리하면 되면 그만인 곳이 아니라, 마음을 일깨워주는 곳이라는 느낌 말이다.



그러한 커뮤니케이션 환경을 마련해줌으로써 언어공동체의 리더는 직원들이 알든 모르든, 직원들로 하여금 감사 또는 감탄의 경험을 나누는 방향으로 마음을 쓰게 된다. 그렇게 자꾸 하다 보면, 여전히 문제도 많고 힘든 가운데 있다 할지라도, 진심으로 감사하고 감탄할 줄 아는 능력이 키워진다. 그러한 경험을 표현할 장을 마련해줌으로써, 언어공동체의 리더는 사람들이 그 경험에서 뭔가를 얻을 수 있는 기회를 급격히 증가시킬 수 있다. 직장에 공적 채널이 존재하지 않는 다면 서로서로 말하지 않고 넘어갈 가능성이 많아진다. 동료에게 감사의 경험을 얘기해야 하는 상황이라 생각해보자. 그 사람을 찾아가 시간 좀 내달라고 한 다음, 무턱대고 본론으로 들어갈 수는 없으니 서론이 될 만한 얘기를 늘어놓고 나서야 본론을 말할 수 있을 것이다. 사실 그건 좀 꺼려지는 일이다. 감사하거나 감탄하는 마음은 느낄지라도 그런 번거로운 일을 나서서 한다는 게 쉽지만은 않다. 혹할 수 있다 하더라도 우리는 너무 바쁘다. 여기저기 전화도 걸어야 하고, 이메일도 수십 군데 보내야 한다. 업무에, 스트레스에 쌓여 살다 보면 결국 마음을 전달할 수 있는 기회를 잃게 될 확률이 높다. 이것은 직장공동체에서 엄청난 손실이다. 리더가 언어공동체의 리더로서 제 역할을 해준다면 그러한 손실을 막을 수 있다.

### 칭찬·감사·관심의 언어습관

사람들은 묻는다. "한 번도 감사나 감탄의 말을 듣지 못하는 사람이 생기면 어떻게 하나?" 재밌는 것은, 처음에는 그런 질문이 많이 나오지만 막상 관심의 언어가 직장에서 잘 운영되면 그런 의문들은 자연스럽게 사라져버린다. 그와 같은 언어가 지속적인 흐름으로 정착될 경우, 갈수록 불어나는 자원을 창출해 분위기가 화기애애해진다. 올해의 직원상 같은 포상 행위가 아니기 때문에 모든 직원들은 충만감으로 일할 수 있다.

어떤 사람이 공적으로든 사적으로든 평생 한 번도 칭찬받은 적이 없다면 어떨까? 그런 일은 있을 것 같지는 않지만, 만에 하나 그런 경우가 있다 하더라도 그 사람에게 유용하게 작용할 것이다. "내가 사람들에게 나의 좋은 면을 경험할 기회를 너무 적게 주었던가?" "왜 내 노력은 감사하거나 감탄할 만하지 않을까?"

하지만 실제로 관심의 언어가 정착되면 칭찬받지 못하는 사람에 대한 우려가 줄어드는 큰 이유는, 제대로 실행될 경우 상 주기 식의 반짝효과가 아니라는 데 있다. 지속적인 관심의 언어로 칭찬할 때 그 대화의 내용은 화자의 경험에 관한 것이 된다. 관심의 언어가 전달받는 사람보다 전하는 사람에 대한 관심과 격려가 될 때 누가 칭찬을 받느냐 하는 사소한 문제는 덜 중요해지게 된다.

### 관심의 언어는 직장을 변화시킨다

때때로 사람들은 이렇게 말한다. "좋아요. 다 좋은데, 꼭 공식적인 자리에서 해야 됩니까? 너무 닭살이잖아요." 또는 "우리 팀 사람들이랑 이걸 하라구요? 나는 괜찮지만, 몇 사람은 발작할걸요! '아니, 회사가 갑자기 정신과 상담실로 변했나? 분위기가 왜 이래?'라고요."

물론 관심의 언어를 꼭 공적인 자리에서 장려할 필요는 없다. 다만 감사와 감탄이 직장에서 좀더 활발하게 이루어져야 고무적인 분위기가 형성된다는 것이다. 회의시간에 그런 시간을 갖자는 것은 관심의 언어를 활성화시키는 한 방법이다.

하지만 자신이 거북하다는 이유로, 또는 다른 사람들이 불편해할 거라는 이유로 그런 채널을 열어놓자는 제안을 거부하기 전에, 먼저 기존의 회의 방식이 직원들을 불편하게 만들지는 않았는지 생각해봐야 한다.

기계적이고 틀에 박힌, 업무효율 일변의 운영방식 때문에 직원들이 오랫동안 불편했으리라는 생각을 해본 적이 있나? 농담 따먹기 식 언어가 사람들을 거북하게 만든다는 생각은? 직장에서 대화하는 방식에 변화가 일어나면 불편해하는 사람들이 생긴다는 말은 맞을 수도 있다. 하지만 언어 리더로서 그걸 어떻게 바라봐야 할까?

"직장 환경에서 모든 차이, 다름이 자연스럽게 수용되도록 한다." 아주 훌륭한 목표다. 하지만 그전에 좀 덜 거창한 목표를 제시하고자 한다. 아마도 언젠가는 모든 다름이 원만하게 포용되는 날이 오겠지만, 우리는 그전에 불편이 좀더 '고르게' 퍼지기를 바란다. 리더가 직장에서 변화를 일으키려 하면 불편해하는 사람들이 분명 있게 마련이다. 하지만 그 사람들 때문에 계획을 취소할 수는 없다. 왜냐하면 현 상태를 불편해하는 사람도 틀림없이 있을 것이기 때문이다. 여기서 제시한 7가지 언어는 사람들 스타일에 따라 맞는 사람도 있고 안 맞는 사람도 있을 것이다. 새로운 변화로 누가 불편해하지 않을까 걱정하기보다는 그 불편의 부담이 항상 같은 사람들한테 짐지워지지 않도록 배려하는 것이 더 중요하다.

> 리더의 역할은 대화를 주도하는 것이 아니라 대화의 장을 만들어 주는 것이다.

세미나나 워크숍을 하면서 관심의 언어를 전달할 기회를 주면 할 말이 어쩜 그렇게 많은지 참가자들 스스로도 놀라는 경우가 많다. 동료가 칭찬받고 노고를 인정받는 것을 보면 참가 직장인들의 얼굴은 부드럽게 풀어지고 기쁨에 차는 것을 본다. 잠깐씩이라도 우리 자리에 와서 보라고 하고 싶어진다.

앞에서도 말했지만, 그와 같은 의사전달을 꼭 여러 사람이 모인 자리에서 해야 할 필요는 없다. 하지만 그렇게 할 경우 이점이 많다. 칭찬받는 당사자가 아니더라도 그러한 언어가 전해지는 자리에 함께 있는 것만으로도 사람들은 가치 있는 뭔가를 느낀다. 선물을 풀어보는 모습을 지켜보는 것만으로 기분이 좋아지는 것과 마찬가지다.

공적인 자리에서 한다고 해서 사적인 자리에서 그런 대화가 줄거나 없어지지는 않는다. 전체회의 자리에서도 수시로 하면 그런 대화를 개인적으로 하게 될 가능성은 커진다(서로 직접 얘기를 하거나, 쪽지나 이메일을 주고받는 등). 공적 생활이 바뀌면 개인적 삶도 바뀌고 향상될 수 있다.

우리가 공적인 자리에서 지속적인 관심의 언어를 실천하라고 독려하는 것은 감사나 감탄, 칭찬의 횟수만 늘리라는 것이 아니다. 이곳은 다른 사람들에게 내가 중요하고 그 사람들도 내게 중요한 의미를 지니는 곳임을 직장 구성원 모두가 공감하라는 것이다.

## 직장이라는 언어공동체 이끌기

언어공동체를 이끄는 것이 반드시 대화를 주도해야 한다는 것은 아니다. 사실 리더가 관심의 언어를 퍼뜨릴 환경을 조성해야 하긴 하지만, 특히 회의를 주재하거나 직책상 다른 구성원들보다 높은 위치에 있을 경우, 리더 자신은 잠시 뒤로 빠져주는 것이 좋다.

보스가 칭찬이나 감사의 말을 했을 경우, 사적으로 말을 던졌을지라도 교묘한 지시사항처럼 들릴 수 있다. 이상하게도 통제요소가 슬며시 끼어들어 순수하지 않게 들리는 것이다. 하지만 당근을 준다는 의미로 느껴지지 않게 하려면, 리더도 이따금 자신이 느낀 대로 순수하게 관심의 언어를 표현해도 괜찮다.

리더가 직장에서 관심의 언어를 확산시켜야 한다는 얘기는 그런 언어를 가장 많이 쓰라는 사람이 되라는 얘기가 아니다. 부하직원들이 그러한 언어 표현을 많이 할 수 있도록 자연스러운 환경을 조성하라는 것이다. 동료 간에 보다 풍부한 의사소통을 강화하라는 것이지, 리더가 칭찬, 격려의 목소리를 높이라는 얘기가 아니다.

리더들을 만나보면 나이, 성별, 조직 특성, 출신국가에 관계없이 한 가지 공통점이 있다. 다들 피곤해한다는 것이다. 리더들은 매우 피곤해한다. 대부분의 리더들은 자신이 너무 많은 일을 하고 있다고 생각한다. 사실 너무-많은-일을-하고-있다!

리더가 자신이 조직에서 일어났으면 하는 모든 좋은 것의 발의자요, 창안자요, 원천이 되어야 한다고 생각하면, 사실 너무 많은 일을 해야 하는 중압감에 피곤할 수 있다. 그러나 조직에서 일어나는 움직임, 조직과 구성원들의 소리에 귀 기울이는 데 좀더 많은 시간을 할애한다면, 자신이나 조직의 건강을 위해서 훨씬 좋을 것이다. 그러한 일을 소홀히 한다면 좋은 직장은 실현되기 힘들다.

보통 직장인들은 자신이 얼마나 중요한 존재인지 동료들에게 알리고 싶고, 자신의 선택이나 행동이 동료들에게 어떤 의미를 갖는지 듣고 싶어 한다. 관심의 언어 채널이 마련될 경우 이들이 뱉어내는 엄청난 말의 홍수를 보면 알 수 있다. 그런데도 많은 기업은 이런 긍정적인 효과를 갖는 관심의 언어를 놀라울 정도로 표현하지 않고 있다. 훌륭한 연료를 이용하지 않고 땅 밑에 묻어두는 격이다.

여기에 바로 생산적인 에너지의 원천이 있다. 그것은 리더 개인에게서 나오는 것이 아니다. 그 에너지를 많이 꺼내 쓰면 리더도 지치지 않게 된다. 하지만 이는 잠재적인 에너지일 뿐이다. 그 에너지를 끌어올려 조직 곳곳으로 뻗어나가게 하려면 리더의 결단력과 진취적 정신이 필요하다.

## 직장에서 '합의의 말' 끌어내기

2부에서 '합의의 말'을 소개하면서 직장에서 흔히 하는 규제와는 다른 것이라고 했었다. 또한 조직의 건강성을 촉진하는 수단이기도 하다고 했다. 실제 직장에서 어떻게 해야 그런 언어습관을 정착시킬 수 있을까?(말만 하는 것 말고)

물론 현실의 조직이나 근무환경은 2부에서 예로 든 상황보다 훨씬 복잡할 수 있다. 지나온 역사, 조직체계, 구성원들의 개성이 다 다를 것이기 때문이다. 대인관계 문제도 다르게 표출되고 회사 구성원들의 공식 직함, 권위, 공적 기능에 따라 분위기도 다르고 그에 따른 문제도 생겨난다.

그러한 요소들이 모아져 합의의 언어가 자리 잡기 어렵게 만들 수 있다. 하지만 우리 경험으로 볼 때 불가능한 것은 아니다. 사실 조직 역사에 문제가 없을 수 없고 그러한 현실은 장애만 되는 것이 아니라 도움이 될 수도 있다. 지나온 역사가 있다는 것은 이미 문제를 지적할 수 있음을 의미하고, 앞으로 보게 되겠지만, 그러한 문제들은 합의의 언어를 끌어내는 기초자료가 될 수 있기 때문이다.


### 직장에서 '합의'란 무엇인가?

회사에 어떤 합의 과정이 존재하며, 합의 위반 시 어떻게 처리되는 가가 조직의 건강함을 평가하는 잣대다. 그래서 우리는 보통 워크숍에서 다음과 같이 간단한 질문을 던지면서 시작한다. "여러분들 간에 공유된 합의사항이 있습니까?" 그러고 나서 우리는 대부분의 직장에서 합의가 얼마나 이루어지고 있지 않은지 확인하게 된다.

합의한 것이 있냐고 물어보면 사람들은 개인적인 합의를 이야기해준다. 이를테면 "우리 회장(사장)이랑 고용조건에 합의하고 서류에 서명했으니까 합의한 거지" "리처드랑 헬렌이랑 나랑은 연구 프로젝트의 모든 데이터를 공동 소유하기로 합의하고, 모든 출판 및 간행물은 공동명의로 해야 한다고 합의했어요" 하는 식이다. 그런 합의 말고 회사 또는 부서의 공동체적 삶에 영향을 끼치는 합의를 말하는 것이다. 그 다음으로 흔한 반응은 회사 사칙이나 운영규칙 등을 언급하는 것이다. "모든 사원들은 우리 제품의 생산 및 유통에 관한 정보를 회사의 독점 소유재산으로 간주한다" 또는 "정기보고 및 평가서를 제때제때 제출할 것" "동업자 3분의 2의 찬성이 있어야……" 등등의 합의를 이야기해준다.

그런 것들도 물론 조직의 규칙과 규범들이다. 직장 구성원들이 동의하고, 그 내용을 인식하고 있다는 점에서는 합의라고 할 수도 있다. 그러나 그 합의사항이 만들어지는 과정에 자신의 동의가 포함되는 공동 경험을 한 사람은 소수일 것이다. 게다가 이들 합의는 극단적인 상황 또는 경계선상의 조직생활을 보호하기 위한 것이다. 따라서 그러한 합의들은 중요한 문제들을 다루기는 하지만, 어떤 면에서는 중요하지 않기도 하다. 일상적인 조직생활에서 일어나는 일들은 그런 합의사항의 적용을 받는 일도 적고 거의 영향 받지 않기 때문이다.



그러한 합의사항이 위반될 경우, 위반 사례는 개별적으로 처리된다. 직장 구성원 간 공개적으로 논의되는 것이 아니라, 상급자에 의한 행동 교정이나 판결적 해결로 처리된다.

사칙 다음으로 사람들이 언급하는 것은 소위 '모종'의 합의라는 것을 들 수 있다. "저, 내 생각엔 그 문제에 대해 서로 계속 정보를 주기로 모종의 합의를 했던 것 같은데……" "~를 할 경우 그 방침의 관례를 수정할 수 있다고 모종의 합의를 하지 않았던가요?" 등등.

그런 모종의 합의에 대해서 이런 반응도 쉽게 나온다.

"우리가 그랬었나?" 누군가 못 믿겠다는 듯 말한다.

"맞아. 나도 몰랐는걸. 좋은 아이디어 같기는 한데, 사람들이 행동하는 걸 보면 그런 합의를 했다고 보기는 어려울 것 같군." 다른 사람이 말한다.

"그래? 난 우리가 합의했다고 생각했지. 그래서 늘 그렇게 행동했고." 처음 말을 꺼낸 사람이 말한다.

이렇게 모종의 합의는 진정한 합의가 아니라는 사실이 순식간에 드러난다. 대개 자신의 가치관이 다수의 동료와 공유되고 있다고 착각하는 사람은 늘 있게 마련이다.

## 우리 스스로의 문제를 해결하는 것이 '합의'다

합의를 어떻게 이끌어낼 수 있을까? 그것은 집단 또는 조직생활에서 흔히 일어나는 현재진행형 문제들에 대해 막힘없는 대화를 하는 것이다. 그 같은 대화는 사석이나 친구들 사이라면 불평불만일 것이고, 공적으로는 문제해결 및 분쟁조정을 하는 일일 것이다. 우리는 둘 다 권하고 싶지 않다. 우리가 제시하는 것은 반복적으로 발생하는 문제를, 합의를 끌어내는 자료로 이용하자는 것이다.

사실 이런 만성적인 문제들은 단순한 방법으로는 해결되지 않는다. 더 나아가 만성적인 문제들을 성공적으로 처리하려면 몇몇 사람들은 행동뿐 아니라 신념까지도 바꿔야 한다. 직장 구성원들의 신념을 바꾸는 데에는 시간이 걸린다. 그리고 도움이 필요하다. '문제'뿐 아니라 문제를 발생시키고 지속시키는, 조직의 걸림돌이 되는 사람들까지 아우를 수 있는 새로운 시스템이 필요하다는 얘기다. 그 새로운 시스템이 바로 '합의의 말'이다. 합의의 목적은 궁극적으로 문제를 해결하는 것이라기보다 문제를 통해 우리 스스로를 해결하는 것이다.

직장에서 합의의 과정을 겪다 보면 날마다 수시로 부딪치는 실질적인 문제를 다룰 수 있게 된다. 그 첫 단계는 괜찮은 문젯거리(오래 계속되며, 중요하고, 자주 나타나는 문제들)를 찾는 것이다. 두 번째 단계는 2부에서 시뮬레이션을 했던 것처럼 그에 관한 합의를 도출해내는 것이다. 세 번째 단계는, 그 합의사항을 위반할 경우를 예측해 위반상황에 대해 변화 학습을 위한 커리큘럼을 짜는 것이다. 각 단계별로 간단히 훑어보자.

## 1단계 | 문제 찾기 – CEO의 독단적 일 처리

수직적인 업무시스템에서 문제가 드러나는 경우가 있다. 직원들이 고위층에서 발생한 문제를 보스에게 지적을 하는 경우가 그것이다 (보스가 직원에게 지적하는 것보다 훨씬 좋은 현상. 물론 직원들의 말에 귀 기울이는 보스여야 한다는 전제가 있다). 그런가 하면 수평적인 관계에서도 문제점이 드러난다. 한 예를 들어보겠다.

우리가 자문을 맡은 한 기업은 최고경영자인 CEO와 여러 부서들의 총괄책임을 맡는 부사장, 그리고 그 부서장들로 지도부가 구성되었다. 부서장들과 부서 총괄책임을 맡은 부사장들은 같은 직급이었으며, 모두 CEO에게 보고하는 체계이다. 부서장들이 CEO와의 관계에서 괜찮은 문젯거리를 찾아냈다.

"평소 사장님은 우리 부서장들이 자체 구상해 추진하는 기획 업무를 지원하는 것에 높은 우선순위를 두신다고 말씀으로나 행동으로 분명히 보여주셨습니다. 실제로 많이 지원도 해주셨구요. 그런데 우리 부서장들의 리더십을 훼손하고 기획 추진을 가로막는 행동을 하실 때가 간혹 있으십니다. 일방적으로 결정을 내리거나 문제에 대한 해결책을 공표함으로써 전례를 세워놓으시는 거죠. 그런 해법 자체는 훌륭하지만, 각 부서에서 추진하는 방향과 맞지 않는 경우가 있습니다."

그 지적은 활발한 대화로 이어졌다. 대화의 목적은 문제해결이나 위반자 비난이 아니라, 상황을 설명하고 문제점에 대해 수긍하는지 봄으로써 문제의 사실성을 확인하는 것이다. CEO는 몇 가지 사례를 검토한 후, 자신의 행동이 의도치 않게 부서장들의 리더십을 훼손하고 부서장들의 자체 추진 기획을 지원해주겠다는 자신의 첫째칸 실행의지에 역행하는 결과를 낳았음을 인정했다. 하지만 부서장들이 제시한 사례들은 대부분 시간을 다투는 사안들이라 일방적으로 결정할 수밖에 없었다는 말을 덧붙였다. 회의를 거쳐 합의를 끌어내려면 보통 일주일 정도 걸리기 때문이다.

간단한 해결책으로 끝날 단순한 문제는 아니었다. CEO는 "부서장들의 권위를 해치고 싶은 마음은 추호도 없습니다. 나 역시 전체 합의를 통한 의사결정 방식을 선호하지만, 때때로 내가 단독으로 결정을 내려야겠다고 생각되는 경우가 있어요. 모든 결정이 집단 심의 과정을 거쳐야 할 필요가 없다는 것이 미안하지만 내 솔직한 심정입니다"라고 했다. 나머지 사람들도 CEO가 그런 특권을 갖는 것이 마땅하며, 만일 자신이 CEO라도 그런 권리를 행사할 거라는 말에 동의했다.

### 2단계 | 합의하기

문제가 있다는 사실에 모두 동의하면, 그 문제에 대해 합의할 내용이 있는지 알아본다.

많은 토의 끝에 다음과 같은 합의에 도달했다. CEO는 자신의 독단적인 결정이 해당 부서장의 기획 추진에 어떤 부정적인 영향을 미치는지 보고를 해준다면 검토 후 계획을 수정할 수도 있다고 했다. 독단적으로 조치를 취할 경우 48시간 동안 기다려본 후 실시하기로 했다.

이로써 그 합의는 '48시간 시한 합의'라 불리게 되었다. CEO는 독단적인 조치를 취하기 전에 부서장에게 자신의 의도를 알리고, 결정을 실시하기까지 48시간을 기다리는 데 동의했다. 부서장들도 부서 운영에 차질이 생긴다고 여겨질 경우 구체적인 내용을 첨부해 "이런 저런 이유로 그 계획을 실행하지 않으셨으면 합니다"라는 답을 하기로 했다. 합의는 양측의 요구를 적절히 조절하는 방향으로 되어 양측 모두 만족스러워했다.

곧 또 다른 문제가 제기되었다. 문제는 부서장들 중 일부는 담당부서에 대한 책임만 맡고 일부는 전체 부서를 총괄하는 직책이었다. 즉 영업부장이면서 전체 사원의 개발 및 평가의 총책임을 맡는 식이다. 예를 들어 평가 총괄 부사장의 경우 다른 부서장들의 영역을 수시로 침범할 수도 있기 때문이다.

부사장들은 남의 영역을 침범하는 것이 아닐까 고민하다 제대로 뜻을 펴지 못하는 경우가 종종 있었다. 그런데 구체적인 사례 검토에 들어가자, 부사장이 고민한 일에서 부서장들은 전혀 침범 당했다고 느끼지 않았다. 반면 부서장들이 영역 침범이라고 느끼고 언짢았던 경우는 부사장들 쪽에서 전혀 눈치 채지 못했다고 했다.

그래서 부서장들은 '물어보고 합의하기'라는 걸 만들어냈다. 그 영역에 대한 권한을 행사할 때 그 영역의 책임자에게 괜찮은지 물어보아야 한다는 내용이다. 이 합의사항이 준수된다면 리더들에게 상당한 변화가 이루어질 수 있다.

예를 하나만 더 들어보겠다. 전문대학원 교수들이 학생들의 인턴십을 감독하는 현장감독자의 평가보고서가 너무 형편없다며 비난하고 있었다. "평가보고가 함량미달이야. 비판적인 내용은 찾아보려야 찾아볼 수도 없군." "학생들이 필요한 피드백을 받지 못하고 있어요.

평가보고가 형편없어서 우리 교수들도 학생들의 인턴십 능력 여부를
졸업평가에 반영할 수 없는 거라니깐⋯⋯."

이런 식의 비난은 한 용감한 교수가 등장할 때까지 계속되었다.
"현장평가가 엉망이라는 점은 저도 동의합니다. 하지만 지도교수로
서 한마디 하자면, 우리 평가서도 빈약하고 내용 없기는 마찬가지라
는 겁니다. 인턴십자격검증위원회나 졸업위원회에서 점수가 달랑달
랑한 학생을 심의할 때, 제일 문제가 되는 것은 바로 수업평가서의
질입니다. 현장평가보다 수업평가가 다섯 배나 많습니다. 학생들은
그 평가서를 보고 자신이 '잘하고 있다'고 생각합니다. 그러니까 현
장감독자만 나무랄 일이 아니라는 거죠. 우리한테도 큰 책임이 있으
니까 자리에 없는 사람들 얘기는 그만두고 여기 모인 우리들 자아비
판이나 합시다!"

교수들이 웃음으로 공감을 표했다. 웃음이 좀 잦아들자 그 용감한
교수가 말을 이었다. "그렇다고 제가 여러분들과 다르다고 말하는 건
아닙니다. 운전대 앞에 앉았을 땐 무단횡단자를 보고 욕하지만, 걸어
다닐 때는 저도 무단횡단 하거든요. 저도 다른 교수님들 평가서를 보
면 왜 좀더 충실하게 못할까 자책하다가도, 35명 학생의 평가서를 써
야 할 때면 순식간에 해치워버린답니다."(더 많이 공감되는 듯 더 큰 웃
음소리)

그들은 결국 평가서를 좀더 충실하게 작성하고, 특히 곤란한 문제
를 애매한 말로 피하지 않기로 합의를 만들었다.

### 3단계 | 합의 이후에 할 일

문제 찾기(1단계)—합의(2단계)로 진행되면서 '합의의 말'은 꽃을 피운다. 하지만 합의 이후를 지속적으로 점검하는 확실한 시스템이 존재하지 않는다면(3단계), 그 언어는 환멸로 인해 사멸하게 된다. "변화하겠다고 말해놓고서 하는 건 전하고 똑같잖아." 조직의 투명성에 대한 기대치만 높여놓고 기대에 부응하지 않으면 실망감만 더 커진다.

일단 합의가 만들어지면, 두 가지는 거의 확실하게 보장할 수 있다. 첫째, 새로운 합의가 지켜지는 경우가 있을 것이고 둘째, 위반되는 경우도 있을 것이라는 점이다.

합의의 언어는 합의가 어떻게 지켜지고 위반되는지 합의 이후 정기적으로 점검하는 기회를 통해 발전된다. 그러한 모임의 목적은 ① 조직의 투명성을 재고하고, ② 합의내용을 다듬고, ③ 지속적인 변화를 위해 새로운 자기모순을 밝혀내는 것이다. 각각의 내용을 간략하게 살펴보자.


**조직의 투명성 확보**

합의를 통해 조직이 공정하고 효율적으로 바뀌는 경험은 조직의 건강함을 느낄 수 있게 해준다.

부서장들은 CEO에게 이렇게 말한다. "우리의 요구를 승인함으로써 지난 4개월간 우리의 노고가 왜 무효가 되었는지 설명할 기회를 주셨습니다. 감사합니다." CEO는 부서장들에게 말한다. "왜 내 결정이 재고해봐야 했는지, 핵심만 간략하게 정리한 보고서를 보고 정말 감탄했습니다."

이런 대화는 구체적인 행동을 알리고 원활한 직장 분위기를 만들어내지만, 보다 크게 축하할 일은 구성원들 사이에 창조성이 공유된다는 점이다. 뭔가를 함께 만들어내고 계속 살려나가고, 어쩌면 직장 환경에서 살아남기 위해 그 힘에 의존하게 될 수도 있다. 직장 환경이 뭔가 발전할 수 있는 곳이며, 거기에 자신들이 일조할 수 있다는 경험도 하게 된다.


## 합의내용 다듬기

합의를 실행할 때는 실제상황을 검토해보고, 필요하다 생각될 경우 합의 자체를 수정하거나 내용을 보충할 수도 있다. '제일 먼저 내게로 와 합의'를 한 집단의 경우 옴부즈맨을 두어 '나'한테 오기 전에 사전점검을 하도록 할 수도 있다. 또는 각 사람이 선호하는 방식을 리스트로 만들어 돌릴 수도 있다. "리처드—보이스 메일이나 이메일, 또는 쪽지로 먼저 알려주면 좋겠음. 엔리코—처음부터 직접 대화하는 것을 선호함." 이런 식으로 말이다. 만일 엔리코한테 가야 한다면, 리스트에서 엔리코의 이름을 찾아 그가 선호하는 방식대로 해주는 것이다.

평가서에 대한 합의를 만든 교수들은 합의내용에 한 가지를 덧붙였다. 평가서가 너무 빈약하다고 생각될 경우 지도교수가 해당 교수에게 어떤 종류의 정보가 보충되었으면 좋을지 말해주도록 한 것이다. 합의문에는 "지도교수는 묻기를 주저하지 말고, 그런 얘기를 하는 것을 주제넘거나 방침에 어긋난 행동이라고 생각하지 말 것"이 추

가되었다. 그 수정조항은 선배를 비판하기 어려운 후배들에게 특히
큰 도움이 되었다.


### 자기모순 밝혀내기

하지만 점검시간의 가장 중요한 기능은 위반행동을 징계가 아닌
학습을 위한 대화의 장으로 만드는 것이다. 사람들이 자발적으로 자
신의 위반행동을 통해 배우겠다는 학습적 태도를 가진다면 대개는
다른 사람들도 따라오기 마련이다. 이 위반행동은 내적 언어의 4칸
도표 중 둘째칸 행동(역행행동 또는 문제행동)과 같다. 우리는 이 위반
행동에서 자기모순을 찾아낼 수 있다.

일례로, 점검회의 때 지도교수 하나가 얘기를 꺼내자, 몇몇 교수들
은 학생들에 대한 자신의 평가서가 온통 사탕발림이라는 점을 인정
했다. 교수 참가자들은 위반행동을 좀더 깊이 탐구해본 다음 점검회
의 시간에 보고하기로 했다.

다음은 그중 한 사람이 말한 것이다.


"흥미로운 건, 그 행동을 바꾸려고 생각할 때 가장 두려웠던 것은 내
가 정말 해야 할 말을 해버리면 마틴 학생이 나에게 부정적인 평가를
내릴 것이라는 점입니다. 학생들한테 안 좋은 평가를 받게 되면 어떤
일이 벌어지는지 봤거든요.

노마 교수의 경우가 바로 그런 경우였지요. 학생 논문 하나가 수준미
달이었는데, 노마가 학생에게 다시 써올 것을 요구했던 일이 있었죠.
윗분들은 교수가 자기 기준을 양보해서는 안 된다는 얘기를 참 많이 하

시죠. 근데 정작 자기 기준을 고수해서 평가 점수를 낮게 올리기 시작
하면 안 좋게 본다는 겁니다. 학생은 고객이리는 논리가 앞서는 거죠.

노마는 학장님한테 불려 가 너무 까다롭게 구는 것 아니냐는 질책 아
닌 질책까지 들었습니다. 그 다음부터 논문지도를 부탁하는 학생들이
없어졌고, 결국 노마는 잘렸습니다. 계약한 만큼 논문지도를 맡지 못했
기 때문이죠.

교수들한테 입으로는 높은 기준을 고수해야 한다고 하면서 실제로는
학생 고객들한테 잘 팔리는 상품이 되라고 요구한다는 건 너무 웃기는
일이에요. 결국 학교 측은 한 입으로 두 말 하는 겁니다. 한편으로는 평
가서 합의를 지지한다고 하면서, 학생들이 내 강의를 많이 신청하지 않
으면 자를 테니까요."


여기서 위반행동을 처리하는 방식은 "내 탓이오, 내 큰 탓이오"mea
maxima culpa, 메아 막시마 쿨파 하는 참회도 없고, 분노의 응징도 없고, 다시는
잘못을 반복하지 않겠다는 다짐조차 없다.

하지만 그가 보기 드물게 책임을 느끼고
있다는 점에 주목할 필요가 있다. 그는 자
기모순을 일으키고 변화를 가로막는 동적

> 규율·규칙보다 사람들의 합의로 움직이는 회사가 더 건강하고 생산적이다.

평형의 뿌리가 되는 자기확신을 더 고민해보려는 태도를 보이고 있
다. 변화에 대한 그의 면역시스템이 행동 변화를 막기 때문이다.

보통 직장에서 일어난 언어도단의 극악한 행동이나 해로운 행위를
하는 사람들에게 자발적으로 변화가 일도록 기다려줄 수는 없는 것
이 사실이다. 그런 행동에 대해선 리더의 독단적 개입, 집행, 그리고

처벌이 필요할 수도 있다. 하지만 문제는 대부분의 위반행동은 그런 경우가 아니라는 점이다. 그런데도 대다수 조직들은 외적으로 강제되는 권고나 조용히 속 끓이기 외에 다른 대응법을 찾지 못한다.

앞에서 말한 것처럼 대부분의 조직들은 구성원들과 합의를 도출하지 않는다. 규칙을 세워놓을 뿐이다. 하지만 대개 모든 위반행동을 일일이 감시하고 대응할 여력이 시스템 내에 없다는 것을 곧 깨닫게 되고, 일관성 없이 운영된다. 이런 상황이 조직을 쇠퇴하게 만드는 비효율, 불공정, 부주의의 원인이다.

위반행동을 처리하는 방식은, 처벌보다는 위반행동을 통해 개인의 내적 학습을 촉진하는 언어를 끌어내는 것이 조직의 건강성을 증진시키는 효과적인 방법이다. 다른 누군가의 강요에 의한 변화는 조직에도 상당히 많은 대가를 치르게 하며, 자발적 변화보다 훨씬 수명이 짧다.

## 갈등을 해결하는 '해체적 비판의 말' 사용하기

2부에서 해체적 갈등의 말을 소개하며 건설적인 갈등의 말과 다른 것이라고 했다. 갈등에 대한 해체적 접근방식은 비건설적 접근방식도 건설적 접근방식도 아니다. 겉보기에 장점이 많아 보이는 건설적 접근방식의 이면에는 개인의 평가나 판단에 근거한 자기확신이 도사리고 있다. 건설적 접근방식은 상대의 입장을 공감하고 격려해주며 시의적절하고 효과적으로 상대를 가르치는 방법으로 이해될 때가 많다. 의식하진 못하더라도 자신의 평가나 판단이 옳다는 생각이 밑바닥에 깔려 있는 것이다. 이에 반해 해체적 접근방식은 자신의 평가를 폄하하지도 않지만 조급하게 옳다고 주장하지도 않는다.

두 사람이 충돌하는 그림(비건설적 접근방식)이나 인자한 선생님이 학생을 빛으로 인도하는 그림(건설적 접근방식)과 대조되는 해체적 접근방식은 사실 그 두 가지 요소를 고루 갖고 있다. 소위 비건설적 접근방식에서 충돌의 장점을 취하고, 건설적 접근방식에서 학습 지향적 관계의 장점을 취한다.

직장에서 해체적 갈등을 위한 언어활동을 어떻게 촉진할 수 있을까? 의견차, 논쟁, 상대방의 행동 또는 무행동으로 인한 감정 상함, 부정적 평가, 비판적 평가, 동료가 한 일에 대한 불만 등 다양한 갈등 경험을 놓고 논해보도록 하자.

### 제이미의 관점

이제부터 잠시 동안 당신은 제이미다. 당신은 에머슨 고등학교에서 교편을 잡은 지 여러 해 되는 베테랑 교사다. 당신은 매력적이고 열성적이며 능력 있고 이상적인 젊은 교사 리를 좋아하며 그를 존경하기도 한다. 학생들과 교감을 잘하는 리의 교사로서의 자질과 능력은 감탄스러울 정도다. 하지만 아이들과의 관계에서 리가 교사의 역할을 분명하게 하지 못할까봐 약간 걱정도 된다. 교사로서 아이들과 스스럼없이 친하게 지내는 것과 친구처럼 맞먹게 하는 것을 잘 구분하고 있는지 모르겠다.

요즘은 특히 리가 학생들의 연극을 지도하는 데 열정을 쏟고 있는

터라 학생들과의 관계가 많이 염려스럽다. 리는 연극 연습이 끝나고 매일 밤 팻이라는 학생을 집까지 태워주는 모양이다. 아이들을 데리러 온 학부모들이 성별이 다른 젊은 선생과 학생이 밤에 단둘이 차 타고 가는 모습을 이상한 눈으로 쳐다보는 것을 여러 차례 목격했다.

단 한순간이라도 리가 팻과 이성관계일 거라고 생각해본 적은 없지만, 상황이 썩 보기 좋지는 않다. 공적인 신분은 부적절한 행동을 해서는 안 될뿐더러, 의심받을 만한 상황도 만들지 말아야 한다는 것이 평소 당신의 지론이다. 당신은 능력 있는 교사가 순간의 부주의로 다치게 될까봐 걱정이고, 팻이 그 상황을 혼란스럽게 받아들일까봐 걱정이다. 그리고 연극 공연에 참여하는 다른 학생들을 통해 리와 팻에 대해 좋지 않은 소문이 돌거나, 학생들이 리가 팻을 편애한다고 생각할까봐 걱정이다.

상황이 전체적으로 보기에 좋지 않고 걱정스럽기 때문에, 당신은 리가 매일 밤 학생과 단둘이 차 타고 가는 일을 그만둬주었으면 한다. 리가 팻한테 다른 사람 차를 타고 가라고 했으면 좋겠다. 당신은 '귀가 때 팻이 더 좋은 교통편을 이용할 수 있을 것'이라고 생각한다. 당신 생각에 리와 당신은 서로 신뢰하는 관계이므로, 당신이라면 리와 그런 얘기도 할 수 있다고 생각한다. 뭔가 많이 잘못되었다는 느낌이 가시지 않아, 당신은 리와 직접 얘기함으로써 신경에 걸리는 '다름'을 해소하기로 했다.

어떤 식으로 대화가 이루어질지 한번 상상해보자. 교사식당에서 리와 제이미, 둘만 남았다. 오늘은 점심시간 뒤에 두 사람 다 수업이 없고, 방과 후에는 연극 연습 때문에 리가 시간이 없으므로, 제이미는 지금이 얘기를 꺼낼 절호의 기회라고 생각했다.

**제이미**  리 선생님, 얘기 좀 할 수 있을까?

**리**  안녕하세요, 제이미 선생님! 그럼요. 요즘은 아무하고도 얘기를 못 한 것 같네요. 연극 연습이 시간을 다 잡아먹어서요. 빈 시간이 없었더라면 오후 수업 준비도 못 할 뻔했어요.

**제이미**  정말 열심이네.

**리**  (반쯤은 교재에 정신이 팔린 채로) 네, 근데 정말 재미있어요. 잘되고 있거든요.

**제이미**  사실 내가 얘기하고 싶은 것도 연극 연습 얘긴데…….

**리**  네에…….

**제이미**  내가 보니까 요즘 밤마다 팻이랑 같이 가대.

**리**  아주 멋진 녀석이에요. 정말 마음을 열기 시작했어요. 달라진 거 눈치 채셨어요?

**제이미**  어떻게 보일까 한 번도 걱정해본 적 없어요?

**리**  (처음으로 제이미를 제대로 쳐다보며) 무슨? 아, 아뇨, 제가 걱정해야 될 일이 있나요?

**제이미**  그게 말이지, 리 선생. 사람들은 그런 일에 요상하게 반응하거든. 이상하게 생각하는 사람들이 있을 수도 있단 말이지.

**리**  (분개해서) 누가 무슨 말을 하던가요?

**제이미**  말들이 있어. 학교라는 데가 워낙 작은 마을 같은 데잖아.

**리**  저기요, 제이미 선생님. 그 아이는 태워다줄 사람이 필요해요. 제가 태워다주지 않으면 아마 연극 연습도 참가하지 못할걸요? 집에 엄마만 계신데 바빠서 데리러 올 수가 없단 말입니다. 자기 일들이나 신경 쓸 일이지…….

**제이미**　그래, 근데 말이지…… 팻이 다른 사람 차를 얻어 탈 수는 없는지 한번 알아보면 어떨까? 그냥 한번 생각해봐. 부임 첫 해인데, 행여 불미스러운 일이 생기지 않았으면 해서 그러는 거니까.

**리**　네에. 저어, 아무튼 감사합니다.

제이미의 의도는 건설적인 것이었다. 흥미로운 것은, 질문을 던지기는 했지만(어떻게 보일까 한 번도 걱정해본 적 없어요? 팻이 다른 사람 차를 얻어 탈 수는 없는지 한번 알아보면 어떨까?) 정말 뭔가 알고 싶어서 질문을 던진 것은 아니었다. 자신의 생각이 맞나 틀리나를 알아보거나 자신이 가진 생각을 좀더 알아보기 위한 목적으로 대화를 한 것이 아니었다. 리의 생각을 좀 떠보는 것처럼 보일 수도 있지만, 여기서는 자신의 생각을 좀더 효과적으로 주입시키기 위한 목적이었을 가능성이 크다.



그렇다고 제이미한테서 배울 게 하나도 없다는 것은 아니다. 하지만 그런 교훈을 리처럼 장래가 촉망받는 젊은 교사들에게 교직에서 마음이 멀어지지 않게 하는 방식으로 하는 것이 바람직하다. 어떤 조직이나 직업세계의 관행에 중요한 변화가 일어나기 위해서는 고참들이 변해야 하는 경우가 더 많다. 제이미가 리한테 가르쳐줄 수 있고, 리도 제이미한테 가르쳐줄 수 있다. 하지만 자신의 관점을 결정해놓

고 의도적으로, 목적의식을 담아 전달하거나 주입시키는 태도는 수
정되어야 한다. 해체적 갈등의 말이 필요한 이유가 이것이다.

### 리의 관점

제이미의 말만 가지고는 리의 입장이 어떤지는 잘 알 수 없다. 잠
시 리의 마음속으로 들어가보자.

이제부터 당신은 에머슨 고등학교의 젊고 열의 넘치는 연극 지도
교사 리다. 당신은 학생들에게 매우 헌신적이고 이상주의적이며 능
력 있는 사람이다. 많은 학생들이 당신을 동경한다.

지난 몇 주 동안, 당신은 겨울에 공연할 연극작품 연출에 몰두해
있었다. 어렵긴 하지만 재미가 있다. 매일 수업 끝나고 모여서 저녁 7
시까지 연습을 하는데, 방과 후의 별도 스케줄은 학생들도 그렇지만
학부모들에게도 부담스럽다. 아이들을 데리러 와야 하기 때문이다.

연극에 참여하는 학생들 중 집에서 가까운 데 사는 학생이 하나
있어 하루 태워다줬는데 어찌어찌 하다 보니 매일 밤 태워주게 되
었다.

염려되거나 꺼려지기는커녕 오히려 잘됐다 싶었다. 그 학생은 팻
이라는 학생인데 그동안 학교생활에 잘 적응하지 못하고 참여도 안
하는 등 문제가 있기는 했지만 사람 마음을 끄는 데가 있는 아이였
다. 다른 선생님들도 애써봤지만, 아무도 팻이 학교생활에 참여하도
록 이끌어주지는 못했다.

지금까지는 말이다. 그런데 연극활동을 하면서 팻도 서서히 고립
상태에서 빠져나오기 시작했다. 팻은 성실하고 믿음직한 아이다. 이

제는 팻의 장점을 알아보기 시작한 몇몇 친구들과도 잘 어울린다. 같이 차를 타고 집에 갈 때면 학교와는 다른 편안한 분위기 속에서 팻은 마음을 열고 이제껏 아무와도 해보지 못한 얘기를 한다.

심리치료사는 아니지만, 그 정도 얘기는 들어줄 수 있겠다 싶었다. 시간과 에너지를 요하는 일이기는 하지만, 진심으로 마음 써주는 교사와의 친밀한 관계는 청소년기에 중요한 정서적 발달을 도울 수 있다는 사실을 잘 알고 있기 때문이다. 당신 자신도 십대 때 그러한 관계를 통해 어려움을 이겨낼 수 있었다.

요즘은 이래저래 몸은 좀 고단하지만, 연극이나 팻과의 일 모두 순조롭게 풀려가고 있어 마음만은 더없이 흡족하다. 연극이나 팻이 활기를 찾아가는 모습을 보면, '이런 기분이 바로 교사가 되어가는 거구나!' 하는 생각이 절로 든다.

### 제이미와 리의 시각차

제이미와 리와 같이 생각의 다름을 경험했을 때 그 해법을 알아보기 위해 제이미와 리의 상황을 놓고 수백 명의 교사들에게 역할연기를 해보도록 했다. 한 사람에게는 제이미의 이야기를 하도록 하고, 다른 사람에게는 리의 이야기를 하도록 했다.

제이미 역할을 할 사람들에게 건설적인 언어와 해체적 언어의 차이점을 설명한 169쪽의 도표를 나눠주고 해체적 언어의 방식으로 해보라고 했다. 하지만 막상 제이미의 대사를 보면 앞서 교사식당 대화에서 나타났던 특징들이 많이 보인다. 해체적 언어를 구사하기가 어려운 모양이었다. 하지만 연습을 거듭할수록 해체적 언어를 직접 경험한 사람들이 많아질수록 원하는 대로 구사하기가 쉬워진다.

식당에서 제이미는 나름대로 도움이 되고자 노력했지만 몇 가지 문제점이 보인다. 이런 문제점은 역할연기 때도 자주 나타났다.

첫째, 제이미는 자신이 느끼는 '신경에 걸리는 다름'에 대해 대화를 나눌 시간과 장소를 리와 상의하지 않았다(실제상황에서는 '신경에 걸리는 다름'을 줄여서 '걸리는 점'이라고 한다. "걸리는 점이 좀 있는데 나랑 이번 주 언제 얘기 좀 할까?"). 사실, 리는 지금 오후 수업 준비를 해야 한다고 했다.

둘째, 제이미는 자신의 의견을 명확하게 밝힌 적이 한 번도 없다. "어떻게 보일까 한 번도 걱정해본 적 없어요?"라고 묻고, "말들이 있어"라는 소리만 했을 뿐이다(실제로 무슨 말을 들었는지조차 정확하게 밝히지 않았다). 자신의 입장을 표명하거나 인정하거나 책임지는 일 없이 넌지시 비추기만 했다.

셋째, 리의 견해를 도출해내지도 못했다. 그 대화는 리가 그 상황을 어떻게 생각하는지 리의 관점을 알아보는 것이 아니었다. '리의 관점'을 보면 리의 선택 이면에는 많은 뜻이 내포되어 있는데, 식당 대화로는 그런 내용이 하나도 드러나지 않았다. 제이미와 리의 입장 모두 뚜렷하게 밝혀지지 않았으므로 막연하게 경험할 뿐 어느 쪽도 시각차를 확실하게 볼 수 없었다. 그 대화는 두 사람을 그저 '다름'에 머물게 하고, 차이를 주목의 대상으로 볼 수 없게 했다.

> 갈등의 원인인 '다름'의 문제를 상대에게 한수 가르쳐줌으로써 문제를 해결하려는 언어습관으로는 갈등의 골만 깊어진다.

## '다름'으로 빚어지는 갈등의 해결

다른 사람과 겪는 '다름'의 문제를 그 사람에게 한수 가르쳐줌으로써 문제를 해결하고자 한다면 제이미가 그랬던 것처럼 대개 갈등은 사그라지지 않는다. 이러한 갈등 해결은 눈앞에서만 안 보이게 하는, '눈 가리고 아웅' 하는 식의 방법이다.

남을 가르치려 들지 않는 상호 학습적인 대화를 할 때도, 우리가 옳다는 확신이나 다른 사람의 마음의 문을 열고 행동을 바꾸게 하려는 심리가 어느덧 마음속에 들어와 슬며시 자리 잡고 있는 것을 보면 우습기도 하고 사람의 마음이라는 것이 참 희한하다 싶다.

빨리 갈등에 대한 해체적 접근방식을 실천해야겠다고 생각하거나 당장 연습에 들어가야 된다고 생각할 필요는 없다. 그런 대화의 장을 만들고자 하는 마음만 가지면 된다. '신경에 걸리는 다름'을 경험할 때 학습의지를 갖는 것은 새로운 말의 방식을 사용 가능하게 하는 첫 걸음이자 가장 중요한 열쇠다.

우리 자신을 비롯해 사람들이 이 새로운 접근방식과 씨름하는 모습을 지켜보고 우리는 해체적 대화에 대해 다음과 같은 구조적 제안을 내놓게 되었다. 우리는 이를 '야구 모델'baseball model이라 칭한다. 동시에 여러 요소를 담고 있으면서 순서를 제시하기 때문이다.

## 해체적 대화를 위한 야구 모델

누군가 타석에 들어가려는데 뭔가 걸리는 점이 있다면, 대기석에서 필요한 준비를 해야 한다. 대기석에서 도움이 될 만한 워밍업으로는 3가지가 있다(〈야구 모델〉 참조). 몇몇 경우, 이러한 과정을 통해 걸리

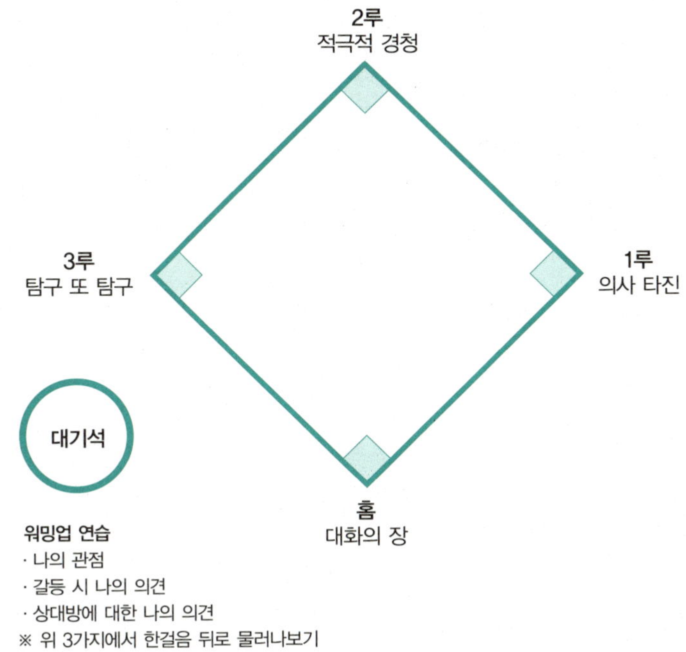



는 점이 없어지고 갈등이 사라질 수도 있다. 하지만 대부분은 진루하기에 더 좋은 상태가 된다. 진루를 해보면 미리 워밍업을 해서 다행이라고 생각하게 될 것이다. 우리 자신뿐 아니라 상대방도.

대기석에서의 워밍업 3가지는 나의 관점, 갈등 시 나의 의견, 상대방에 대한 나의 의견에서 한걸음 뒤로 물러나보자는 것이다. 타석에 들어서기 전에 심호흡을 하는 것처럼, 이들 3가지 연습은 걸리는 점에 대해 상대방과 부딪치기 전에 하는 '의도적 숨돌림' 또는 '해체적 심호흡'이다.

실제로 직접 해보면 연습 효과를 크게 실감할 수 있을 것이다. 현재 당신이 처한 상황을 생각하거나 최근 누군가와의 갈등상황을 기억해보라.

워밍업은 우리가 흔히 하는 실수, 즉 고집스럽게 자기관점을 고수하고 무비판적으로 행동하는 오류를 인정한다는 점에서 해체적이다. 우리는 흔히 우리의 생각이 철석같이 옳다고 믿는다. 우리가 아무리 열린 태도를 지니고 있다 장담해도, 본질적으로 내재되어 있는 생각까지 해체적으로 들여다볼 생각은 대개 하지 않는다. 이럴 때 결과적으로 대화는 자신도 모르게 일방통행으로 흘러가게 되고, 변화를 일으킬 가능성은 매우 적어진다.

### 나의 관점에서 한발짝 물러나보기

첫 번째 워밍업 연습인 '나의 관점에서 한발짝 물러나보기'는 종종 상대를 향한 우리의 시각이 상당히 편협하다는 사실을 상기시켜 준다. '역지사지'易地思之라는 말이 있지만, 상대의 입장에 나 자신을 그대로 대입시킨다고 문제가 해결되진 않는다. 상대가 나와 똑같이 생각한다고 확신할 수 없는 이상, 내 생각을 그대로 갖고 상대의 입장이 되어 생각한들 별 효과가 없다. 인디언들은 남의 가죽신을 신고 1마일을 걷는 훈련을 시킨다고 한다. 나 자신을 벗어나 정말 상대의 마음이 되어보아야 그 사람을 알 수 있다는 교훈이다.

첫 번째 연습은, 걸림돌이 되는 상대방의 행동이나 말을 우리가 똑같이 해본다면 그 상황이 어떻게 경험될까를 생각해보라는 것이 아니다. 상대방이 어떻게 느낄까 생각하고 상상해보라는 것이다. 무엇보다 우리 자신을 떠나 상대방의 입장에서 다른 경험을 구축할 수 있도록 해야 한다. 무턱대고 상대방의 신을 신어보기보다는 우선 상상 속에서 상대방이 된 다음 그 사람의 신을 신어본다.

물론, 상대의 관점에서 본 우리의 생각이 맞는지 틀리는지 알기는 어렵다. 워밍업 연습은 진루가 아니라 진루할 기회를 늘리는 것이 목적이다. 우리 자신의 해석의 포로가 되는 대신 우리 자신의 해석과 객관적 거리를 둠으로써 그런 기회를 증가시킬 수 있다.


**갈등 시 내 의견에서 한발짝 물러나보기**

두 번째 워밍업 연습은 갈등상황에 대한 해석을 내 맘대로 하는 것은 아닌가 생각해보는 것이다. 해석의 바탕이 된 데이터는 진짜 데이터라기보다는 우리가 만들어낸 데이터일 수 있다. 그럼에도 모두 데이터로 받아들임으로써 잘못된 해석이 나오는 것이다. 우리가 믿는 사실fact이 틀릴 수도 있고, 우리가 알고 있는 사실은 정확하다 해도 얼마든지 다르게 해석될 수 있다. 예를 들어, 우리 동네의 십대 청소년 중 40퍼센트가 고등학교를 졸업하지 못했다고 하자. 그건 검증된 데이터이자 사실이다. 그 사실이 나에게는 엄청 불행스러운 일로 해석될 수 있지만, 다른 사람에게는 학교에 있지 말아야 할 40퍼센트가 나감으로써 나머지 60퍼센트가 더 좋은 교육을 받게 될 것이라는 해석을 할 수 있다. 해석은 전혀 다른 의미를 낳는다는 사실을 명심하자.

자, 다음 두 질문에 답을 적어보자.

1. 갈등 시 나의 해석의 근거가 된 사실들은 어떤 것이며, 혹 그중에 왜곡된 사실은 없는가?
2. 내가 존경하는(쉽게 의견을 무시해버릴 수 없는 제3자) 사람은 그 사실을 어떻게 해석할까? 나의 해석과 어떻게 다른가?

다시 말하지만, 우리가 사실이라고 믿는 것이 우리가 만들어낸 허구가 아닐지도 모른다. 우리의 해석이 우리가 존경하는 제3자의 것보다 더 나을지도 모른다. 다만 갈등상황에 대해 해체적 관계를 구축하고자 노력해보자는 것이다.

### 상대방에 대한 나의 의견에서 한발짝 물러나보기

세 번째 워밍업 연습은, 갈등 시 상대와 과거사로 얽혀 있는 사람에게 매우 필요한 연습이다. 우리는 스스로도 어찌할 수 없는 반사적 의미구성자meaning constructor들이기 때문에 상대와 과거사가 있었다 하면 미리 판단을 하고 들어간다. 현재 그리고 미래에 갈등이 일어날 경우 이러한 선입견으로 인해 얼마나 갈등이 예고될까?

　세 번째 연습을 위해서는 이런 자문을 해보는 것이 좋겠다. "그 사람이 한 말이나 행동을 내가 좋아하는 사람이 했다면 어떻게 다르게 받아들여질까?" 이 질문을 탐구하다 보면 상대와의 갈등이 선입견에 의해 얼마만큼 좌우됐는지 알 수 있다.

　때로 워밍업 연습이 문제를 사라지게 할 수도 있다. 하지만, 이는 워밍업의 주목적이 아니다. 보통 워밍업이 그렇듯 워밍업 연습의 기본 취지는 몸을 푸는 것이다. 여기서 우리가 풀어주고자 하는 것은 근육이 아니라, 우리가 앞으로 지속적으로 해대는 의미생산이기 때문에 지속적인 학습이 필요하다. 우리가 하는 의미생산은 유동적으로 움직이다가 결과물을 만든다. 즉 의미확정을 한다는 얘기다. 만일 우리가 조금이라도 몸을 풀어준다면, 타석에 들어섰을 때 보다 좋은 결과를 얻을 수 있을 것이다.

자신이 옳다는 확신, 그리고 타인의 마음의 문을 열고 행동을 바꾸게 하려는 심리를 경계하는 것으로부터 열린 대화는 시작된다.

　갈등을 해소하는 해체적 접근방식을 설명한 〈야구 모델〉은 4단계로 진행된다. 이 단계들을 밟아나가면, 해체적 갈등의 말이 비건설적 갈등의 말이나 건설적 갈등의 말과 얼마나 확연하게 다른지, 의견차에 대한 바람직한 해결책이 어떤 것인지, 갈등에 대한 해체적 접근의 성공은 무엇을 의미하는지 알 수 있게 된다. 그 4단계가 무엇인지 이제부터 실제 사례를 보자.

레지는 임상심리학 박사과정의 1학년 필수과정을 책임지는 교수 팀의 리더이다. 이 학교의 학장은 커리큘럼과 수업의 질에 대해 자부심을 갖고 있다.

5명으로 구성된 레지 교수팀은 '문제기반 학습'problem-based learning 이라는 '학생주도적 학습'student-driven learning 방식에 흥미를 느꼈다. 문제기반 학습이라는 것은 이론을 실제 임상심리학 문제를 바탕으로 배우는 것이다. 문제해결에 필요한 사례와 방법을 학생들이 독자적으로 조사해서 알아본 다음 서로에게 가르치는 방식이다.

레지 교수팀은 의대에서 그 방법을 몇 달간 관찰한 후, 임상심리학 과정에도 도입했으면 좋겠다는 생각을 했다. 검토 결과, 아직까지는 심리학 박사과정에 맞는 문제사례가 개발되지 않았으며, 이러한 혁신적 방법을 도입하는 데에는 상당한 시간과 창조적 방법이 요구된다는 것도 알게 되었다.

그들은 즐거운 마음으로 열심히 새로운 방법을 연구하며 과외 일도 마다하지 않았다. 새로운 학습방식과 관련된 교수법을 익히고, 다같이 합심해서 수업지침 자료도 만들고, 모의수업을 통해 시험운행도 해보았다. 모든 준비과정을 거치면서 프로젝트에 대한 열정은 더욱 커져갔다. 하지만 학장의 승인 없이는 실행에 옮길 수 없는 일이었다.

학장은 일전에 다양한 개혁을 얘기하면서 레지 교수팀의 프로젝트에 지지를 보냈었다. 레지가 정식으로 제안서를 올릴 준비가 되었다고 하자, 얼른 올리라며 반가워하기까지 했다. 그런데 제안서를 올린지 몇 주 후, 프로젝트 운영을 위해 추가로 지원할 생각이 없다는 소식을 전해왔다. 프로젝트는 지지하니 프로젝트 개발을 비롯해 하던 대로 계속하라고 하면서, 추가 지원은 할 수 없다는 것이었다.

레지와 동료들은 학장의 반응에 화가 났다.

"지원은 하나도 안 해주면서 우리더러 어떻게 이 모든 걸 다 하라는 거지?" 누군가 그렇게 말하자, "프로젝트는 지지한다고 하는 거 보면, 학교는 최첨단으로 유지하고 싶은데, 돈 대주기는 싫단 말이네"라며 다른 사람도 한마디 거들었다.

### 레지 선수, 대기석에 서다

레지는 현재의 상황을 막힌 상황이라고 생각지 않고 토론의 여지가 있는 갈등상황이라고 생각했다. 레지는 대기석에 들어가서 3가지 워밍업 연습을 했다. 흥분을 가라앉히고, 학장의 입장에서는 다른 방향으로 생각해볼 수 있지 않나, 하고 생각해보았다. 그리고, 학장은 말만 하고 행동으로 지지해주지는 않을 것이라는 섣부른 판단을 자신이 미리부터 하지는 않았나, 생각했다. 워밍업 연습은 문제를 해결해주지는 못했지만 학장과의 대화에 흥미를 떨어뜨리진 않았다.

### 레지 선수, 타석으로

레지가 학장에게 제안서 건에 대해 직접 만나 얘기하고 싶다고 하자, 학장도 동의했다. 둘은 적당한 시간을 정해 자리를 갖고 대화를 시작했다.

**학장**    레지 교수, 내 반응에 너무 실망하지 말았으면 좋겠어요. 레지 교수팀이 추진 중인 일은 아주 흥미로운 일이라고 생각합니다. 그래서 계속 추진했으면 하는데…….

**레지**    여기까지 오는 데도 많은 노력이 들었습니다. 몇 날 며칠 모여서 자료 조사하고 방법 연구하고 학생들과 모의수업도 해보고…… 학생들도 흥미를 보였습니다. 우리 교수들도 그렇구요. 많은 것을 배우고 익혔습니다. 하지만 내년에 이 방식대로 수업을 진행하려면 더 많은 준비가 필요합니다.

**학장**    나는 그 프로젝트를 전적으로 지지하는 사람입니다. 다만 재정 문제가 있어서 그렇지요. 다음 학기 수업량을 줄이거나 여름학기 보수를 지불해달라고 요청하셨는데, 그 두 가지는 들어드릴 수가 없습니다.

**레지**    음, 프로젝트를 지지하신다는 말씀은 전에도 하셨던 것 같고…… 그러니까 요는 예산 문제다, 뭐 그런 말씀이신가요?

**학장**    나는 정말로 그 프로젝트를 지지합니다. 그리고 솔직히 말하면 예산 때문만은 아닙니다. 원칙상의 문제지요. 지금 제안하고 계신 것은 기초과정 교수법을 수정하자는 거 아닙니까? 학생들을 참여시킬 수 있는 보다 효과적인 방법으로요. 저도 찬성입니다. 아주 마음에 들어요. 솔직히 여러분같이 훌륭한 교수진에게 제가 바랐던 것도 바로 이런 겁니다. 고인 물처럼 익숙하고 편한 것만 되풀이하지 않고 항상 변화를 모색해야 합니다. 그래서 우리 학교가 좋은 학교 소리를 듣는 거구요. 그런데 말입니다, 딱 까놓고 얘기하자면, 제가 보는 견지에서는 그게 바로 교수님들의 본분이라는 겁니다. 해야 할 일을 하시는 거다 이겁니다. 물론 잘하고 계신 건 알지만요. 가파른 학습곡선을 그리며 때로 익숙지 않은 방식과 씨름하는 것은 꼭 신참 교수들만 해야 할 일은 아니라고 봅니다. 레지 교수팀처럼 베테랑 교수들도 그래야 하지요. 이런 유의 성장과 변화는 언제든 환영입니다. 하지만 추가 예산을 지원해야 된다고는 생각되지 않아요. 그럴 문제는 아니라고 봅니다.

**레지**  어…… 음, 전혀 생각지도 못했던 논리라 좀 당황스럽네요. 제가 제대로 이해했나 모르겠는데, 그러니까 지금 말씀은 마땅히 해야 할 일을 하는 것이니 추가 지원을 해줄 필요가 없다, 이 말씀이신 거죠? (학장, 고개 끄덕임)

**갈등 해결을 위한 야구 모델**(해체적 언어 사용 방법)

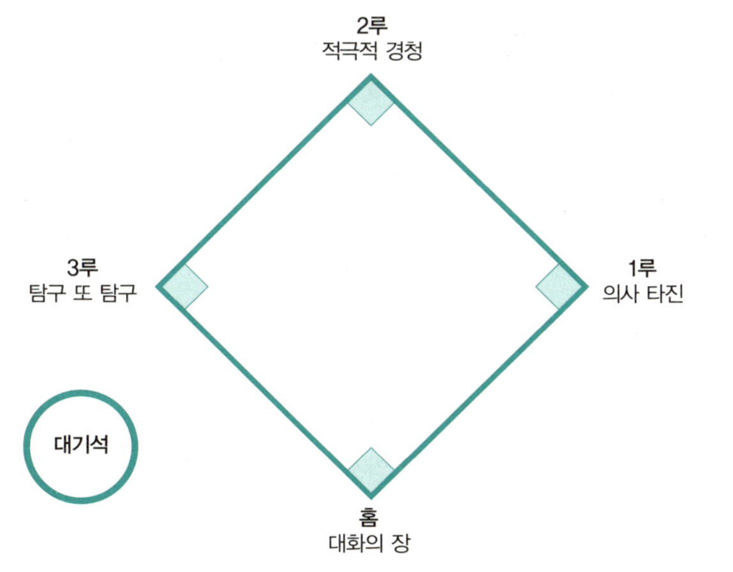

그리고 그 이면에는 교수들이 강의 요강이나 수업방식 같은 것 바꿀 때마다 추가 지원해달라고 줄줄이 학장실로 찾아올까봐 걱정하시는 거구요.

**학장** 그렇지요!

**레지** 좋습니다. 학장님 의중을 알 수 있을 것 같습니다. 그런데 한 가지 여쭙고 싶은데요. 저희 프로젝트나 제안서에 다른 문제는 혹 없습니까?

**학장** (잠시 생각하더니) 없어요. 아까도 말했지만, 난 정말 그 프로젝트 자체는 100퍼센트 지지합니다. 달리 걸리는 문제는 없어요.

**레지** 잘 알겠습니다. 다행이네요. 이 문제에 대해서는 좀더 생각해보고 나서 다시 얘기했으면 좋겠는데 학장님 생각은 어떠신지?

**학장** 뭐, 그럽시다. 그렇지만 지금과 달라질 게 있을는지…….

**레지** 그럼 이렇게 하는 건 어떨까요? 다음 번 미팅 때까지 저희 쪽에서 좀더 생각해봤으면 하는 부분이 있으시면, 저희가 어떻게 했으면 좋겠다거나 좀더 조사하거나 고려해봤으면 하는 문제가 있으시면 그 부분을 저희가 중점적으로 숙고해보겠는데요.

**학장** (잠시 생각하다) 글쎄요, 내가 알고 싶은 건 말이죠, 그러니까…… 수업량을 줄이거나 여름학기 보수 지불 없이 내년에 이 프로젝트를 진행시킬 수 있는 방법이 없겠느냐는 겁니다. 난 정말 그 제안대로 하고 싶어요. 내가 달리 도울 길이 없겠습니까?

**레지** 잘 알겠습니다. 좋은 질문 감사합니다. 저희 팀원들과 그 점에 대해 좀더 연구해본 다음 찾아뵙지요. 그런데 제 쪽에서도 좀더 생각해봐주셨으면 하는 점을 말씀드려도 되겠습니까?

학장     하세요.

레지     걱정하시는 문제를 생각해보니, 상당히 일리 있는 말씀 같습니다.
         그런데 말이죠. 변화의 규모, 정도에 따라 구분하는 게 합리적이지
         않을까 하는 생각이 드네요. 수업방식 같은 소소한 변화라면 교수
         직무의 일부로 봐도 무방하므로 추가 지원은 부적절한 요구가 되
         겠지만, 대대적인 변화는 사실상 제도적인 개혁의 성격이 더 많기
         때문에 학교에서 추가 지원을 해주는 것이 마땅하지 않을까요? 그
         래서 제 생각에는 일단 저희 프로젝트는 생각하지 마시고, 그런 구
         분을 두는 것을 고려해보시고 어떻게 선을 그어야 할지 한번 생각
         해봐 주시면 어떨까 싶은데요.

학장     흐음, 좋습니다. 한번 생각해보지요.

레지     감사합니다. 그럼 다음 미팅 기대하겠습니다.


위의 대화를 놓고 해체적 갈등의 언어를 촉진하기 위한 야구 모델
4단계를 설명할 수 있다. 패기만만한 해결사는 홈런 한방으로 끝내
버리겠다는 자세로 타석에 들어서겠지만, 우리는 한 베이스씩 진루
하는, 야구로 치면 좀 덜 극적인 접근방식을 권한다. 각 베이스에서
충분한 시간을 보내면서 얻어낼 수 있는 작은 합의나 해결을 확보해
가며 홈으로 들어오는 방식이다(265쪽 〈야구 모델〉 참조).


### 1루로 | 똑똑, 들어가도 되나요?

1루는 '의사타진' 단계다. 실행하기는 쉽지만 간과될 때가 많은 단
계이다. 남한테 강요당하거나 허를 찔리거나 갑자기 기습공격 당하

는 걸 좋아하는 사람은 아무도 없다. 예고 없이 남의 공간에 쳐들어가 해체적 언어를 실행하는 것은 우리가 권장하는 바가 아니다. 1루에 성공적으로 진루하기 위해서는 먼저 상대의 의사를 타진한 다음 당면 문제에 대해 논의할 시간, 장소를 양자 합의로 정한다. 제이미가 식당에서 영문 모르는 리를 붙들고 얘기한 것과는 달리, 레지는 학장과 대화를 시작하기 전에 대화의 목적을 알리고, 시간과 장소를 합의해서 정했다. 들어가기 전에 노크 한 셈.

### 2루로 | 내가 제대로 이해했지요?

2루는 견해차를 좁히기 위한 '적극적 경청' 단계다. 이 단계는 1단계보다 훨씬 어려운 단계다. 이 단계의 목적은 쌍방 간에 견해차가 얼마나 심각한지 그 차이를 확인하는 것이다. 자신과 리의 생각의 차이를 드러내지 않고 문제를 해결하려 했던 제이미와는 달리, 레지는 자신의 입장과 정반대인 학장의 입장을 자신이 확실히 제대로 이해했다는 점을 학장에게 보여주고 동의를 얻어냈다.

> 적극적 경청, 이는 인간이 할 수 있는 가장 가치 있는 대화의 기술이다.

상대방이 답답해하며 "그게 아니라, 그게 아니라……" 하고 자신의 입장 설명을 되풀이하게 하지 않았다면, 2루에 성공적으로 진루했다고 생각해도 좋다. 여기서 한 가지 주목할 점은 레지가 학장의 견해를 앵무새처럼 반복하지 않았다는 점이다. 말로 표현되지 않은 학장의 속마음까지 읽어낸 것이다. 본인의 말보다 더 명쾌하게 학장의 생각을 밝혀준 그녀의 말("교수들이 강의 요강이나 수업방식 같은 것을 바꿀 때마다 추가 지원해달라고 줄줄이 학장실로 찾아올까봐……")은 최대한 학장의 입장이 되어 들었기 때문에 알 수 있었던 것이다. 이것이 바로 적극적 경청이며, 이는 인간이 할 수 있는 가장 가치 있는 대화의 기술 중 하나이다. 상대의 말을 앵무새처럼 옮기거나 겉만 훑는 것이 아니라, 상대의 마음속으로 들어가 거기에 다다른 것을 상대에게 소리 내어 알리는 일종의 감정이입이라고 할 수 있다. 그 소리를 들으면 상대는 다른 상대가 자신의 생각을 완전히 이해했음을 알고 신뢰하게 된다.

물론, 테라피스트나 부모, 배우자, 친구들은 얼마든지 그런 얘기를 들어줄 수 있다. 하지만 심각한 갈등 중이라 같이 한번 애기라도 해봐야지 안 되겠다 싶은 사람에게 이러한 지지를 보내는 것은 전혀 다른 얘기다. 왜 우리가 동의하지도 않는 주장을 지지하지? 반대 입장을 대변해줌으로써 상대에게 자기주장의 타당성만 더해주는 건 아닐까?("아주 잘 이해하고 있군. 뭐, 누가 봐도 자명한 사실이니까.")

사실, 적극적 경청은 상대의 입장을 지지해주는 것이 아니라, 해체적 대화가 시작될 수 있는 '언어 공간'을 만드는 것이다. 각자 자신의 입장을 꼭 붙들고 있는 것이 아니라, 언어 공간을 상반되는 양쪽 입장을 담아두는 공간으로 만드는 것이다. 이 단계는 서로의 견해차가 그 어느 때보다 확연하게 보이기 때문에 서로간의 거리가 가장 멀리 벌어지는 것처럼 느껴진다. 합의라는 목표를 향해 가까이 가는 것이 아니라 더 멀어지는 것만 같다. 그러나 그게 아니다. 야구장의 다이아몬드 모양을 한번 유심히 살펴보자. 주자가 2루에 있을 때 거리상으로는 홈에서 제일 멀리 떨어져 있다. 하지만 2루를 거치지 않고서는 아무도 득점할 수 없다. 마찬가지로 확실하게 견해차를 확인하지 않고서는 견해차를 좁힐 수 없는 것이다.

### 3루로 | 계속할까요?

3루는 '탐구 또 탐구' 단계다. 이 단계는 "우리 좀더 생각해볼까요?"라는 질문으로 시작된다. 스스로 합리적이라고 생각하는 사람이라면 부인하기 힘든 요청일 것이다. 이 질문에는 우리가 3루에서 얻어내고자 하는 작지만 독특한 해결이 숨겨져 있다. 다시 말하지만 우리는 어떤 베이스에서도 갈등 종결 같은 큰 해결은 구하지 않는다. 갈등을 즉각 종결시키는 것은 우리의 목적이 아니다. 사실, 우리는 갈등이 학습의 도구가 되도록 충분한 기간 동안 지속되기를 바란다. 베이스를 도는 것은 그 도구를 활용해 학습하기 위함이다. 일단 도구가 마련되면, 학습 가치가 있는 한 계속 그 도구를 이용해 학습하면 된다. 2루에서 밝혀낸 견해차는 서로 다른 의견을 논하면서 좁혀질 수 있다. 갈등은 계속되지만 생산적이다.

레지와 학장은 그 문제를 좀더 깊이 생각해보자는 막연한 얘기에 합의한 것이 아니다. 서로 숙고했으면 하는 내용을 구체적으로 지적하고 그 과제를 받아들였다. 재정적인 지원을 거부한 학장이 다른 면에서 진정한 지지자가 될 수 있을까? 교수들이 일으키는 바람직한 변화가 교수 직무의 일부라고 하기에는 그 규모가 너무 큰 경우가 있을까? 이 두 질문에 대한 답이 약간이라도 긍정적인 방향으로 나온다면, 각자가 깊이 신봉하던 사실이라고 믿었던 생각이 해체되었음을 의미한다.

그렇다면 여기에서 홈플레이트가 의미하는 것은 뭘까? 득점을 하고 목표를 성취한다는 것은 어떤 의미일까? 해체적 언어를 위한 도구를 구축했다면, 이제는 그 도구를 이용할 때다. 홈플레이트는 그 도구를 이용해 해체적 언어가 실행되는 곳이다. 서로의 견해차를 확인하고 새로 발생한 문제나 질문에 대해 숙고해보고 대화를 나누고 토론하며 해결책을 찾아보는 곳이다. 홈플레이트는 세미나장과 같다. 세미나seminar의 어원은 라틴어 'semina'로 '씨앗' '원인'이라는 의미다. 해체적 언어는 갈등 시 개인 및 조직의 학습을 증진시킨다.

이렇게 반복되는 세미나의 성과물은 뭘까? 그건 알 수 없다. 레지 교수가 추진하는 새로운 교과과정은 신설될 수도 있고 안 될 수도 있다. 리도 연극 연습이 끝난 후 팻을 태워다주는 일을 그만둘 수도 있고 계속할 수도 있다. 가시적인 변화가 일어나기도 하고 안 일어나기도 한다. 하지만 해체적 갈등의 언어는 어떤 변화가 일어나든 그 사람의 생각이 바뀐 결과일 가능성이 크다.

## 참고 문헌

Kegan, R. *The Evolving Self: Problem and Process in Human Development*, Cambridge, Mass: Harvard University Press, 1982

Kegan, R. In *Over Our Heads: The Mental Demands of Modern Life*. Cambridge, Mass.: Harvard University Press, 1994

Kegan, R. *"Epistemology, Expectation and Aging: A Developmental Analysis of the Gerontological Curriculum."* In J. Lomranz(ed.), Handbook of Aging and Mental Health: An Integrative Approach. New York: Plenum Press, 1998

Kegan, R. *"What Form Transforms? A Constructive-Developmental Perspective on Transformational Learning."* In J. Mezirow (ed.), Learning as Transformation: Critical Perspectives of a Theory-In-Progress. San Francisco: Jossey-Bass, 2000

Kegan, R. and Lahey, L. *"Adult Leadership and Adult Development: A Constructivist View."* : In B. Kellerman (ed.), Leadership: Multidisciplinary Perspectives. Upper Saddle River, N.J.: Prentice Halll, 1983

Kegan, R., Lahey, L., and Souvaine, E. *"From Taxonomy to Ontogeny: Thoughts on Loevinger's Theory in Relation to Subject-Object Psychology."* In P. M. Westenberg, A. Blasi, and L.D. Cohn(eds), Personality Development: Theoretical, Empirical, and Clinical Investigations of Loevinger's Conception of Ego Development, Hillsdale, N.J.: Eribaum, 1998

Lahey, L., and others. *A Guide to the Subject-Object Interview: Its Administration and Interpretation*. Cambridge, Mass.: Subject-Object Research Group, Harvard Graduate School of Education, 1988.

Rogers, L., and Kegan, R. *"Mental Growth and Mental Health as Distinct Concepts in the Study of Developmental Psychopathology: Theory Research and Clinical Implications."* In H. Rosen and D. Keating (eds), Constructive Approaches to Psychopathology. Hillsdale, N.J.: Erlbaum, 1990

Souvaine, E., Lahey, L., and Kegan, R. *"Life After Formal Operations: Implications for a Psychology of the Self."* In C. N. Alexander and E. J. Langer(eds), Higher Stages of Human Development. New York: Oxford University Press, 1990.